佛说人性与心灵感悟

Foshuo Renxing Yu
Xinling Ganwu

何诚斌◎编著

中国城市出版社
·北京·

图书在版编目（CIP）数据

佛说人性与心灵感悟 / 何诚斌编著. —北京：中国城市出版社，2012.6

ISBN 978-7-5074-2602-1

Ⅰ.①佛… Ⅱ.①何… Ⅲ.①佛教—人生哲学—通俗读物 Ⅳ.①B948-49

中国版本图书馆CIP数据核字（2012）第109316号

责任编辑	张惠平
封面设计	久品轩装帧设计
责任技术编辑	张建军
出版发行	中国城市出版社
地址	北京市西城区广安门南街甲 30 号（邮编：100053）
网址	www.citypress.cn
发行部电话	（010）63454857　63289949
发行部传真	（010）63421417　63400635
总编室电话	（010）68171928
总编室信箱	citypress@sina.com
经销	新华书店
印刷	北京集惠印刷有限责任公司
字数	276 千字　印张 18
开本	710×1000（毫米）1/16
版次	2012 年 7 月第 1 版
印次	2012 年 7 月第 1 次印刷
定价	32.00 元

前 言

佛教进入中国后，与中国本土文化相融合，形成了一种新的文化形态，它的宗教属性被教育公益所占据，也就是说在弘扬佛法的过程带着浓郁的“入世”色彩，乃至它的很多思想起到了普世教化的功效，具有积极的意义。

历史上，人们对佛教抱持一种复杂的情感，从统治阶层到社会底层，从知识精英到民间草根，不同时期人们对佛教存在不尽相同的理解与看法，但一次次分歧与整合，冲突与包容，佛教思想俨然与儒家思想、道家思想彼此影响，相互交融，成为中国文化的重要组成部分。

文化对人类的影响是否深远，主要取决于它的思想价值。佛教文化对历史与社会的重要贡献，体现在它揭示了生命本质上的一些东西，提出了一些有利于人类生存的主张，并在实践中身体力行。佛教的平等观、惜福观等等都是对生命本身的尊重与关怀，产生了积极的人格心理效应。只有在平等的前提下，众生才能和谐地生活在同一个世界；只有珍惜今天的生活，才能创造美好的未来。世界本来平等而没有做到平等，于是需要规范、自律个人行为，力求达到平等；人生充满苦难和诸多不如意，于是必须相互施舍报答，在苦难中共同寻求人间福祉。

佛教的禅宗思想，尤其能体现儒道释三家融合的重大思想成果，在思想史、文化史上起过很大的作用，影响了整个中国人的思维。中华禅宗文化代代相传，通过历代文人士大夫的参与和弘扬，对中国哲学、伦理、诗词书画都曾产生过深刻的影响。禅宗真于性情又脱俗超逸，融入中国文化深层，成为宋明理学的重要质素，把中国文化带入了一个注重自然、和谐、灵性和气韵生动的崭新意境。已故中国佛教协会前任会长赵朴初先生曾经说：禅宗文化与儒、道等相结合、相融会、相激荡，然后汇入了中华文化源远流长的大海里，形成了中华文化的主流之一，为中华文化放射出灿烂辉煌的光芒。它过去对东方的文明和人类的精神世界曾经做出过积极的贡献；现在对我国社会主义精神文明建设仍然起着有益的作用，并对世界产生着广泛的影响；二十一世纪，它将在解决人类的自我认识、自我净化、自我觉悟、自我改变和加强人类自身建设上，发出更加灿烂的光辉。

佛教及禅宗是一种教育，它是智慧的教育，是觉悟宇宙人生的教育。在社会生活中，禅宗对于修心养性、道德规范、家庭伦理、社会和谐等方面，发挥出不可低估的作用。禅宗并且成为世界教育。企业家乔布斯、稻盛和夫等，都对禅宗有着深刻的研究和体验。禅宗文化传至日本、韩国之后，成为一种重要的教育，发挥着功效，人们通过对禅宗的认识和掌握，达到了修身养性，自利利他的目的。日本著名禅学大师铃木大拙在美、英各大学讲授《禅与日本文化》等课，影响特别大。2011 年 9 月 25 日至 27 日，“国际禅文化交流盛会”于韩国庆北龟尾市朴正熙体育馆举行，吸引了无数文化人士。

20 世纪 70 年代，一些日本僧人到法国教授禅法，在巴黎建造了法国禅寺；在接近比利时的边境上，建立北法禅寺；又在巴黎以南 300 公里处的阿瓦隆建世界禅文化交流中心。美国著名禅学大师艾伦・瓦茨从 1947 年开始就陆续出版了《禅学新纲要》、《禅》等书，在美国掀起了对禅学的广泛兴趣。而 1957 年出版的《禅之道》受到了垮掉派诗人和读者们的欢迎，一时轰动无比。受禅文化影响的美国文化名人包括爱默生、梭罗、惠特曼、庞德、塞林格、金斯堡、凯鲁亚克等。

可见，禅宗的教育变成了世界的教育，禅宗的精神变成了世界的精神，这是一种文化现象，也是一种文化力量。

目 录

第一章 有因必有果

因果又叫业因果报，又叫因果报应，是佛教基本原理之一。因就是原因，果就是结果。业是指一切身心活动，分为身、口、意三业；报就是业的报应，即由三业的善恶导致的后果。

第二章 众生皆平等

平等，指一切现象在共性或空性、唯识性、心真如性等上没有差别。佛教认为在无始时万物是平等的，即在时间开始时是平等的，而一旦人们开始“行”（无明缘行）就造成了不平等，所以要实现平等就要改造人们的行为。

第三章　报恩彰显善心

报恩,即报答恩情。佛教倡导的报恩,成为中国传统伦理道德。恩情有很多,养育之恩、救命之恩、知遇之恩、培育之恩等等。知恩图报是做人的优秀品质。

第四章　惜福赢得永福

惜福,是佛教对于“同体共生”的认知,唯有珍惜大自然各种资源,人类才能在地球上开展理想的新世纪;只有了解彼此群我的关系,生感恩惜福之心,人生才会更有意义。

第五章　忍辱转为同情

忍受不管来自什么方面对自己造成的生理和心理上的种种痛苦、种种侮辱,不发怒、不结怨,心里没有恶意。通过智慧观察,了解伤害自己的并不是某个人,而是对方的烦恼。烦恼不仅伤害了你也伤害了当事者。认识到这种道理，就会从对立仇恨转为同情。

第六章　执著产生烦恼

执著指片面而孤立地理解并固执事物的妄情和妄想，产生强迫症，不能超脱。佛教执著分为两种，一是人我执，二是法我执。人我执就是人们认为自己是真实存在的，法我执就是认为法是真实存在的。

第七章　解脱心灵枷锁

人从世俗的欲望中、烦恼中、仇恨贪婪中解脱出来的时候，就会得到心灵的自由。远离痛苦得到快乐，远离热恼得到清凉，远离愚昧得到智慧，远离仇恨得到慈悲，远离贪婪得到少欲知足等等，这些东西都是实现自由的一种方式。

第八章　万事讲缘分

佛说，万法缘生，世间皆系缘分！因缘聚而物在，因缘散而物灭。“缘”代表事物间相涉的联系，常与“因”并称，因而有“因缘”一说。

第九章　贪欲引来苦恼

对于所喜欢的东西希望得到、欢喜追求、想要有所作为的一种驱动力或心理功能，叫做欲。佛教认为，贪欲使人热恼不安，驱动人发起有漏业，尤其是发起不善有漏业，由有漏业导致生死苦果，贪欲是人生诸苦之本源。

第十章　慈悲创造和谐

佛教“慈悲”，告诫人们要保护动物和植物，怜悯与自己同类的人。人善待自然，自然就会以和谐的面目回报人类；人类破坏大自然，自然便与人类对立，结果必然是人类自取灭亡。因此，环境保护的根源在于人类本身，人与人的和谐也在人的本身。

第十一章　发愿实现目标

发愿，发起誓愿之意。又作发大愿、发愿心、发志愿、发无上愿。发愿，是发自内心的真切愿望。我们所做的一切努力都要围绕相应目标进行。只有确立了人生目标，所作所为才会有针对性。

第十二章　保持内心清净

清净，是清洁纯净的意思。也可指人心境洁净，不受外扰。佛教则赋予清净更深一层的涵义，即远离恶行与烦恼。做到外在的清净不难，但要达到内心的清净就不易了。

第十三章　用诚心忏悔

佛教的忏悔，是佛法中一个重要的修行法门，不仅有详细的理论阐释，更有一套完整的实践方法。忏是发露过去所做的旧恶，悔是知错以后不会再做，忏悔就是向我们的冤亲债主道歉，请求他们原谅。必须以至诚心忏悔，心不够至诚，忏悔的业不消。

第十四章　真心看待真实

所谓“真心”就是佛家所说的“真如之心”。它的外现是“意之根”，所谓的灵魂就是指它而言。“意之根”的外现是“意识”，也就是想一想的“想”。“意之根”、“意识”统称为“假心”，也叫做“意识心”。

第十五章 精进不懈

精进，就是对于善的事情要坚持修行，对于恶的事情要坚决断弃，以勇健强悍之心，克制自己的懈怠心理，从而完善自己。

第十六章 境界不断超越

在佛教理论中，佛性也就是人性，每个人都有觉悟之性，包含着心和境即人的心识和客观的境界这两方面的意义。禅宗主张摒弃世俗认识，主张通过直观地把握万物绝对的空和主体真如的本性，从感性的经验中获得超越，从而达到新的人生境界。

第十七章 自性显现悟性

在佛教史上，人的“自性”达到“悟”的过程，存在过争论，一种认为“悟”是一个渐进的过程，主张这种观点的称为渐教。一种认为“悟”是一个瞬间的过程，主张这种观点的称为顿教。这就是佛教禅宗史上的渐教和顿教之争，最后，顿教取得最终胜利。也就是现在人们常说的，觉悟是一个顿悟过程。

第十八章　可说与不可说

可说、不可说共同造成“说”这回事。“说”要成为可能，要成为促人证真悟道的指明，必须既有直契真如的不可说之境，又有随顺机缘的可说之教。

第一章

有因必有果

因果又叫业因果报，又叫因果报应，是佛教基本原理之一。因就是原因，果就是结果。业是指一切身心活动，分为身、口、意三业；报就是业的报应，即由三业的善恶导致的后果。

种下善因，结出善果

此有故彼有，此生故彼生。——《杂阿含经》

“有因，必有果。”佛教简单明了地阐述了因果的本质。宇宙间不存在绝对的事物，任何事物都具有相对性，既有同时的依存关系，又有异时的依存关系，从而构成各种因缘。

什么是同时依存的因果关系？例如以师父为主，那么师父就是因，弟子就是果。相反的，如以弟子为主，那么弟子就是因，师父就是果。这种因果关系，非常错综复杂，从这一角度来看，这一因会产生这一果，但是从另一角度来看，这一因会产生另一果。

什么是异时依存的因果关系？例如种子是因，芽就是果，因为先有种子，然后才有芽的发展。世界上的万事万物，都是这样的，从时间上来说，由于无数的异时因果连续的关系，从空间上来说，无数的互相依存的关系，组织成为一个极其复杂的罗网，相互交错。这就是因因果果，果果因因，相续不断的“因果规律”。

佛教说“因果报应”，凡事你种什么样的因，就结出什么样的果，每个人在世间犹如农夫一般，都有一亩田，你种下什么，就会结出什么。若是种了恶因，就会结出恶果。在佛经中，有一则故事：

中印度憍萨罗国国王波斯匿王，与佛陀同龄，曾和佛陀辩论而结成好友，视佛陀如师。某天黄昏时，波斯匿王前往一个名叫“祇树给孤独园”的地方，拜访佛陀。

佛陀看到波斯匿王全身都是尘垢，就问：“国王，您从哪里来？为什么全身都是尘垢呢？”

波斯匿王回答：“佛陀，我刚从婆提老者的家里过来。他不久前去世了，由于家产无人继承，必须归入国库，我专程去清点他的财产。光是黄金就有八万斤，其余不用说了。可是，他平时为人十分吝啬，生活过得很寒酸，生前虽然有很多财产，可现在却两手空空地走了。”

佛陀叹息了一声，说：“真可惜啊！”

波斯匿王问：“佛陀，婆提老者孤单一人，平时守着家产，生活很节俭，住的环境不好，穿的衣服很破旧，吃的更不用说有多差了。佛陀，依您的慧眼看，他离开人间之后，现在去了哪里？”

佛陀说：“他已经堕落啼哭地狱！”

波斯匿王听了，叹了口气，说：“他那么有钱，死后却堕落在啼哭地狱，岂不是一天到晚在那里痛哭了？”

佛陀说：“是啊！我才说很可惜啊！”

波斯匿王又问：“佛陀，婆提老者，有那么多的财产和金钱，应该是很有福气的人才对，可是，他为什么要过着苛刻寒酸的日子呢？死后又为什么会堕落到啼哭地狱呢？”

佛陀说：“他的财富，是‘过去生’造福得来的。在辟支佛（无师友教导，而以智能独自悟道）的时代，有一位务农的地主，有一天，他看到一位辟支佛出来托钵乞食，一时心生欢喜，就供养饭食，并说：‘日后若有需要的话，我都会布施给您。’因此，辟支佛有时也会再去向他托钵乞食，但是过了一段时间，这位地主起了悭吝之念，他想，为什么要供养这位出家人呢？从此，他再也不肯布施了。那位地主就是已经过世的婆提老者，因为他曾有布施辟支佛的因缘，所以有福。可是他后来生起悭吝的心，因此，虽然有福，却不得自用，而且他又没做什么好事，现在堕落了，心里很后悔，所以每天啼哭。”

事物的因果关系，科学上已经给出清晰的解释，有一定哲学思想的人都会接受，但“报应”之说，不深解佛法内在逻辑的人不会相信，甚至视其为“迷信”之说。实际上，人类是个“活动场”，人与人相处，就是互相作用，互相影响。一个人做善事，为别人带来好处，自然会产生“效应”。善事做得多，作用力越大，影响越强，对自己的回报也就越多。所谓好人缘，就是由于播种了诸多善因而结了善果形成的。证严法师说：“心田要多播善的种子，多一粒善的种子，就减少一棵杂草。”

有这样一个有趣的故事：一个小孩不懂得见了大人要主动问好、对伙伴要团结友好，也就是说他缺少礼貌意识。聪明的妈妈为了纠正他这个缺点，把他领到一个山谷中，对着周围的群山喊：“你好——你好——”山谷回应：“你好——你好——”妈妈又领着小孩喊：“我爱你——我爱你——”不用说，山谷也回应道：“我爱你——我爱你——”小孩惊奇地问妈妈，这是为什么？妈妈告诉他：“朝天空吐唾沫的人，唾沫会落在他的脸上；尊敬别人的人，别人也会尊敬他。因此，不管是与人时常见面，还是与人远隔千里，都要心怀敬意……”小孩明白了这个道理，从此处处尊敬他人。于是，有了回报，他成为一个人见人爱的小孩。

有付出才有回报，差不多已成为朴实的哲理。一个人不付出而想得到，即使真的得到了，也只是一种偶然，所以我们决不可抱此侥幸。我们来看一个禅宗故事，一定会从中得到启示：

一个商人生意越做越小，遇到了难处，他便去请教智尚禅师。禅师说：“禅院后面有一架压水井，你去给我打一桶水来！”

半晌，商人汗流浃背地跑来，说：“压水井下面是枯井。”

禅师说：“那你就到山下给我买一桶水来吧！”

商人去了，回来后仅仅拎了半桶水。

禅师说：“我不是让你买一桶水吗？你怎么才拿来半桶水呢？”

商人尴尬地脸红了，他连忙解释：“不是我怕花钱，山高路远，实在不容易。”

“可是我需要的是一桶水，你再跑一趟吧！”禅师有些不高兴。

商人只得又到山下买了一桶水回来。

禅师说：“现在我可以告诉你解决的办法了。”说罢，禅师带商人来到压水井旁边，说：“你把半桶水统统倒进去。”

商人非常疑惑，犹豫着。

“倒进去！”禅师命令。

于是，商人将那半桶水倒进压水井里，禅师让他压水看看。商人压水，可是只听到那喷口呼呼作响，没有一滴水出来，那半桶水全部让压水井吞进去了。商人恍然大悟，他又拎起另外的半桶水全部倒进去，再压，果然清澈的水喷涌而出。

佛认为万事皆有因果。作为商人，若是贪图小利，而不懂得让利与人，怎么会赢得长久的顾客？做人也一样，假若不付出自己的水，没有足够的压力，这个世界就一滴水都不会回报于他。自心与他心是互为感应的，舍得付出的人，才能赢得他人仁慈的回报。

不求回报，自有回报

于人事善利群众公益一切功德，悉应尽力集积，以为生西资粮。

——弘一法师

菩萨行事，有了功德不张扬，好事给他人，坏事自己反省检讨；以法相授，乐见他人成就，只问付出不求回报。

而对于一般人来说，做好事不求回报也是不真实的。尽管我们不能完全像佛那样时时处处无自私的动机，但帮助别人最好不要太在意回报，因为回报有个过程，你插下一株柳，当年就能成荫，而植下一棵铁树，却需要很长时间才能开花。何况回报的形式是多样的，你帮助了别人，也许对方只给了你一个微笑；也许你为别人付出了，而对方一时无法回报，当对方有能力回报的时候，得到回报的也许不是你，而是你的儿子，或者孙子。如果你太在意于回报，就会犯急躁的毛病，影响自己下一次的付出。

有一段时期，佛陀住在迦兰陀竹园弘法，每天早晨到王舍城，不论富贵贫贱、饭好饭差，一家一家挨户去吃饭。有一位火与婆罗门远远看见佛陀，立刻准备许多甘美的饮食供养。可是经过二、三次以后，佛陀再度到火与家，火与兴起一个念头：“佛陀为什么多次到我家乞食，难道是贪求我供养的饮食吗？”

佛陀知道了火与婆罗门起了这样的念头，于是对他说：“春雨绵绵，农夫勤奋地下田耕作，一年又一年地播撒种子，一年又一年有好收成。就像人有多次的怀孕，乳牛也有多次的怀胎，孕育新的生命。如果有人一次次求助于你，而你也得一次次布施，因为这一次次的布施，便能获得众人的称赞，所得到的福报也就无量无边。布施如同播种，播下的种子愈多，收成也会愈丰富，若想获得福德，应该好好地耕耘福田，必定能获福无量。”

火与听了佛陀的话之后，深为自己不清净的染污心而惭愧。他明白了这样的道理：春天要播种，秋天才能有收成；平日要布施，才能有好的福报。

生活中，有些人为他人做好事、行方便的时候，习惯顺便把自己的善意告诉对方，心里悄悄地企盼着对方对自己有所肯定。可常常因此而失望。不如记住这一点：我们只是为了通过自己善良的行动，为他人创造美好生活，而不是为了让别人知道“我有恩于你”。实际上，你做好事的同时，你善良的本性已经使你感觉愉快——慈爱的意义即在于此，所以千万别图回报。

既然要付出，就单纯地付出，不要太在意回报，这就符合“为他人做好事”的初衷。别人的感激与表扬并不是你最需要的，你真正得到的有意义的回报是你无私奉献的热情——只要你有了这种热情，你的生活就更加美好，更加惬意。所以，下次你为别人做好事的时候，不要声张——你的心情坦然了，就能体会到奉献的乐趣。这是一种跟你的生活密切相关的处事方式，它不仅会带给你快乐，而且做起来也是那么轻而易举。

然而，在日常生活中，无论我们是有意还是无意，总是想从别人那里得到点什么，尤其是当我们为别人做了点什么的时候，比方几个人住在同一寝室，有的人多做了一点活儿，便说：“既然我打扫了洗手间，那么你就应该将厨房清理一下。”又如，邻居之间相互照应是应该的，可有的人却说：“我上周帮你们家照顾了一下午孩子，这次总该你们帮我了吧。”出现这种情况，所谓的付出已大大贬值。

一个真正善良、内心充满平和宁静的人，每当要为别人创造方便时，他只想到去做，而做了之后会感到快乐。

一个人如果替别人做了什么得不到任何回报而感到不满，那么导致这一情绪的根本原因是隐藏在内心的利益动机，它干扰人的内心，使人老是这样想：我想要什么？我需要什么？我应当去索取什么？所以，如果行善事而有所图，往往好事会变成坏事，至少带来的不是快乐，而是一些负面情绪。

有一个人，曾从深井中救出一个小女孩，他得到了女孩父母的深深感激和众人的钦佩。不幸的是，从此以后，他无论走到哪里都希望人们知道他的这一善行。随着岁月流逝，人们渐渐淡忘了那件事，可他却念念不忘自己的“义举”，越来越无法忍受人们如此对待他这样一个救人英雄，他失落，痛苦，最后竟选择了自杀。

星云禅师曾经说过：“人家对你做的好事，你要永远记住；你对人家做的好事，你要立即忘记。”在生活中，我们要真心真意地去帮助别人，同时别让自己总想着“我将得到什么样的回报”。当做好事完全发自内心的意愿时，你一定不在乎所帮的人会给自己什么样的报答。

心怀“喜舍”，助人为乐

菩萨所作功德，皆与一切众生。有所饶益，欢喜无悔。所作福祐，无所希望。

——《维摩诘经》

慈悲喜舍、乐善好施是佛教一向推崇和实践的主张。这种为社会大众带来福祉的主张，还包含着舍己为人的牺牲精神。

释迦牟尼佛曾为一商主，名叫财马车商主。有一次，他生悲心而与五名商人同入大海取宝。途中不幸遭遇狂风恶浪，船只受损严重。正当商人们恐惧万分时，商主安慰众人道：“无需担心，如果船只毁坏，你们都可以紧紧地拉着我，我一定能让你们摆脱海中险难。”说罢，他将所探取的宝珠夹于腋下。后来，轮船真的出现了倾覆，这时商主叫喊着让所有人都抓住他的身体，然后他以一人之力牵动众人向岸上游去。商主耗尽体力将五个人全部安全送到了岸边，但他自己却因劳累过度而死去。

大家将他的尸体抬到一个干爽的地方，然后从他腋下取出所藏的珠宝，以供大众享用。从此之后，所有人都得以摆脱困苦，安享美满幸福的生活。

“喜舍”在因果报应这一逻辑链条上，是个很重要的一环。把“喜舍”理解为“喜欢施舍”，虽不正确，但也无碍。“喜”和“舍”是两个概念。“喜”，是欢喜、随喜、恭敬、赞叹，就是随喜他人的成就与福德，是恭喜别人，可以帮助自己去除对他人的嫉妒与不满。看见别人做善事，我们随喜赞叹，不但使做善事的人心生欢喜，自己也获随喜功德的利益。我们看到任何人得到快乐，要时时随喜，保持一种愉悦的心情。

“舍”，是没有执著、没有厌恶，平等地对待他人及任何事情。这样的“舍”可以帮助我们去除偏爱和执著的功利心。我们对一切人、事、物不起一点儿憎爱执著。做了好事不记在心里是“舍”；做了错事，忏悔以后不再放在心里是“舍”；布施时不执著功德，三轮体空是“舍”；把慈悲喜舍的功德通通舍掉，不执著，那才是真舍。对众生没有贪嗔痴的心，平等对待，那就是于诸众生远离贪嗔痴，心住平等舍。

一个人一旦做到“慈悲喜舍”，福报是很大的。那些财富守不住的人，往往就是因为缺乏“慈悲喜舍”，独享的结果是断灭人缘，远离人心，以致福易享尽。所以清朝大商人胡雪岩认为，如果钱只集存在富人手中，市面就活不起来；况且，过富必遭人妒。贫的越贫，富人越危险，饥民四起的情况下，富人是没有安宁日子过的。

商人并不必然有义务关心社会问题，如果他们这么做了，精神层面上，表明了他们“好行其德”的良好品质；从实利层面上，对社会是一种健康美好的行为。

胡雪岩当初创办庆余堂，并没有打算赚钱，后来因为药材地道、成药灵验、营业鼎盛，大为赚钱。但盈余除了转为资本，扩大规模以外，平时对贫民施药施衣，历次水旱灾荒、时疫流行，捐出大批成药，亦全由盈余上开支，胡雪岩从来没有用过庆余堂的一文钱。

庆余堂的伙计们都有一致的议论：胡雪岩种下了善因，必会结得善果，即使他一时垮下去了，但早晚会再爬起来。所以当出现危机时，所有店员们都一如既往，正常去店里上班，维持店子的正常运行。这是胡雪岩成功的一个方面，对民行大善，而自己成为最大的赢家。

胡雪岩明白，精明的商人致富后，多半“富好行其德”，拿钱周济贫民。例如陶朱公弃政从商，“十九年之中三致千金，再分散与贫交疏昆弟”；又如，西汉商人卜式曾捐款 20 万，赈济徒民。

有了这一层认识，胡雪岩历年在帮朝廷平靖天下和帮社会赈济灾荒方面，做出了大量贡献。胡雪岩正是有这种利人济世的天性，加上他的超凡的悟性，从而在官商两道如鱼得水。

佛教因为“因果报应”的前提，所以号召人们多行善举来改造命运，某种意义上说，这的确是一个处世方法。即使善举无法及时改造命运，也会改变心境。做好事，行善举，心情是快乐的，这是许多人的深切体会。事业辉煌的李嘉诚夫妇是大慈善家和学佛居士。他曾捐资3000多万港币建立“李嘉诚护理安老院”，该院规模宏大，设备齐全，占地约1500平方米，可收容几百名老人在此接受护理和安养。在该院建设过程中，李先生特委派李嘉诚基金的高级职员、计划经理、办公室经理、高级秘书等专职筹划，使该院在短时间内建成启用，许多老人在此安度晚年。

真维斯香港国际有限公司董事长杨勋先生与佛有缘，他说，佛教所推行的“善举”，可净化人的灵魂，改善社会风气，使人们生活在一种友爱的环境中，感受到大家庭的温暖。

杨勋曾经很苦，从起步创业到事业有成，历经了坎坷，但他心情一直很舒畅，因为他一边做事业，一边在为社会和他人行善举。例如河北柏林禅寺净慧大和尚有一个兴办佛教养老院的心愿，可是缺少钱，房子盖不起来。此事被杨勋先生知道后，他给予了大力支持，承捐200万元人民币用于修建工程，2005年上半年养老院建造完工，下半年便入住了几百位老人。

杨勋说：“当企业家头脑要清醒。只有头脑清醒才能做到判断准确，能获取更有价值的信息和保持精神世界的和谐，企业得的多就要回报社会多，没有可犹豫的。”他多年捐赠省政协的河北海外同胞教育基金，做了很多公益活动。他在慈善方面的捐献超过两亿港元。2006年11月23日，当时河北红十字会正在为救助百名无钱医治的患病儿发愁时，真维斯以最早发起捐款单位之一，捐款10万元。2007年在得知河北红十字会还在筹款时，杨勋向河北红十字会捐款追加30万元。

一个人富了之后行善举，必能激发人们的上进心，还能起到榜样作用。在一些热衷于行善举的人影响下，越来越多的人加入到慈善事业中，社会的“福田”势必结出无数美好的果实。

注意言行造成的后果

夫事起必由于心，报应必由于事。是故自报以观事，而事可变；举事以

责心，而心可反。　　　　　　　　　　　　　——《明报应论》

有一位无果禅师深居幽谷一心参禅，20多年来都由一对母女护法供养，由于一直未能明心，心中有愧于施主，所以想出山寻师访道，解决生死大事。护法的母女要求禅师能多留几日，好做一件衲衣送给他。

母女二人回家后，马上着手剪裁缝制，并一针念一句弥陀圣号。做好之后，再包了四锭银子，送给无果禅师做路费。禅师接受了母女二人的好意，准备第二天动身下山，当夜仍坐禅养息，忽至半夜，有一青衣童子，手执一旗，后有数人鼓吹而来，扛一朵很大的莲花，到禅师面前。童子说："请禅师上莲华台！"

禅师心中暗想：我修禅定功夫，未修净土法门，就算修净土法门，这个境界也是不可得，恐怕是魔境。无果禅师不予理会，只管一心参禅。童子又再三地劝请，说不要错过机会。无果禅师就随手拿了一把引磬，插在莲花台上。不久，童子和奏乐人，吹吹打打离去了。

第二天一早，禅师正要动身时，母女二人手中拿了一把引磬，问无果禅师道："这是禅师遗失的东西吗？昨晚家中母马生了死胎，马夫用刀破开，见这引磬，是禅师之物，特送回，只是不知为什么会从马腹中生出来呢？"

无果禅师听后，汗流浃背，乃作了一道偈："一袭衲衣一张皮，四锭元宝四个蹄。若非老僧定力深，几与汝家作马儿。"

无果禅师一个不经意的行为，便造成了令其不安的结果。所以，一个人平时要管好自己，马虎不得。

有一位大学生，分配到了一家贸易公司。他能力很强，也很上进，工作十分努力，但一直干了几年，他还是没有提升的机会，当时与他一起进公司的人有的都做了主管，可他还是一个最底线的员工。其实，同事们都知晓其中的原因，只是他老是想不清楚。有一次，他的主管正和公司老板一起检查工作，当走到他的办公室时，他突然站起来，对自己的主管说："经理，我想提个意见，我发现咱们部门的管理混乱，有时连一些客户的订单都找不到。"

也许这个人是为了公司的利益说话，本意不错，但他却让主管当众受辱难堪了！所以他的一句话产生了这样的不良后果：一方面双方心里都有疙瘩，受到指责的人因为有损自尊，终究不能释怀；指责他人者心理也总是担心挨整，时时提防。另一方面可能埋下了将来争斗的种子，表面上看起来平静无波，主管当场接受意见，但心里可能耿耿于怀，要伺机报复。

另一位年轻的华裔斯蒂芬·赵也是由于对自己的言行没尽到责任，做错了事，以致后悔不已。斯蒂芬·赵从哈佛毕业后就在好莱坞施展宏图，不久便显露峥嵘，飞黄腾达，到36岁时已成为福克斯电视台的总经理。然而，一年夏天，赵的顺风之船触礁了。在一次由总裁鲁伯特·迈都克主持的公司高层人士的会议上，当赵就新闻检查发表演说时，他别出心裁地安排一位演员在一旁脱衣以表现新闻检查之后果。可没想到这一弄巧成拙的噱头使董事们怒不可遏，迈都克只好将他解聘。

可见，说话做事不顾后果，必然会自食其果。

一般人常常随着环境与地位的改变而改变，例如有的人未成名成家时，或事业未成功时，行为有检点，做事有章法，但成名成家与事业有成之后就变得判若两人，身上的坏毛病一一暴露。佛教认为人人可以成佛，但须把心中的妄念消除。消除不了，便堕入了“恶道”。怎样消除妄念？“戒、定、慧”为三宝，戒，即戒掉自己的毛病和坏习气；定，即心要安定，坚持维护一颗“善心”；慧，即在实践中修持佛法、觉悟道理，这样人生的境界就会提升。

一个人“变坏”是有原因的，这个因就在自己心中。19世纪末、20世纪之初的美国作家杰克·伦敦，是一个私生子，曾做过流浪儿、不良少年。到20岁左右遭遇感情刺激，悔过去孟浪，于是立下志愿，要成为一个伟大作家，出人头地，不再受人侮辱欺凌。他的文化程度不高，为了学习单词，在家中甚至浴室和茶杯上都贴满了英文单词的标签。他收到的退稿信一摞一摞堆积成箱，但他丝毫也不气馁，继续努力，终于成功。

杰克·伦敦成名之后，为世人所崇拜。他年轻、英俊、潇洒。有了名声后，更是受到无数女人追捧，使其虚荣心大大膨胀，个人生活开始奢侈放纵，精神渐趋空虚无聊，才华亦渐在享乐淫靡生活中销磨丧失。又曾以巨资建造一所当时少有的豪华别墅“狼舍”。刚落成那天即遭大火焚毁。此事对他刺激极大，没多久他就举枪饮弹自尽，年仅44岁，死时正值奥匈帝国王储菲迪南大公被刺，第一次世界大战即将爆发之际。

所以，佛认为，一个人要能实现善终果报，绝对不能凭一时的功德，一定要广修福慧才能达到。善终当然跟过去的善业有关，但最主要还是在人生的每个阶段积极种下善因，同时在“止息妄念”上多下功夫，否则随着生命的进程和时间的推移，很难得到自在的长久的幸福。

管好自己，不让言行造恶果，佛教提出从三个方面去做：

第一，诸恶莫做——不要做杀害动物、偷盗、邪淫、妄语、酗酒等行为。不做亏心事，不占别人的便宜，以免冤仇结得太多和太深，不得安宁。

第二，众善奉行——常发利益众生的愿望，然后从语言和行为上去实行。平时广结善缘，心情平和安然，可以得到快乐。

第三，自净其意——做好事、行善举，都要会归心上，才能得到受用。虽然日理万机，事情很忙，也要做到事忙心不忙，保持清净心。

不可有害人之心

若犯无邪者，清净无染者，罪恶向愚人，如逆风扬尘。

——《南传法句经》

人在与他人相处的时候，“十二因缘”无时不在发生作用。这十二因缘是佛教对人从生到死观察后的总结，它们分别是：无明——无意识的本能活动；行——意志的活动；识——能认识的主观要素；名色——所认识的客观要素；六入——感觉的认识机关（眼耳鼻舌身意）；触——感受；受——爱憎的感情；爱——欲望；取——执著；有——世界及各个体的物理的存在；生——各个体的生存；老死——各个体的老死。

梁启超认为：“十二因缘”为佛教一切原理的基础，“佛以为一个人的生命，并非由天所赋予，亦非无因而突然发生，都是由自己的意志力创造出来。现在的生命，乃由过去的‘无明’与‘行’所构成。当生命存在期间，‘识’、‘名色’、‘六入’、‘触’、‘受’、‘爱’、‘取’、‘有’刹那刹那，展转相缘，增长‘无明’的业力，又造出来的生命，于是乎继续有‘生’，有‘老死’。”

“十二因缘”使得人们无一例外地经受“苦难”。佛教人生哲学乃至整个佛教哲学的大厦都是精致地建立在人生无常一切皆苦即“苦谛”的理论基石之上的，而“苦谛”关注的是社会现世，阐释的是人生苦难，引导的是如何解脱。如何解脱呢？这又回到“十二因缘”这个基点上：人类把握住了生理与心理的本能和欲望，自己管好自己，不要做损人利己的事，损人即是损己，因为种下什么“因”，就会结下什么果。我们来看一则佛经里的故事：

祇树给孤独园附近，有一个名叫钩葛的猎人，生性残暴，又不通情理。一天早上，钩葛带了弓箭，领着自己养的一群猎狗到森林去打猎。路上遇见一位托钵的僧人，钩葛很生气地自语道："今天要倒楣了，一大早就碰到一个光头，我看今天什么也猎不到了。"说罢很生气地往森林里走去。

僧人捧着钵到村子里走了一圈，找一个静处，将乞到的食物吃了，准备返回寺里。

这边，钩葛在森林里猎了一整天，毫无斩获，气闷闷地带着猎犬往回家的路上走，谁知又碰上了这位僧人，不禁火冒三丈，大骂道："我一大早就碰见你这光头，所以倒楣，连一只小兔子也没逮到，谁知回来又碰见你，不知又要倒什么楣了。"说罢就要叫他的猎狗咬僧人，将僧人吃掉。僧人赶紧说道："有话好说，我并没有得罪你，你不要冲动啊！"

钩葛哪管三七二十一，就放开猎狗。僧人只得赶紧脱身逃命，跑到一棵树下，爬了上去。钩葛的猎狗咬他不着，只得在树下徘徊绕圈子，对着树上的僧人狂吠。此时钩葛赶到，他说："今天你跑不掉了！"随即拿起箭头向上猛刺僧人的脚底，僧人哀哀求饶。钩葛仍然不理，非得置他于死，不肯罢休。

僧人双手紧握树枝，两个脚底不停地闪躲钩葛的矛头，痛苦不堪。身上的袈裟渐渐松了，终至落下，从头到脚将钩葛罩住，钩葛来不及挣脱。那些猎狗看到袈裟，以为是僧人，猛地扑过去，一下子将钩葛咬得动弹不得。僧人见状赶忙折了一根枯枝向猎狗们丢去，猎狗抬头看到树上的僧人，才知道它们咬了自己的主人，逃入森林。

僧人这才从树上下来，看见袈裟沾满了鲜血，钩葛已经一命呜呼，他心中非常难过，想：因为我的袈裟掉下的缘故，才使得猎人丧命。他怀疑自己是否犯了杀戒，因此来到佛前，将经过向佛陀禀告一遍。

佛陀安慰他说："善哉比丘！你没有丝毫过错，那个猎人不应该伤害没有过错的出家人，他如此作为是自食其果；而且，他不止这一世伤害无辜，前辈子也是。"

佛陀因此又说了有关钩葛前世的故事：很久以前，有个医生，为人医病赚钱谋生。后来时运不济，病人渐渐少了，医生赚不到钱，贫穷潦倒。有一天，他在乡下看到一群天真无邪的小孩在一起玩耍嬉戏，心里于是起了一个坏念头："我要是能让这些小孩都被蛇咬了，我就可以为他们医治，而赚到很多钱。"

于是他将小孩子们带到一棵树下，在树根的枯洞里有只睡着的蛇，蛇头露在洞口，看起来就像蜥蜴的头。医生告诉小孩子们说："这是蜥蜴，你们抓来玩没关系。"小孩不知天高地厚，就依照医生的话，捉住蜥蜴的颈部，谁知当握住之后，才发现原来是只蛇，蛇身很快地缠住一个小孩的手肘。小孩非常害怕，情急之下将蛇往医生的头上丢去，这只蛇立即缠住医生的脖子，一口咬住医生的颈部，医生脸色发青，立刻中毒而死。

这个医生就是钩葛的前生。

佛陀说："弟子们！一个人如果常常做出伤天害理、伤害无辜的事，终究会果报还诸自身，自作自受的；就像逆风而起的灰尘，终究还是扑向自己的脸上。"

佛经原文这样说："恶人害贤者，犹仰天而唾，唾不至天，还从己堕。逆风扬尘，尘不至彼，还坌己身。贤不可毁，祸必灭己。"

佛教导人不可以做恶事，不可以害人。害人就是害自己；轻慢人也就是轻慢自己；你对人家不好，也就是对自己不好。所以佛说，恶人就是做种种坏事的人，贤者就是贤而有德的人。没有道德的恶人，想要害有道德的贤人，就好像仰起面，对天吐口水一样，这口水不会到天上，口水还要慢慢落到自己的脸上。又如对着风来扬尘，尘不会到前边去，到对面去，还是都落回到自己身上来。

害人害己的事例，古今中外太多了。李斯年轻时曾是一个多么傲视天下的人，他说："诟莫大于卑贱，而悲莫甚于贫困，久处卑贱之位，困苦之地，非世而恶利，自托于无为，此非士之情也！"李斯是荀子的学生，和韩非是同学，他才不及韩非，然而因为韩非与嬴政交谈而使始皇大悦，让李斯后怕，使计害韩非入狱，并死于狱中。

后来嬴政统一天下，李斯混得不错，一直当上了丞相。他出主意叫秦始皇焚书坑儒，坑害了多少有才之士。扶苏和蒙恬也都是被李斯害死的。但他自己最终的结果还是被灭门三族，死于赵高的谗言之中，二世的屠刀之下。李斯在临刑之际，黯然地对儿子李由说："吾欲与若复牵黄犬，俱出上蔡东门，逐狡兔，岂可得乎？"那时候，他想起少年时上蔡的春天，异于帝都的春天！可后悔已没用了。

出了问题向自己找原因

恶人闻善，故来扰乱者，汝自禁息，当无嗔责。彼来恶者，而自恶之。

——《佛说四十二章经》

佛反对人们之间怨怨相报。怨因造怨果，怨果又成为怨因，反复下去，恶性循环，对己对人都没有好处，不如掐灭怨种，改种善因，多从自己身上找原因，而不把原因全推到对方身上。

如果通过在自己身上找原因，发现自己没有做错什么，那么也应该停止与人怨怨相报。恶人听见有善人做善事，他故意来给你麻烦，破坏你做善事。这个时候，你要自己“禁息”，要很冷静，很镇静，不要紧张。你不要生嗔恨心，也不要责骂他，说他不对。那么这个来扰乱你、破坏你、给你麻烦的人，就是给他自己麻烦，破坏他自己，他是和他自己过不去。就好像有一个明镜似的，在这明镜里头现出很丑陋的一个相貌，这很丑陋的相貌，是他自己在镜子里现出来的，不是镜子本身是丑陋的。这就是说，恶人怎么样坏，也是他自己的，坏他自己；你要是不理他，就没有事了。你若一理他，怎么样啊？你就和他归伙了，你也变成恶人，和他一个样子。

唐朝大将军郭子仪，在平定“安史之乱”和抵御外族入侵中屡立奇功，却遭到了皇帝身边的红人、太监鱼朝恩的嫉恨。郭子仪率兵在外征战，鱼朝恩竟暗地里派人挖毁了郭子仪父亲的墓穴，抛骨扬灰。郭子仪领兵还朝，众人无不以为会掀起一场血雨腥风，不料当代宗皇帝忐忑不安地提及此事时，郭子仪伏地大哭，说：“臣将兵日久，不能禁阻军士们残人之墓，今日他人挖先臣之墓，这是天谴，不是人患。”家仇的烈焰竟被他宽容的泪水熄灭。

郭子仪手握兵权，在朝中日益得到皇帝的信任，鱼朝恩担心早晚会被郭子仪收拾，便想来个先下手为强，在家中摆下“鸿门宴”，然后请郭子仪赴宴。鱼朝恩的险恶用心连郭子仪的下属都看得一清二楚，他们极力劝阻郭子仪不要去。郭子仪淡淡一笑，不以为然，只便装轻从，带上几个家僮从容赴宴。鱼朝恩见了惊讶不已，在得知实情后，阴毒无比的一代奸臣竟被感动得嚎啕大哭，从此以后再不以郭子仪为敌，反而处处维护他。

郭子仪果断地把怨结解了，为自己赢得了一个支持者。现实世界充满矛盾，人与人相处难免有冲突，如果一方总想战胜另一方，而另一方又不服输，斗来斗去，怨怨相报何时了？所以佛说，冤家宜解不宜结，要善待你的敌人，放下屠刀，立地成佛。

南非的民族斗士曼德拉，因为领导反对白人种族隔离政策而入狱，白人统治者把他关在荒凉的大西洋小岛罗本岛上27年。当时尽管曼德拉已经高龄，但是白人统治者依然像对待一般的年轻犯人一样对他进行残酷的虐待。

罗本岛位于离开普敦西北方向七英里的海湾。岛上布满岩石，到处都是海豹和蛇及其他动物。曼德拉被关在总集中营一个“锌皮房”，白天打石头，将采石场采的大石块碎成石料。有时从冰冷的海水里捞取海带，还做采石灰的工作。他每天早晨排队到采石场，然后被解开脚镣，下到一个很大的石灰石田地，用尖镐和铁锹挖掘石灰石。因为曼德拉是要犯，专门看守他的看守就有三人。他们对他并不友好，总是寻找各种理由虐待他。

但是，当1991年曼德拉出狱当选总统以后，曼德拉在他的总统就职典礼上的一个举动震惊了整个世界。总统就职仪式开始了，曼德拉起身致辞欢迎他的来宾。他先介绍了来自世界各国的政要，然后他说，虽然他深感荣幸能接待这么多尊贵的客人，但他最高兴的是当初他被关在罗本岛监狱时看守他的三名前狱方人员也能到场。他邀请他们站起身，以便他能介绍给大家。

曼德拉博大的胸襟和宽宏的精神，让南非那些残酷虐待了他27年的白人汗颜得无地自容，也让所有到场的人肃然起敬。看着年迈的曼德拉缓缓站起身来，恭敬地向三个曾关押他的看守致敬，在场的所有来宾以至整个世界，都静下来了。

后来，曼德拉向朋友们解释说，自己年轻时性子很急，脾气暴躁，正是在狱中学会了控制情绪才活了下来。他的牢狱岁月给他时间与激励，使他学会了如何处理自己遭遇苦难的痛苦。他说起获释出狱当天的心情：“当我走出囚室、迈过通往自由的监狱大门时，我已经清楚，自己若不能把悲痛与怨恨留在身后，那么我其实仍在狱中。”

佛教认为苦因与苦果，如不及时中止，因果的循环，便无了期。在生活中，一些人之所以烦恼缠身，充满痛苦，怨天尤人，总是有那么多的不满和不如意，多半是因为不懂得或不接受“因果法则”，缺少解开“怨结”的勇气，缺少“以德报怨”的品质。

自省为什么“吃苦果”

招果为因，克获为果。——《摩诃止观》

因果道理，其实就是因缘的原理。通过正面和反面来说明，没有一个绝对的因，当然更没有一个绝对的果。所以也就像旋转火轮一样地流转不停，终而复始。这因缘原理，正是佛教对于人们的主观世界与客观世界的解释，同时是佛教对人生观的基本认识，所以这样说：“要知前世因，今生受者是，要知未来果，今生作者是。”

《杂宝藏经》中有一个故事：很久以前，在西域罽宾国，有一位名叫离越的高僧，从年轻时就出家学道，在深山洞中，精勤修行禅功，证了阿罗汉果，得到六神通，因此，远近很多人都来拜他为师。在他贤能的指导下，弟子们也很快地正得罗汉，都到处去弘法了。

离越虽然已经证果，但还是不停地精勤修持，休息的时间极少。有一天，离越趁着空闲的时候整理洞内，他看到常穿的那件衲衣，经过长久的时间，所染的灰色渐渐退成淡白。不知哪来的兴趣，就走向山中，摘了几种草根树皮当做染料，将这件百衲衣，加以复染。可怪的是，那件放在锅里煮染的百衲衣，在离越用柳枝翻覆的当时，竟变成了一张牛皮，锅中如墨汁般的颜料水，也变成红色的血水，那些草根树皮都变成一块块的牛肉。更称奇的是，还有阵阵的牛肉味，从热锅中散出来。

离越看到这种情形，正在惊愕的时候，从山下走来一个农夫，他立即看到锅中的那些牛肉和牛皮，这时农夫粗暴地大声说道：“喂！你好大胆，今天大开杀戒，把我耕田的牛也杀了。早上我牵这条牛在山边吃草，不多时就不见了。我到处找了好久，都没找到，原来是你这个出家人偷来杀了，幸亏有一阵清风，把这煮牛肉的气味，送进我的鼻子，现在你还有什么话说？走走！跟我到国王那里去。”

生气的农夫不由分说地将离越拉到国王那里。农夫把经过的情形对国王说了一遍后，国王就问离越有什么辩言。可是铁证在前，有什么可说呢。就此，离越被判坐牢狱 12 年。

12 年的岁月，算起来并不短，离越罗汉在这期间，白天他在牢狱内担任清洁房子和扫除厕所的工作，晚上他又用功勤修禅定，从不倒身睡觉，他的慈悲和忍辱，深深地打动了很多狱官狱卒。

12 年监禁期满的一天，过去在山中参禅的那些弟子，都不约而同地想起山中的师父，各个运用神通观察，结果知道师父受了 12 年的冤枉，大家都来到王宫，大鸣法鼓，为师父打抱不平。国王受惊不已，赶快亲自到牢狱释放离越罗汉。这时离越已是发长须白，但当他一走出监狱的门外时，忽然发须自动地落下来，并且飞上天空，变出无量的化身，身身又大放光明。他那泰然的态度，一点也不像刚出狱的人。罗汉们喊着，要惩罚国王的办事不明。离越阻止说："你们不要动手，这是我的业障，不能埋怨什么人。在我前世，生为农夫的时候，有一条牛走失了，我到山中寻找，却没找到。走遍全山，遇到一位修行的出家人，当时我不加省察，就误认是他偷的。在那一天的 12 小时中，我的心里都起着妄念，想把他驱逐出山，想把他交给国王拘禁在监狱里。由此，我造了今生 12 年的冤狱。我没怨怪别人，只恨自己当初为什么不做些有利于人的事，不发慈心慷慨施舍，反而错误责怪修行的人。"

罗汉们和国王大臣，听了离越这段话以后，都产生了深深的省悟。

佛教认为，一个人所有的"苦果"都是自作自受，都是由于在这之前，甚至前世有过"业"（造作）。佛经中常说："若经千百劫，所作业不亡，因缘会聚时，果报还自受。"这是佛教中一个很著名的偈语，它的意思是：我们所做的行为（业因），形成了业力，它需要众缘来引发，才会形成果报。如果业因没有形成果报，它的势力可延续到千百劫之久，等到因缘会遇成熟时，我们必定要承受那个果报。

这虽然说的是佛教"因果法则"，但现实中一个人吃了什么苦果，或者遇到什么麻烦，让自己冷静下来，进行反省是必要的，不至于怨怪别人，以避免冲动而做出报复的行为。

学者李叔同皈依佛教后，被称为弘一法师，一次他在南普陀寺佛教养正院佛学会上讲演，反省之深让人震憾。他由于参加应酬多，一些佛徒有所不满，甚至有人批评他是身心都不在佛门，而是借佛的名义博取社会名声。听到这话后，他犹如被当头一棒，很是难受，想与对方辩论，但马上冷静下来，进行反省。他面对众僧说：

"出家以后 20 年之中，一天比一天堕落，身体虽然不是禽兽，而心则与禽兽差不多。天良虽然没有完全丧尽，但是愦乱糊涂，一天比一天利害，抑或与天良丧尽也差不多了，可以说是纯乎其纯的一个埋头造恶的人。……已经从闲云野鹤、独往独来、随意栖止变成了一个应酬的和尚……今年几个月之中，极力冒充善知识，实在是太为佛门丢脸。别人或者能够原谅我，但我对我自己，绝不能够原谅，断不能如此马马虎虎地过去。”

反省之后，弘一大师决心接受一个15岁少年来信中的建议，要以十分坚决的心，谢绝宴会，并且不再到处充善，要将法师、老法师、律师等名目，一概取消，将学人侍者等一概辞谢，孑然一身，遂我初服，以此作为一生的大结束。

如此的反省，凸显了其人格力量。他在《南闽十年之梦影》里说：“回想我在这十年之中，在闽南所做的事情，成功的却是很少很少，残缺破碎的居其大半，所以我常常自己反省，觉得自己的德行，实在十分欠缺！”

第二章
众生皆平等

平等，指一切现象在共性或空性、唯识性、心真如性等上没有差别。佛教认为在无始时万物是平等的，即在时间开始时是平等的，而一旦人们开始“行”（无明缘行）就造成了不平等，所以要实现平等就要改造人们的行为。

众生平等，没有差别

菩萨于一切众生悉皆平等，深心清净，依佛智慧，则能见此佛土清净。

——《维摩诘所说经》

佛教里说的众生平等，是指地狱、鬼、畜牲、阿修罗、人、天、声闻、缘觉、菩萨、佛，这十个法界的灵体都是众生，都是平等的。这里的平等是指都有可以觉悟体察的真如本性，相处在同一个世界，没有高贵与低贱之分。人与人之间以平等的目光看待，才能度人度己，否则都是空话、假话。

六祖惠能3岁丧父，自幼未曾读书识字，生活贫困，以卖柴为生。24岁那一年，他听人读诵《金刚经》，颇有领悟，便决定学佛。这个出身寒微的岭南打柴人第一次从广东新会千里迢迢去湖北投拜弘忍为师，见到弘忍，心情激动，以为找到了真佛。可弘忍劈头就问：“你是哪里人啊？你到这深山老林来礼拜我，是要求什么东西呢？”

惠能答道：“弟子我住在岭南，是新州的一个打柴人，今天我不远万里来礼拜您，不为别的事，只求作佛。”

弘忍听罢，责斥道：“你是岭南人，又是打柴的，怎么能够作佛啊？”

惠能回答道：“人即有南北之分，佛性又没有南北之分，打柴人虽然与和尚不同，佛性有何差别呢？”

惠能自从在曹溪宝林寺开法后，声望渐高，各地信徒纷纷前来参谒他。当时四川僧人方辩做了一个梦，梦见达摩祖师要他去曹溪参谒六祖惠能大师。方辩于是来到宝林寺。

方辩拜见惠能，行弟子礼之后，惠能问道：“方辩，前一段时间你在干什么？”

方辩回答道：“出家前我是个雕塑匠，出家后有时也为信徒雕塑佛像。”

惠能说：“你给我塑一尊泥像怎么样？”

方辩受宠若惊，说：“深谢六祖大师赏识。”

过了几天，方辩按照惠能的音容笑貌塑了一尊七尺高的泥像，十分逼真地再现了六祖大师的形象。惠能高兴地看着这尊塑像，欣赏了半天，然后笑着说：“方辩，你只了解塑性，却不了解佛性。凡有所像皆是虚妄。真正的佛身不在有形有像的木雕泥塑上，而是在我们本来具有的清净心中，在清净心中所流露的一切事物中。对一个明心见性的人来说，黄花翠竹皆具佛性，木雕泥塑都是佛身。但对于一个有着贪心的人来说，黄花翠竹、木雕泥塑却使他产生烦恼的对象，哪里看得出佛性、佛身呢？希望你勤修般若智慧，这样才能塑造出具有佛性的木雕泥塑来。要知道真正的佛像是无形无相、平等没有差别的佛性。”

佛不嫌贫爱富、厚此薄彼，无论你是什么出身、什么背景、什么身份、什么阶层，都本着“平等一如、无有高下”的态度与之交往、施以甘露；也不管是什么时间、什么地点、什么情况，你提出需要帮助，都会随缘度化、及时施予。

一个刚刚皈依佛教的在家信徒，为了化解心中久存的人生困惑，在知情人的指点下找到一位禅师，正逢禅师消化道出血，当禅师身边的弟子刚处理完地上的血迹，禅师就开始为这位信徒释疑解惑，完全没有在意自己的身体究竟是处于何种状态。见此，弟子们劝导师父保重身体，可他们为此迎来的却是师父的一句当头棒喝：“作为一名佛子，我们的任务之一就是要让‘未信者令信、已信者深信’，既然信徒已经主动找到我，我还有什么理由不去‘随其所应、而为说法’呢？”

佛教反对用势利的眼光看人，因为那样不但违背大乘菩萨“普度一切、不弃不离”的崇高法理，也势必会让人对佛法产生“分别好坏、选择良莠”的质疑，这样既无益于佛法的广泛传播，也会严重地伤害到佛教讲求平等的美好声誉。一切诸法在缘起和真如的层面上都是平等的、无差别的。那么又如何培育无差别的平等心呢？

首先得弄清平等心、出离心、菩提心等概念。平等心：将心比心，将众生的心性与自己的心性视为等同。出离心：看清生命轮回的本质就是苦，而生起脱离之心。菩提心，就是建立在慈悲和空性基础上的圆满的无上智慧之心。

一位外交官与大画家张大千是好朋友。外交官有个儿子喜欢画画，一天，外交官把14岁儿子带去见张大千，提出要让儿子拜大画家为师。张大千看了小少年的画后，非常高兴。“是个天才，我收下了！”张大千说。外交官立即催促儿子：“快给先生磕头！”

从此外交官的儿子成了张大千的弟子。40年后，他的画进入了苏富比拍卖行，一幅画拍到30万元人民币。虽然他的画价只有张大千的几十分之一，但他仍非常高兴。有一次，记者采访他。他说：“我之所以有今天，与大师的耳提面命分不开啊！大师言传身教，使我得到了泼墨真传。我要继续努力，把泼墨艺术传承下去。”

如果说，外交官地位比较高，张大千收其子为徒不仅不能说明“平等待人”，反而有“势利之眼”的嫌疑，那么张大千收当时被称为“戏子”的人为徒，就不能不证明他具有“平等一如”的佛家思想。

20世纪20年代，张大千在画坛的名气已经很大。有一天，他到北京三庆园看戏。13岁的李万春和他的师弟蓝月春合演《两将军》，万春身手和谐，虎虎有生气；蓝月春脸谱画得讨人喜欢。散戏后，张大千随同两位少年到李万春之父李永利家，说戏谈艺，十分投机，直到很晚才告辞离去。

李万春对绘画也有兴趣，张大千居京期间，李除了练功、演戏外，有空就到张大千寓所，观看张作画，学习临摹。他初学工笔，画人物、仕女，对山水画也想试试。可是业余时间有限，只好改学画花卉。他从北京制笔名家李福寿那里定做了许多支笔，练习作画。后来张大千离京去了苏州。李万春若有所失，心中十分惋惜。再后来，他巡回演出恰好到苏州，于是又如鱼得水，每天挤时间跟张大千学画。

李永利见儿子学画入迷，恳求张大千收其为徒。张大千欣然将这位梨园出身的画界小票友收为门人。1938 年，李万春的儿子过满月，时值虎年，张大千特意画虎祝贺。李万春新排《十八罗汉收大鹏》，张大千又画《罗汉图》相赠。李对此画爱不释手，每演该剧都把它挂在剧场前厅，与观众共享其中乐趣。

不歧视弱势群体

人虽有南北，佛性本无南北；獦獠身与和尚身不同，佛性有何差别？

——《六祖坛经》

在佛陀之前的印度婆罗门教等，歧视妇女和下层劳动人民，如农夫、手艺人、奴仆、戏子、歌伎等，限制其入教学法。佛陀推翻了等级制度，尊重人格，实行人人平等、有教无类的开放性教育，将社会各阶层群众，用在家、出家等各种方式吸收入教，形成了广泛的群众基础。

优波离原是一个奴隶，身份卑贱，他是王族的理发匠。一天，婆娑王子、阿那律王子预备跟随佛陀出家，要优波离为他们理发。优波离对王子很羡慕，但是他想起自己是奴隶，怎能够和高贵的佛陀生活在一起？不禁难过得痛哭起来。

佛陀知道了，允许他立刻加入僧团，成为佛弟子。王子们随后来到，佛陀嘱咐王子们向优波离行礼，称他做尊者。

佛陀告诉大家："河水入海，同是咸味，四姓出家，同为释氏。"

人生来就有很多的差别，如果一定要论家世、论相貌、论品行、论智慧、论体格，那么就有贵贱、美丑、刚柔、智愚、强弱之分，也就根本不能平等。佛教的教义认为，所谓的家世等等，这不过是假相的差别，论其理体，实是彻底的平等，所以佛经说："心佛众生，三无差别，平等平等。"

李苦禅出身寒微，他在北京国立艺专西画系学习时，于 1923 年秋去西城齐白石家拜师学艺，跪在齐白石面前，诉说自己从山东高唐到北京的苦难经历和学画欲望，齐白石听了很受感动，眼含泪水搀起李苦禅，说："我收你为徒吧。"26 岁的李苦禅从此进了齐门，在完成课业的同时向白石先生学习大写意花鸟画。齐白石很喜欢能吃苦、肯学习、善动脑的李苦禅，精心向他讲授运笔、用墨、着色、章法、气韵、意境等国画技法的真谛。

这之前，李苦禅已有一定的素描、写生、西画的功底，现在由老师齐白石苦心栽培，他出笔不凡，富有新意。一次，齐白石为李苦禅画了一幅《不倒翁》，告诉苦禅："我们画大写意画所追求的境界就是意中之象，情中之象，最高阶段便是在'无意'、'无情'中求'真象'，既雕既琢，复归于璞。"

李苦禅认真地听着老师的画论。齐白石不仅认真地给李苦禅讲画，还将自己珍藏的八大山人等古代名家的真迹借给苦禅去观赏研究，一心把"金针"度于苦禅。白石见苦禅的画能大胆地将中西画融为一体，特别高兴，在苦禅画册上题诗道："论说新奇足起余，吾门中有李生殊。须知风雅称三绝，廿七年华好读书。"在另一首题诗中，他把得意弟子李苦禅比作宋代大画家李公麟："深耻临摹夸世人，闲花野草写来真。能将有法为无法，方许龙眠（李公麟自称龙眠山人）作替人。"

李苦禅自己也同样平等待人，并且喜欢结交"导人为善"的朋友。孙之俊是中国现代漫画和连环画的先驱者之一，他关注社会，同情穷人，常以漫画的形式替老百姓说话。他一生先后创造了冬烘先生、贾醉生、王曰叟、费利儿、混混儿、老糊涂、万斤油、小摩登、范统与杨胜仁等几十个漫画人物。而家喻户晓的"骆驼祥子"和"乞丐武训"更是成为了其代表之作，也是孙之俊仅有的一生三次创作的两个艺术形象。孙之俊是李苦禅大师的挚友，后结为儿女亲家。

可见，一个人具有平等的思想，平等的行为，势必会影响身边人，如家人、同事、朋友、学生等。社会上多一些坚持平等的人，就会多一些清新的空气。让我们在平等思想的感召下，共同来改善社会环境，消除种种偏见和歧视。

不鄙视普通劳动者

诸般有情之苦乐，佛说皆由业所致。业种之因广无数，由此众生多。

——《百业经》

佛教为什么强调众生一律平等？因为众生都具有佛性。众生无高低之别，不论亲怨，一视同仁；众生值得怜悯，对众生要有普遍的无差别的爱心。

《杂阿含经》里有一则故事：有一天，佛陀托钵来到一座村庄，正在耕田的农夫见到佛陀，就说：“我以自己的力量耕田下种，以供饮食，沙门瞿昙你也应该这样做。”

佛陀说：“我也自己耕田下种以供给饮食。”

农夫怀疑地问：“我都不曾看见沙门瞿昙驾牛耕田除草，为什么瞿昙要说‘我也自己耕田下种以供饮食’？可否为我讲说您的耕田法？”

佛陀以偈回答：“信心为种子，苦行是时雨，智慧为犁轭，惭愧心为辕，正念自守护，是则善御者，保藏身口业，如食处内藏。真实为其乘，乐住无懈怠，精进无废荒，安稳而速进，直往不转还，得到无忧处。如是耕田者，逮得甘露果，如是耕田者，不还受诸有。”

农夫一听，赞叹佛陀是位真正善于耕作的人。

的确，佛陀是以一位正视人生的老农自居，他不但是一位善耕心田的农夫，更是一位以众生为田，期望众生皆获菩提道果的农业专家。佛教就在这种“善耕心田”，以“众生为田”的因果教义下，发展出敬田、悲田、恩田等，以及勤耕诸众生田，必得福德善果的福田思想。

唐朝百丈怀海禅师，承继开创丛林的马祖道一禅师以后，立下一套极有系统的丛林规矩——百丈清规，所谓“马祖创丛林，百丈立清规”，即是此意。百丈禅师倡导“一日不作，一日不食”的农禅生活。

由于佛教一向以戒为规范的生活，而百丈禅师改进制度，以农禅为生活，他招致了不少责难，有人批评他为外道。

百丈禅师每日除了领众修行外，必亲执劳役，勤苦工作，对生活中的自食其力，极其认真，对于平常的琐碎事务，尤不肯假手他人。

渐渐的，百丈禅师年纪老了，但他每日仍随众上山担柴、下田种地，因为农禅生活，就是自耕自食的生活。弟子们毕竟不忍心让年迈的师父做这种粗重的工作，因此，大家恳请他不要随众劳作，但百丈禅师以坚决的口吻说道：

“我无德劳人，人生在世，若不亲自劳动，岂不成废人？”

弟子们阻止不了禅师自食其力的决心，只好将禅师所用的扁担、锄头等工具藏起来，不让他做工。百丈禅师无奈，只好用不吃饭的绝食行为抗议。弟子们焦急地问：“为何不饮不食？”

百丈禅师回答道：“既然没有工作，哪能吃饭！”

弟子们没办法，只好将工具又还给他，让他随众生活。

百丈禅师奉行“一日不作，一日不食”的信条，他的精神影响了禅门，他成为丛林千古的楷模。当然，并非做体力活才是劳动，也并非所有人都要亲自耕地种粮自给。所谓人人平等，是说尽管劳动的种类和性质有区别，但劳动者没有高低贵贱之分，不可有“人奴役人”的思想和行为。

尊重劳动者，就是尊重自己。因为每个人的生活都要靠自己的劳动来创造。我们在创造自己生活的同时，也在锻造我们的品格和意志。我们没有理由轻视劳动，更没有理由鄙视劳动者。

时传祥 15 岁从家乡逃难来到北京，迫于生计背起粪桶当了一名生活在最底层的“粪花子”，饱受了粪霸的剥削压迫，遭人白眼，受尽了凌辱。新中国建立后他做了一名城市环卫工人，深切地感到了尊重与平等。他竭尽全力带领环卫工人为市民服务，提出“宁愿脏一人，换来万家净”的口号。

1959 年，在全国群英会上，刘少奇亲切接见了全国著名的劳动模范、掏粪工人时传祥。当时刘少奇亲切地对时传祥说：“你当清洁工人是人民的勤务员，我当主席也是人民的勤务员，这只是分工不同，都是革命事业不可缺少的一部分。”

这话说得多好啊！作为领导干部，无论是领导一个小集体，还是领导一方人民，都应该以平等的思想与大家平等相处。焦裕禄和孔繁森之所以成为人们心目中的好领导，就是他俩都有一颗“菩萨心肠”，真正地把老百姓当做自己的亲人。焦裕禄经常住在农民的草庵子里，蹲在牛棚里，跟群众一起吃饭，一起劳动，询问、倾听大家的心声。向大家学到了不少治沙、治水、治碱的办法，总结了不少可贵的经验。群众的智慧，使他受到了极大的鼓舞，也更坚定了他战胜灾害的信心。

孔繁森一到阿里，就深入群众中调查研究。他来到烈士陵园给电力局总工程师扫墓；他来到山间的查布村小学看望老师和孩子们；他来到孤寡老人的小土屋，把老人的脚揣在自己怀里暖脚；他来到兵站，与远离家乡的边防战士同声唱起《说句心里话》。身居高官的孔繁森，做着这一切如风行水上，十分自然质朴，真情流淌于一个个细微而动人的细节。

在我们身边有很多普通的劳动者，建楼房的、修马路的、看大门的、带孩子的、端盘子的、换啤酒瓶的、刷厕所的、扫垃圾的……我们感知着他们的存在，因为他们对社会的贡献有目共睹；我们感知着他们的发展，因为在文明的熏陶下，他们也在进步。他们很平凡，但他们又都很伟大。他们用自己的劳动，为社会做出了贡献，同时也改变着自己的命运。而这所有的一切，都是劳动的结晶。

平等来源于对生命个体的尊重，社会和谐，需要人与人之间的相互尊重，每一件商品、每一个建筑，都融入了社会各个阶层的劳动付出。

依附别人，得不到平等

生佛平等，性相一如，理事不二。

——《佛说十善业道经讲记》

远在早期印度佛教时期，出身于刹帝利的释迦牟尼就反对婆罗门坚持的四种姓制度，主张婆罗门、刹帝利、吠舍和首陀罗“四姓平等”，宣扬种姓平等观。后来，佛教经论还宣扬佛、法、僧三宝，以及心、佛、众生三法平等的思想，认为三宝和三法各自在本质上是无差别的、一致的。

迦旃延的教化方法，善于个别谈话。再顽固的人，只是听他一席话都会茅塞顿开。他在摩陀罗国教化时，国王指责他说：“你是最高贵的婆罗门种姓的人种，现在做了刹帝利种姓出生的佛陀弟子，不感到屈辱吗？”

迦旃延回答说：“从职业上来说，社会有宗教、政治、商业、工农业的分工是正确的，但以形成阶级解释人种的优劣，那是值得研究的，须知每个种姓的人都有善有恶。例如婆罗门种姓中，杀生、邪淫、邪见，造种种恶业的人很多，这能说明它是高贵人种吗？可见人的贵贱与否，不在人种的劣胜。能够修道为善，觉悟证果，不论什么种族，都是尊贵的，为人们所敬佩。”

国王听了他的话，皈依了佛陀，革新政治，加强法治，大赦囚禁在狱中无辜的首陀罗人，惩治一些有恃无恐的婆罗门族的犯罪分子。

迦旃延除主张种姓平等外，还主张老年与青年平等。如他在婆罗奈乌泥池和比丘一起进餐时，有一老婆罗门拄杖走来，大家纷纷起立让座，唯有迦旃延装着没有看见的样子，不理不睬，也不让座。

老婆罗门知道迦旃延是婆罗门家庭出身的，对迦旃延脱离婆罗门教，改信佛教，已经使他恼火，现在竟敢如此无礼，连座都不让，真是无法无天，气得暴跳如雷，用手杖指着迦旃延的脸责问说：“你为什么这样目中无人？”

迦旃延很温和地说：“从你的粗鲁举动和讲话的声音来看，你不配称为长者，也不值得人们的尊敬。你的贪嗔痴烦恼很重，在五欲乐里陷得很深，虽然活到八九十岁，只能说是白活。相反地，假若有一个20岁的青年，他解脱了爱欲的束缚，没有烦恼，没有不平等的观念，他虽年经，但称得起长者，应该受到人们的尊敬。”

老婆罗门听了迦旃延的话，自知理亏，默默地走开了。

社会等级差别是人类冲突的祸根，人们以自己为贵，以他人为贱，贵与贱就成了颠覆被颠覆的对象，充满歧视和斗争，难以“禁息”。佛陀目睹这种现象，所以禁欲修行，制定僧戒、菩萨戒、密戒等相应的戒律和道德准则，设置了相应的修道解脱体系；吸收出家男女僧众、在家男女居士、隐居山林的男女修士等各种类型的信教弟子。这些方便充分体现了佛教的智慧和方便。设想如果不开这样的方便法门和平等观，要求所有男女都出家，过戒欲独身生活，人类将遭灭种之灾，还由谁来继承佛的事业呢？因此佛教修行之道并非非出家不可，戒律也有种种，并非僧戒一种。

在中国历史上，诗人王维是一个有影响的居士。关于他为何热情接受佛教思想，且禅定有悟，后来学者作出了不少分析。有人说他看破红尘，有人说他性格喜静，也有人说他过于聪明，只有深奥的佛理才能满足他的智商。

佛教主张众生平等，恩德布施八方上下。王维生于素食之家，他的母亲崔氏在他很小的时候就开始带发修行，并因同乡的关系，师事一代名僧大照普寂禅师30余年。禅师一生“褐衣蔬食，持戒安禅”，对事母至孝的王维产生了莫大的影响。

当时，宋之问在高宗朝曾以文才出众而闻达于世，他媚附权贵，显赫一时，但终遭贬谪，客死他乡。王维看到社会太多的不平等，如果自己想在官场有所作为，就得去攀附、迎合权贵李林甫。以牺牲平等观去过锦衣玉食的生活，王维不愿这样，于是他过起“身在朝廷，心存山野”的生活。

一天，王维来到辋川，看到古木、衰柳、旧宅，不由得感慨万端，产生了复杂的情感，写了一首诗《孟城坳》：“新家孟城口，古木余衰柳。来者复为谁？空悲昔人有。”

这首诗值得我们赏析一下。前两句感叹只见衰柳而不见当年栽柳之人；后两句说：谁知今后继我为辋川主人的又是何人，我何必为它昔日的主人而叹息呢！此时，李林甫这种毫无平等意识的人，用专权驱逐了贤明的张九龄，官场陷入黑暗。王维感到一切抱负都成了泡影。“衰柳”曾为初唐宋之问所有，这里是睹物思人，遥寄感慨：宋之问媚附权贵，显赫一时，至今何在？我王维也居孟城口，是走宋之问的道路吗？不！王维结交的都是以张九龄为首的有文采而品格正直高洁的人，如韦陟、孟浩然、祖咏。他在济州做参军时的上司是裴耀卿，裴耀卿德才兼备，王维很乐意在他手下当差。裴耀卿离任之后，王维也随之离开济州。直到张九龄拜相他才自荐重新为官。而当李林甫的亲信苑咸有意提拔他的时候，他的态度却完全相反，以“仙郎有意怜同舍，丞相无私断扫门”而予以谢绝。

王维没有因官场的腐败而抛弃平等观，他反而更加强化了自己的平等意识。为了让内心获得平静，他不去依附权贵，避免与李林甫同流合污，从而在辋川安置了一颗清净不染的灵魂。

王维不肯凭关系加官进爵，与人交往不是为名为利，他多次把自己的薪金和俸禄拿出来斋僧、救济穷人。王维有才华，诗、书、画、音律样样皆精，但他不恃才傲物，对人很平等很真挚，无论是显贵还是贫民，他都竭诚以待。看到宁王强抢人妻，他说：“看花满眼泪，不共楚王言”；在山中散步，他“偶然值林叟，谈笑还无期”；老母去世不久，朋友来看他，他把院子里里外外打扫得一尘不染，还很惭愧自己没有好家具好器皿好饮食来欢迎朋友……等等这些，情意自然醇厚，令人称颂。

尊重女性的权利

善男子！发大乘者，不见男女，而有别异。所以者何？萨婆若心，不在三界，有分别故，有男有女。

——《首楞严三昧经》

大凡认为佛教轻视女性，就会引小乘经的“五障思想”作为论点。小乘经说女性是“五漏之身”,不能成佛道,在《中阿含经》的瞿昙弥经中就说:“女人不得行五事，若女人能得如来无所着等正觉，及转轮王、帝释、魔王、大梵天等终无是理。”

什么是五障和五漏？就是女人一不能成梵王，二不能成帝释，三不能成魔王，四不能成转圣王，五不能成佛道。梵王是净行，而女人多染；帝释是少欲，而女人多欲；魔王是坚强，而女人懦弱；轮王是大仁，而女人善妒；佛是万德圆满，而女人烦恼具足。

再来看《涅槃经》，就会发现佛教不是有意轻视女人，五障或五漏不是指身相的，而是精神的障碍，多染、多欲、懦弱、善妒、烦恼也不是女人所专有，男人也多得是。如果从精神观点看，有多染、多欲、懦弱、善妒、烦恼具足性格的男子都算"五障之身"，而女人能超越这些习气，就成为"丈夫"了。

佛陀在菩提树下成道时说："奇哉！奇哉！大地众生皆有如来智能德相，祇因妄想执著不能证得。"佛陀还说："如来性是丈夫法故，若有众生，不知自身持有如来性，虽是男儿身，我说此辈是女人；若有女人，能知自身持有如来性，虽是女儿身，我说此人是男子。"这便是从法身而不从肉体来分男女，表达了佛陀对男女真实的见解。

在《大毗婆沙沦》中，佛陀双手捧着大生主的骨对比丘们说："汝等谛听，一切女人其性多轻薄、多嫉妒、多谄媚、多悭吝，只有大生主虽是女人，却能脱离女人一切过失，作丈夫事，得丈夫所得，我谓此辈为丈夫。"这就非常明白地告诉人们，一个人具有女人的身体，但能除去精神的弱点，走向成佛的伟大事业，就是男子！而一个人虽然有丈夫相，如果落入精神的弱点，不能走向菩提之道，此辈是女人！

在佛陀的时代，佛教的僧团就有比丘、比丘尼，在家弟子也有优婆塞（男居士）、优婆夷（女居士）之别，可见佛教并不排斥与鄙视女性。在密勒日巴的众大弟子中，巴达朋是"领袖女众的"四大姐妹之一。她曾非常虔诚地向尊者密勒日巴请求。密勒日巴见了她非常高兴，于是对她说："你如果全心全意的决心修道，在我这个传承中，不必易名剃发或出家，亦能一样的成佛。"巴达朋依照指示而修，深观自心法性之实相，终于即生得大成就。

舍卫国有一个做清洁工作的妇人，天天打扫街道，十分勤劳。她的衣服很肮脏，市民都讨厌她，见到她，总是掩着鼻子走过。佛陀叫她来听佛法，鼓励她精进。城内的人不赞成，跑来责问道："佛陀啊！你常说清洁的话，教人做清净的行为，为什么要和肮脏的女人谈话呢？难道你不觉得讨厌吗？"佛陀严肃地看他一眼，回答："这妇人保持城市清洁，对社会贡献极大，而且她谦卑、勤力，做事负责，为什么讨厌她呢？"这时，那妇人洗过澡，换了衣服，容光焕发，出来和大家见面。佛陀继续说："你们外表虽然清洁，但是骄傲、无礼，心灵污秽。要知道：她外表的肮脏容易洗净，你们内心的肮脏才难于改善呀！”城内的人知道错了，再也不敢讥笑别人。

可见，佛陀是尊重女人的，保护女人的。每个人都是女人生的，歧视女人，就等于歧视自己的母亲。

在中国历史上，女性一直处于弱势阶层。由于受传统礼教的影响，“女子无才便是德”，多数女性除相夫教子、操持家务外，很少有其它方面的发展。

佛教从两汉之际传入中国，经过长期的磨合，到隋唐完全展现出佛教固有的特质。由于唐朝佛教信仰的兴起，佛徒们为对现实社会女性所遭遇的痛苦给予精神上的解脱、思想上的解放，化导女性学佛，为女性燃起生活的希望，鼓励妇女发挥其慈悲的妇德，造福社会人群，实现女性对社会贡献的肯定，起到积极作用。

观世音是中国民间最爱戴的菩萨之一，她原是古代妙庄王（即楚庄王）的三女儿，名叫妙善。三公主妙善聪慧美丽，从小笃信佛教。年岁稍大，父王为其配嫁。妙善执意不从，要削发为尼。妙庄王发现女儿抗旨出家，怒火冲天，率兵马将妙善捉拿。当即在京城斩首示众，并使她的灵魂堕入地狱中。玉皇大帝闻讯后，命阎王将妙善灵魂救起，把妙善复活于香山紫竹林中。从此，妙善普度众生，行善天下，成为观世间地菩萨。后来妙庄王得了重病，久治不愈。医师告知：须要亲生骨肉的手眼方可医治。在此情况下，妙庄王的大女儿妙圆，二女儿妙英都不愿献出手和眼。妙善得知此事后，不念父王旧恶，挖下自己的双眼，砍下自己的双手，制成药丸，救活了父王。妙庄王得知一切后，疚愧万分。为了纪念自己的爱女，他请工匠塑一尊“全手全眼”观世音像。结果，工匠错将“全手全眼”误听为“千手千眼”，于是塑出一尊千手千眼观世音（妙善）的像。

《胡应麟笔丛》中说：“女像观音造像始于南北朝。”隋唐之时，已出现大量的女性观音菩萨。宋代之时，观音菩萨已经完全女性化。元、明、清三代，观音菩萨更加世俗化，穿戴中国衣冠服饰，面善心慈，美貌动人。从此，观音菩萨成为一位符合中国人审美观，具有中国女性容貌身材，庄重亲切的“东方圣母”。

每个人的人格平等

等视怨亲，心无异相。——《大般涅槃经》

佛教的平等观体现为“一切众生悉皆平等”、“一切众生悉有佛性”，如果以平等待我之心去面对他人，以怨亲平等的慈悲情怀面对积怨，以礼佛之心敬待异己，那么就消除了相互之间的偏见与歧视，愤怒与敌意。

有一天，提婆达多生病。很多医生来治病，但不能把他医好。身为他的堂兄弟，佛陀亲自来探望他。佛陀的一个弟子问他：“您为什么要帮助提婆达多？他屡次害你，甚至要把你杀死！”佛陀回答说：“对某些人友善，却把其他人当做敌人，这不合乎道理。众生平等，每个人都想幸福快乐，没有人喜欢生病和悲惨。因此我们必须对每一个人都慈悲。”于是佛陀靠近提婆达多的病床，说：“我如果真正爱始终要害我的堂兄弟提婆达多，就像爱我的独生子罗侯罗的话，我堂兄弟的病，立刻会治好。”提婆达多的病立刻消失，恢复健康。佛陀转向他徒弟说：“记住，佛对待众生平等。”

佛教是人本主义的，在佛教中，人与天人、诸神的地位是平等的，当然，双方之间各有优劣。佛教真正告诉人们的并不是升天成神的办法，而是解脱轮回、止息痛苦的途径。也就是说，佛教的最高境界不是神，而是佛。佛教所谓的神，虽有多种含义，但总之属于众生：一是指天人，属于众生范围，天人有比人优越的地方，也有不如人的地方；二是指护法神，一般是指天龙八部，也是属于众生；三是指其他如天神、地神、空神、树神，等等，也是属于众生。总之，佛教所说的神，只是芸芸众生的一种而已，还属于六道轮回的范围，虽然其福报有的远大于人。

目犍莲尊者是佛陀十大弟子之一，他以神通第一著名。普通人不能看见、不能听到、不能做到的事情，他都能够看到、听到、做到。佛陀并不赞成他玩弄神通，因为奇妙的神通和解脱生死毫无关系。他热心保护佛教，同情大众的苦难，很受大众爱戴。目犍莲的名气招来外道的妒忌，他们蓄意杀死他。有一天，他在山中静坐，给外道在崖上投下巨石，打成肉饼。许多人都为他悲伤。佛陀对大众说：“神通是不能恃赖的，业报重于一切，目犍莲就是一个例子。”

只有勤守佛法，学“八正道”（正见、正思维、正语、正业、正命、正方便、正念、正定），注意自己的行为对自己的影响，这才是最好的方法。佛教不靠咒术、算命、扶乩、问卜、焚烧纸钱等，这些都是邪术，会扰乱人心，佛弟子不做。

佛教认为，从生命的根本上说，一切众生都有佛性，一切众生都能成佛。生命本质上的平等，不仅仅是生死平等，并且人格平等、尊严平等。这具有一定的现实意义。

一个人人格是否健全，要看他对待别人的人格是否尊重。一位收空酒瓶的农民，推着自行车，带着破麻袋，边走边喊：“谁卖空酒瓶？”一个戴眼镜的年轻人打开门，喊道：“喂，老头儿，错喽，酒干倘卖无！”农民听到后很不是滋味，但他不解“酒干倘卖无”之意，于是去请教回家探亲的大学生，知道这个词有轻蔑的意思。他心想，农民也是人，人不能没有自尊心！于是当天就气愤地找到那个“眼镜”家。“眼镜”见势不妙，马上拿出一个空酒瓶给了农民。农民边付钱边说：“记住，我们都是人！”回家后，他发现空瓶里有850元钱。第二天，他又来到“眼镜”家，边还钱边说：“记住，我们都是人！既然是人，就应该有做人的起码道德！”原来，这850元钱是“眼镜”的奶奶生前存放的，家人一直都没有发现。

故事中戴眼镜的年轻人看不起收酒瓶的农民，怀着轻蔑之心取笑他，这是不尊重他人人格尊严的表现。农民虽然工作辛苦平凡，但他并没有自轻自贱，而是坦然地靠劳动谋生，自尊自爱。虽然清贫，但仍然将收来的850元钱如数交还，体现了农民高尚的人格和无价的自尊。同时面对他人对自己的人格尊严的侵害，有理有节地予以回击，捍卫了自己的尊严。

画家徐悲鸿先生一生都特别注重对人格尊严的保护。19岁那年，他由家乡宜兴出发到上海谋生，从此开始了艺术生涯。1921年，他远渡重洋到法国留学。当时班上有个外国学生竟当面挑衅他：“中国人愚昧无知，生就是当亡国奴的材料，即使把你们送进天堂里深造，也成不了材。”徐悲鸿被激怒了，他说：“那好，我代表我的祖国，你代表你的国家，等学习结业时，看到底谁是人才，谁是蠢才！”

徐悲鸿进入巴黎国立高等美术学校后，既学习油画，掌握人体素描的技巧，又研究马的生理结构，画了1000多幅活马速写。在校头一年，他的油画就受到法国艺术家弗拉蒙先生的好评。在多次的竞赛中，他都获得第一名。1924年，他在巴黎举办了画展，所创作的油画《萧声》、《琴课》等，轰动了当地美术界。那个曾经向徐悲鸿挑衅的洋学生，不得不放下臭架子，承认自己不是中国人的对手。

在日常生活中，我们一方面要自爱、自尊、自重，努力追求，实现人生价值；另一方面要树立平等观念，学会尊重别人，尊重他人的人格尊严。平等意味着尊重，意味着自爱，意味着和平。

佛教的人我互相尊重的思想，有助于人类和平共处，追求共同理想，建设人间净土。和平来自对“人我平等”的深切体认——和平从平等中确立——建立在平等基础上的和平是真正的、巩固的和持久的和平。

第三章

报恩彰显善心

报恩，即报答恩情。佛教倡导的报恩，成为中国传统伦理道德。恩情有很多，养育之恩、救命之恩、知遇之恩、培育之恩等等。知恩图报是做人的优秀品质。

父母之恩重如山

左肩担父，右肩担母，……犹不能报父母深恩。

——《佛说父母恩重难报经》

对于父母的养育之恩，就是背着父母磨破膝盖绕着地球走七七四十九圈，也无法报答。所以，佛陀要求子女，善待父母。善待父母就是善待堂上真佛。

有个故事说，一个人经常外出求佛，有一天在梦中，佛告诉他说："有一人将倒拖鞋子见你，她就是佛。"一日，他回家的时候，夜色已深，他敲了敲门。他的母亲听到敲门声，连忙爬起来倒拖着鞋子跑去开门。他见此情景，突然大悟。

唐朝黄檗禅师出家后，认为"必须放弃俗情，达到无为时，方才是真实的报恩"，因此过了30年禅者的生活，却从来不曾回过俗家，探望亲人，但他内心深处，非常记挂年迈的母亲。50岁时，有一次在参访的旅途中，不自觉地就往故乡的方向走去。

母亲也思念出家的儿子，可是毫无音讯，每天从早到晚哀伤地哭泣着，把眼睛都哭失明了。因为想念儿子，母亲就在路旁设个茶亭，不但招待过往的云水僧，并且亲自迎到家中，为他们洗脚，以示礼敬；另外还有一个原因，就是因为黄檗禅师左脚上有颗大痣，她眼睛虽然瞎了，但她希望通过为人洗脚，进行触摸，认出自己的儿子。

这一天，黄檗禅师也接受了母亲的招待，他一边让母亲洗脚，一边向母亲述说佛陀出家的故事，希望母亲能因此得到信仰、安心。黄檗禅师只将右脚给母亲洗，却不把左脚给母亲洗。

黄檗禅师接连二次返家，虽然觉得难舍难离，但还是忍痛起程云游行脚，继续参访。邻居们忍不住将这个事实，告诉他的母亲说，那个向你讲释迦出家故事的人，就是你经常盼望的儿子。母亲听后几近疯狂似地说："难怪声音好像我儿……"她立即追上去，一直追到大河边，可是不巧，这时黄檗禅师已经上船，而且船也开动了，母亲情急之中呼喊着儿子，跳进河里，结果非常不幸地淹死了。

黄檗禅师站在对岸看到母亲落水溺死的情形，悲从中来，恸哭着说："一子出家，九族升天；若不升天，诸佛妄言。"

黄檗禅师边哭边乘船返回，捞起母亲，进行火葬。在火葬场，他说了一偈："我母多年迷自心，如今华开菩提林，当来三会若相值，归命大悲观世音。"在黄檗禅师说偈的时候，乡人都看见他的母亲在火焰中升空而去。

一个人来到世间为人，首先是父母之恩，十月怀胎，生养哺育，是他们给了我们生命，使我们能够在人世间经风雨，见世面，建功立业，这一切都是父母所赐。父母不仅对我们有生养之恩，更有培育之恩，我们的每一步成长都凝聚着他们的心血。

具有感恩之心只是第一步，更重要的是把感恩之心落实到我们的日常生活中，贯彻到具体的实践中，知恩报恩，重在实践。

首先，是尊重父母的教导。父母所积累的人生经验是极其宝贵的，往往是年轻人在课堂上、书本里学不到的，他们对儿女这些经验的传授是不计回报、真心实意的，所以儿女应该认真听取，虚心接受。

曾国藩父亲曾麟书告诫儿子，读书不仅是为了光大曾家门楣，更是为了尽忠报国，做一个明理的君子。曾麟书在督教曾国藩兄弟读书的过程中，逐渐总结出了一些现实可行的经验。对受教育者循循善诱，不重在求速成效，而在于教之有常，学之有心。教之有常，自然有效，学之有心，业必有成。曾国藩尊重父亲的教导，做人、做事、做官等等方面都没有辜负父亲的期望。

其次，懂得关爱父母。当父母劳累时，请父母休息一下，帮父母捶捶背，揉揉肩，应主动帮助父母做力所能及的家务；当父母外出时，应提醒父母是否遗忘东西或注意天气变化；当父母有病时，应主动照顾、多说宽慰话；当有好吃的食物要懂得和父母一起分享等等。

1962 年，陈毅元帅出国访问回来，路过家乡，抽空去探望身患重病的老母亲。陈毅的母亲瘫痪在床，大小便不能自理。陈毅进家门时，母亲非常高兴，刚要向儿子打招呼，忽然想起了换下来的尿裤还在床边，就示意身边的人把它藏到床下。

陈毅见到久别的母亲，心里很激动，上前握住母亲的手，关切地问这问那。过了一会儿，他对母亲说："娘，我进来的时候，你们把什么东西藏到床底下了？"母亲看瞒不过去，只好说出实情。陈毅听了，忙说："娘，您久病卧床，我不能在您身边伺候，心里非常难过，这裤子应当由我去洗，何必藏着呢。"

母亲听了很为难，旁边的人连忙把尿裤拿出，抢着去洗。陈毅急忙挡住并动情地说："娘，我小时候，您不知为我洗过多少次尿裤，今天我就是洗上十条尿裤，也报答不了您的养育之恩！"说完，陈毅把尿裤和其它脏衣服都拿出去洗得干干净净，母亲欣慰地笑了。

第三，要努力进取，不辜负父母的期望。父母对子女最大的期望，先是成人，再是成材，最终有所成就。哪个父母不望子成龙、望女成凤呢？作为有孝心的子女应学会学习，学会处事，学会做人，不负父母的愿望，实现父母的期望，这是最重要的孝行。以培养自己良好的行为习惯，学习为乐、刻苦为乐，发展自己的特长，让父母得到欣慰，让父母以你为骄傲，这就是我们孝敬父母的最大实际行动。

朱德元帅写过一篇回忆母亲的文章《母亲的回忆》，他说："我爱我的母亲，特别是她勤劳的一生，很多事情是值得我永远回忆的。"为了报答母亲的深恩，他不仅使母亲生活上得到照顾，而且使母亲看到自己的儿子为了民族的解放事业而进行英勇的斗争，使母亲在精神上得到了莫大的安慰。

伉俪相敬，美满幸福

居士子，如西方者，如是夫观妻子，夫当以五事爱敬供给妻子。云何为五？一者怜念妻子，二者不轻慢，三者为作璎珞严具，四者于家中得自在，五者念妻亲亲。夫以此五事爱敬供给妻子，妻子当以十三事善敬顺夫。

——《佛说善生经》

佛说，夫妻相处是一种宿命，造一世的缘，才为夫妻。

从前有个书生，和未婚妻约好在某年某月某日结婚。到那一天，未婚妻却嫁给了别人。书生受此打击，一病不起。这时，路过一游方僧人，从怀里摸出一面镜子叫书生看……

书生看到茫茫大海，一名遇害的女子一丝不挂地躺在海滩上。路过一人，看一眼，摇摇头，走了。又路过一人，将衣服脱下，给女尸盖上，走了。再路过一人，过去，挖个坑，小心翼翼把尸体掩埋了。僧人解释道，那具海滩上的女尸，就是你未婚妻的前世。你是第二个路过的人，曾给过她一件衣服。她今生和你相恋，只为还你一个情。但是她最终要报答一生一世的人，是最后那个把她掩埋的人，那人就是她现在的丈夫。书生大悟。

这个故事自然是服务于“善有善报”的轮回命题。而《佛说善生经》中要求夫妻间相互敬重和照顾，其思想具有一定现实意义。丈夫爱敬妻子：一是“怜念妻子”，时刻以爱心忆念妻子操持家务的辛劳，生儿育女的辛苦；二是“不轻慢”，不能因为自己挣钱多、或学历高、或长得帅等原因就轻慢妻子，不要有大男子主义；三是“为作璎珞严具”，要给妻子买首饰、衣服，让妻子打扮得端庄美丽；四是“于家中得自在”，家里的事情要让妻子做主，让妻子在家里有安全感；五是“念妻亲亲”，不但要爱敬妻子，还要爱敬妻子的亲人，比如岳父、岳母、小姨子、小舅子，要爱念她娘家的眷属。

丈夫如此爱敬妻子，妻子也当善敬自己的丈夫：一是“重爱敬夫”，也就是要敬重丈夫；二是“重供养夫”，使丈夫能吃上饭，穿上干净衣服；三是“善念其夫”，经常要想到丈夫在外劳累，不能正常饮食、休息；四是“摄持作业”，勤俭治家，使家产事业不致破败；五是“善摄眷属”，孝顺公公婆婆；六是“前以瞻侍”，对丈夫的长辈，应当时时探望侍奉，表示孝敬之意；七是“后以爱行”，当丈夫的长辈行走时，应当在后护送照料，以示敬爱之情；八是“言以诚实”，要诚实直言；儿是“不禁制门”，有客人来到家里，不要限制人家，要热诚招待欢迎；十是“见来赞善”，不但不限制人家来，来了还要欢喜赞叹，要说一些欢喜赞叹的话使人家来到家里有一种宾至如归的感觉；十一是“敷设床待”，客人来了，应该准备好座位；十二是“施设净美丰饶饮食”，客人来了，不要吝啬，要用好吃的款待客人，使人感到温暖亲近，感到主妇是一位贤良贤惠的女性；十三是“供养沙门、梵志”，如果有出家人到家里来敲门，他要什么东西就给他一点，不管他是真是假。

随着时代的发展，夫妻相敬的内容会有所变化，但相敬的主题不会改变。珍惜夫妻感情的人，对另一半心怀感恩，眷眷不弃。

第63届金球奖颁奖当晚，有记者问李安：“太太对你挑战奥斯卡反应如何？”李安羞涩地笑着说：“她不骂我就好了。”在林惠嘉眼里，声名显赫的大导演李安永远是一个听话的好丈夫，每个礼拜他都要打很长时间电话给妻子，这个习惯一直保持着。李安每次临走前总是会做好一冰箱丰盛的食物留给妻子，口袋里也总是随身携带着妻子的照片。

1983年，李安和林惠嘉结婚后，在美国开始了长达6年的电影人历炼。作为一位没有任何背景的华人，李安试图开拓自己的电影事业，每天在家他除了大量阅读、大量看片、埋头写剧本以外，还包揽了所有的家务，负责买菜做饭带孩子。

6年除1984年完成毕业作品《分界线》，获纽约大学生电影节金奖作品奖及最佳导演奖，并获电影硕士学位外几乎没有任何成果。1990年之前，很长一段时间，李安没工作，只能在家一边当“煮夫”，一边写剧本。为此，许多亲戚朋友看不过去，对他妻子林惠嘉说：“为什么李安不去打工？大部分中国留学生不都为了现实而放弃了自己的兴趣？”李安过意不去，偷偷学电脑准备找工作。可没多久这件事就被林惠嘉发现了，大骂：“学电脑的人那么多，又不差你李安一个！”她要李安继续写剧本，历炼自己，因为她对丈夫的才气十分肯定，相信丈夫一定会成功！

林惠嘉也曾有过绝望哀痛的时候，她打电话向自己的妈妈诉苦。林妈妈说，如果过不下去就离婚。林惠嘉放下电话，嚎啕大哭，她不断谴责自己：我怎么变成这样的女人？然后，她抹干眼泪，继续任劳任怨地养家糊口，相夫教子。

1990年，终于，李安等到了破茧而出的那一天。他完成了剧本《推手》并获台湾政府优秀剧作奖。该剧本不仅为李安赢得了40万元奖金，而且使他获得第一次独立执导影片的机会。1992年，他亲自执导了他的第一部作品，将《推手》搬上了银幕，并获台湾金马奖最佳导演提名。2000年因电影《卧虎藏龙》获第58届金球奖最佳导演，美国“导演协会奖”；获第73届奥斯卡金像奖最佳导演提名。2006年因电影《断背山》获第63届金球奖最佳剧情类影片、最佳导演、最佳剧本、最佳歌曲4项大奖。2007年《色·戒》在威尼斯影展勇夺金狮奖。

这些成绩，让李安感到骄傲的同时，不忘妻子林惠嘉对自己的支持，给予自己的温暖。他工作再忙，也会抽时间陪陪妻子。林惠嘉工作也很忙，她同样会分配一定的时间来陪伴丈夫，照顾丈夫。一次，李安和林惠嘉到华人区买菜，有位台湾来的女人对林惠嘉说：“你命真好，先生现在还有空陪你买菜！”不料当即被林惠嘉抢白：“你有没有搞错呀，是我今天特意抽空陪他来买菜的。”

李安常对人说，林惠嘉是自己最佳的倾听者，她虽然没有女性特有的娇媚，但声音有一股神奇的抚慰人的力量。心情不好时只要听到她的声音，所有烦恼立刻烟消云散。李安就这样一直怀着一颗感恩的心，甚至电影《喜宴》里的很多情景就是他与妻子当时结婚实况的翻版。

铭记老师的培育之恩

父母虽能生育我身，若无世间师长，则不知礼义；若无出世师长，则不解佛法。不知礼义，则同于异类；不解佛法，则何异俗人？今我等粗知礼义，略解佛法，袈裟被体，戒品沾身，此之重恩，从师长得。

——《劝发菩提心文》

感恩与报恩的思想根基于佛教的缘起理论。所谓“缘”，是指事物和现象所赖以生起的条件；“起”，就是生起。“缘起”就是指一切事物所赖以生起的因缘。佛法提出“报四重恩”：感念佛陀摄受我以正法之恩、感念父母生养抚育我之恩、感念师长启我懵懂，导我入真理之恩、感念施主供养滋润我色身之恩。

尊师重教是人类的美德，佛教自古重视师承，重视戒脉法脉。佛陀在世时，由佛陀亲自执教，后来由传灯接续的弟子们代代相传，人世上才有了佛教。无师，法脉、戒脉从何而来？无师，经典解释的对错以什么为标准？无师，修证的境界由谁印证？

李叔同出家后，他的学生刘质平与老师一直保持着密切的关系。弘一大师生前将大量的书法作品赠送给刘质平。弘一大师在浙江镇海伏龙寺时，刘质平曾前后侍奉一个多月。他每天起早，洗敬砚池，磨墨两小时，备足一天所需的新鲜墨汁。刘质平拥有弘一大师的大批墨宝，但他并不把这些墨宝藏为已有。他决定，在有生之年，尽量举行书展，多将墨宝与研究者见面，并拟用结缘字款，留作印刷费用，如此则将由国家保存真迹，人们又可以得到印刷本。

抗战期间，刘质平为保全弘一大师墨宝，曾一度历经艰辛，甚至将生命也置之度外。抗战爆发以后，刘质平与朋友结伴避寇。临行仓促，他除了携上大师的墨宝外，常用物品几乎一件未带。到了天寒地冻之日，他身无御寒衣，吃无隔夜粮，受尽旁人讥笑。有人对他说："哪有逃难不多带衣被，不多拿值钱东西，现在天冷了，何不把字来穿，肚饥了，何不把字来吃！学艺术的人，愚蠢到如此地步，可笑之至。"

刘质平知道老师患病在身，在法界寺，刘质平精心照顾，弘一身体略有康复，他抓紧时间，将《华严经三百偈句联语》书定成册，并写完了《清凉歌集》中的5首歌词：《清凉》、《山色》、《花香》、《世觉》、《观心》。

1932年春，弘一居住在镇海伏龙寺，刘质平挂念他的身体健康，特从宁波搭轮船过来陪伴在老师身边。那段时间法师心情很好，写下了一批墨宝，其中用16张条幅花半个月写成的《佛说阿弥陀经》是他一生难得的精品。

这段时间里，弘一还写了100幅楹联交给了刘质平。刘质平不负师托，将这批作品保存下来，现在这批佛门墨宝由其子刘雪阳捐给了平湖李叔同纪念馆，供世人瞻仰。

写完这些书法作品，弘一回到法界寺，由于劳累过度，又突患伤寒。质平得悉弘一卧病在床，日夜兼程来到寺中，侍奉汤药。

刘质平对老师的感恩之心，体现于对弘一时时刻刻的尊敬，老师有难，立即伸手帮助，老师生病，细心服侍照料。

一代伟人毛泽东对老师周震麟的敬重和关心，同样可歌可书。毛泽东早在辛亥革命之后不久组织学生军时，就曾听过周震麟的演讲，对周震麟关于推翻帝制、要求共和的革命思想印象很深。后来通过徐特立和周震麟的族侄、他在湖南一师的同窗学友周世钊的介绍，对周震麟有了更多的了解。周震麟早年在湖南办学，开发湘省风气，培养革命人才，功绩卓著；他又是华兴会的创始人之一和同盟会最早的会员，追随孙中山参加革命，为中国的旧民主主义革命做出了很大的贡献。

1949年新中国成立时，周震麟已74岁高龄，由程潜安排，住在长沙下麻园岭，长沙军管会每月送给500斤大米，作为他和家人的开支。毛泽东虽然工作繁忙，但仍惦记着这位为湖南教育和革命作过贡献的老人。1951年8月底，他嘱咐周世钊写一份报告，然后由自己批示，请湖南省政府的同志，在国庆节前护送周震麟来京。并且决定，在周震麟来京参加观礼后，留他在北京定居，可安排在文史研究馆工作。9月，毛泽东又致电周震麟，邀请他进京参加国庆观礼。

1951年国庆前夕，周震麟从长沙到北京翌日，毛泽东即在中南海勤政殿宴请周震麟。周震麟紧紧握住毛泽东的手。毛泽东风趣地说："您老人家真健旺，有蛮大的劲啊！"接着，指着周震麟和徐特立两位老人对大家说："徐老是我的老师，您又是徐老的老师，这么一来，您可算是我的老师的老师，是我的祖师爷了。"说罢哈哈大笑。这年国庆节，周震麟作为毛泽东亲自邀请的客人，登上了天安门城楼。

拥有一颗感恩的心，就是拥有一个和平的种子，播种到众生之中！感恩是一种处世哲学，感恩是一种生活智慧，感恩更是学会做人，成就阳光人生的因缘。

滴水之恩，当涌泉相报

众生恩者，即无始来一切众生，轮转五道，经百千劫，于多生中互为父母。以互为父母故，一切男子即是慈父，一切女人即是悲母。昔生生中有大悲故，犹如现在父母之恩等无差别。

——《大乘本生心地观经》

丰子恺先生打过一个精妙的比喻：圆满的人格就像一个鼎，真、善、美好比鼎的三足。缺了一足，鼎就必然立不成。人生在世，当求自身的圆满，即求真、求善、求美。对一个人而言，美是皮肉，善是经脉，真是骨骼，这三者支撑起一个“大写的人”。

人生道路，曲折坎坷，不知有多少艰难险阻，甚至遭遇挫折和失败。在危困时刻，有人向你伸出温暖的双手，解除生活的困顿；有人为你指点迷津，让你明确前进的方向；甚至有人用肩膀、身躯把你擎起来，让你攀上人生的高峰……你最终战胜了苦难，扬帆远航，驶向光明幸福的彼岸。那么，你能不心存感激、不思回报吗？

早在春秋的时候，吴国的大将军伍子胥带领士兵向郑国一步步进逼。郑国的国君郑定公非常惊慌，他许诺道：“谁能够让伍子胥把士兵带回去，不来攻打我们，我一定重重地奖赏他。”可是三天过去了，没有一个人想出什么好办法。第四天早上，突然有个年轻的打渔郎跑到王宫前，要亲见郑定公。守卫的士兵不让他进，打渔郎就喊起来：“我有办法让伍子胥不来攻打郑国！”

正在发愁的郑定公闻听后，马上召打渔郎进宫，他问道：“你需要多少士兵和车子？”

打鱼郎摇摇头说：“我不用士兵和车子，也不用带食物，我只要用我这根划船的桨，就可以叫好几万的吴国士兵回去。”郑定公一愣，问是什么样的船桨那么厉害？打鱼郎说，就是普通的船桨。郑定公只得让他去试一试。

打鱼郎离开王宫后，把船桨夹在胳肢窝下面，跑到吴国的兵营找伍子胥。他一边唱着歌，一边敲打着船桨：“芦中人，芦中人；渡过江，谁的恩？宝剑上，七星文；还给你，带在身。你今天，得意了，可记得，渔丈人？”

伍子胥看到打鱼郎手上的船桨，马上问他：“年轻人，你是谁呀？”

打鱼郎回答说：“你没看到我手里拿的船桨吗？我父亲就是靠这根船桨过日子，他还用这根船桨救了你呀。”

伍子胥一听，说：“我想起来了！以前我逃难的时候，有一个打鱼的先生救过我，我一直想报答他呢！原来你是他的儿子，你怎么会来这里呢？”

打鱼郎说：“还不是因为你们吴国要来攻打我们郑国，我们这些打鱼的人通通被叫来这里。我们的国君郑定公说：‘只要谁能够请伍将军退兵，不来攻打郑国，我就重赏谁！’希望伍将军看在我死去的父亲情份上，不要来攻打郑国，也让我回去能得到一些奖赏吧。”

伍子胥想起往事，仍然感激不已，他说："因为你父亲救了我，我才能够活着当上大将军，我怎么会忘记他的恩惠呢？我一定会帮你这个忙的！"伍子胥说罢，便把吴国的士兵通通带回去了。

打鱼郎高兴地把这个好消息告诉郑定公。一下子，全郑国的人都把打鱼郎当成了大救星，叫他"打鱼的大夫"，郑定公还送给他一百里的土地呢！

"知恩报恩"，是佛陀的教诲。其中"报众生恩"，不仅因为人与人之间具有相互依存关系，还因为人类出现之时个体与众生之间可能存在过亲缘关系，因此，我们应该将所有的人都看做自己的亲人，时刻想着报答亲人的恩情。为他人做好事，会影响他人的心，他人也会做好事。一方面报了恩，一方面又引导众生心向善。

曾有一个居士，当别人做出伤害他的事情的时候，无论他是多么无辜，多么愤怒，他都会把这个人的名字刻到沙子里；当有人帮助了他、善待了他，哪怕只是一个浅浅的微笑，他却会将这个人的名字刻在石头上。别人不解，就问居士为什么这样做，居士说："对一个人的恨应该像沙子里的字一样，让它随风消失；对一个人的恩，却应该铭记一生。"

在现实生活中，我们的生活所需，从食品、衣服、房屋，到办公用品、交通工具，都是别人提供的。我们每个人都只能为社会尽一份责任，不可能创造一切。人人都在为我，我是否也在全心全意地为人人呢？能够很好地体会到这一点，做到这一点，就会自觉地报众生恩。

有一位年轻人，对已故中国佛教协会会长赵朴初说："我现在想通了，干什么事都当做还债，这样就没有烦恼了。"朴老纠正他说："不！不是还债，是报恩。人的一生报恩是无尽的啊。"一个人明白了做任何事无不是为报恩，那就真正地、自觉地认识到了自身的价值、位置及生活的目的。这样，他就能时时以感恩的心来看世间、看他人，觉得世间很可爱、很富有，他人也很欢喜，很亲切。

2004年度感动中国人物徐本禹，从小得到了好心人的帮助，他告诉自己一定要知恩必报。他在大学期间勤工俭学，每月50元的报酬，43元捐给山东一个面临辍学的小学生；学校发的300元特困生补助，200元捐给了"保护母亲河"活动；别人资助他的500元，分别寄给了两名贫困生；获得6000元国家奖学金，2400元留给了系里的老师……最后放弃了继续深造的机会，到贫穷山区当了一名小学教师。

学会感恩和报恩，是一种积极的人生态度。对他人给予自己的好处做出回应，做出回报，而不是无情漠视。懂得感恩和报恩，人与人之间的关系会更加和谐，我们的社会也会更加美好。

善待人生知遇之恩

知恩是生大悲根本，开善业初门，人所爱敬，名誉远闻。死得生天，终成佛道。反之，不知恩人，甚于畜生也。

——《大智度论》

在实践伦理方面，佛教主张知恩、报恩。佛教的教义精神和实践内容都非常强调这一思想。《父母恩重难报经》、《孝子经》、《大方便佛报恩经》等等都是专谈报恩的经典。

“恩”，从心、从因，因从口大，乃就其口而扩大之意，也含有相赖相亲之意——心之所赖所亲者，彼此必有厚德至谊，即他人给我或我给他人之情谊。

觉贤是历史上一个著名的僧人，他本名佛陀跋陀罗，北天竺迦毗罗卫国（今尼泊尔境内）人，以精通禅律驰名，于义熙四年（408 年）来到长安。觉贤三藏因被人指斥“显神通”而受到排挤，远公特遣弟子昙邕入关，替他们和解。由于觉贤不愿再回北方，便投奔远公，远公予以热烈欢迎，邀他加入莲社，请他翻译佛经。

后来，觉贤在建康道场寺，译出《华严经》、《僧祗》等佛典 13 种共 125 卷，为大乘瑜伽学说东流开了先河，华严宗风的阐播，可以说造端于觉贤的南下。但是，假如不是远公的宽弘大量，觉贤虽怀大法也无由表扬，亦是徒然。觉贤三藏终生不忘远公的知遇之恩，遗嘱圆寂后安葬东林寺。墓塔建在东林寺西侧山凹，呈圆形，历代都修葺过。觉贤是历史上第一位葬在庐山的外国僧人，其墓塔已成为佛教界对外交往的纽带。

报答知遇之恩，是佛教所说的“因果善报”的必然。一个人能有机会报恩自然欣慰，而无法报恩，往往内心感到惭愧。其实在佛教传入中国之前，“报恩”的思想就存在了。知恩不报是小人，知恩必报是君子，恩将仇报不是人。

与人相知相遇为幸事，“士死知遇，恩令命轻”。早在春秋时期，俞伯牙擅长弹奏琴弦，钟子期擅长听音辨意。有次，伯牙来到泰山（今武汉市汉阳龟山）北面游览时，突遇暴雨滞留岩下，寂寞之余，拿出古琴弹了起来。也正在附近躲雨的樵夫钟子期听到后，忍不住叫道："好曲！真是好曲！"随后伯牙每奏一支琴曲，子期都能听出它的意旨和情趣，这使得伯牙惊喜异常。二人因此结为知音，并约好来年再相会论琴。可第二年伯牙来会子期时，得知子期不久前已经因病去世。伯牙痛惜伤感，摔破了古琴，从此不再抚弦弹奏，以谢平生难得的知音。

诸葛亮为报答刘备的"知遇之恩"，殚精竭虑，辅佐刘备兴复汉室，鞠躬尽瘁，死而后已。他充分发挥了自己的聪明才智，提出了"跨有荆益"，"西和诸戎"、"南抚夷越"、"外结孙权"、"内修政理"、"抗拒曹操"的治国方略。他儒法并用，以法治国，执法必严，赏罚分明；他重用人才，任人以贤；他审时度势，不断地调整内政外交政策；他重视农业生活，安抚流亡，轻徭薄赋，发展社会经济；他亲率大军北伐，革新武器装备，发明了孔明灯和木牛流马等。

1056 年，21 岁的苏轼参加礼部考试，欧阳修为主考官，梅圣俞为参评官。这次考试，王安石名列第一，苏轼名列第二。苏轼写信给梅圣俞说："轼七八岁时，始知读书，闻有欧阳公者，而又有梅公者，其后益壮，始能读其文词，想见其为人。来京师逾年，未尝窥其门。今年春，天下之士，群至于礼部，梅公与欧阳公亲试之。轼不自意，获在第二。既而闻之，梅公爱其文，以为有孟柯之风，而欧阳公亦以其能不为世俗之文也，而取焉。是以在此，非左右为之先容（疏通关节），非亲旧为之请属，而向之十余年间闻其名而不得见者，一朝为知己……"

虽然王安石第一，苏轼第二，但后来苏轼对欧阳修的感情，比王安石对欧阳修的感情，深厚得多。欧阳修死后第七年，苏轼写了《西江月·平山堂》："三过平山堂下，半生弹指声中。十年不见老仙翁，壁上龙蛇飞动。欲吊文章太守，仍歌杨柳春风。休言万事转头空，未转头时皆梦。"平山堂是欧阳修守扬州时建的，"杨柳春风"是指欧阳修在平山堂写的诗句"手种堂前杨柳，别来几度春风"。13 年后，苏轼又写了《木兰花令·次欧阳公西湖韵》："霜余已失长淮阔，空听潺潺清颖咽。佳人犹唱醉翁词，四十三年如电抹。草头秋露流珠滑，三五盈盈还二八。与余同是识翁人，唯有西湖波底月。"这些诗表达了苏轼对欧阳修的缅怀之情。

对待生活也要感恩

人积慈悲心肠，知恩图报。凡人众善奉行，将心比心；尘世众生万物，皆有性灵。

——佛陀

佛教不是“出世”的哲学，而是以大慈大悲关怀众生的实践之学，所以习佛修禅并非只可出家当和尚，人人都可以成佛，在家照样修炼为有觉悟有智慧的人。林语堂曾经写过一篇文章，叫作《尘世乃唯一的天堂》。

林语堂说，苏东坡的诗中有“事如春梦了无痕”之句，因为如此，所以他那么深刻坚决地爱好人生。在中国的文学作品中，常常可以看到这种“人生不再”的感觉。中国的诗人和学者，在欢娱宴乐的时候，常被这种“人生不再”、“生命易逝”的悲哀感觉所烦扰，在花前月下，常有“花不常好，月不常圆”的伤悼……我们都相信做人总是要死的，一支烛光，总有一日要熄灭的，我认为这感觉是好的。它使我们清醒，使我们悲哀；它也使某些人感到一些诗意。此外还有一层最为重要：它使我们能够坚定意志，去想过一种合理的、真实的生活，随时使我们感悟到自己的缺点。它也使我们心中平安，因为一个人的心中有了这种接受恶劣遭遇的准备，才能够获得平安。

传说菩提达摩在嵩山少林寺面壁打坐 10 年，致使手脚腐烂，最后变成了一个无手无脚的废人，于是根据传说，在日本就出现了各种各样的无手无脚的达摩偶人。这种达摩偶人，在日本被视为正月传统吉祥物，因为他身残志不残，无论怎样摔倒，都一定会重新坐起来。日本人将它视作可以带来好运的吉祥之物，行事之前，摆个无眼珠达摩偶人，当愿望得以实现时，便为达摩画上眼珠。

达摩身残心圆满，佛门尊崇这样的人。生活给予人的也许是残缺的，但一个人心灵世界是圆满的，那么残缺照样可以接受。生活或许是不完美的，但一个人如果能够以感恩的心对待生活，那么生活就会变得美好起来。

海伦·凯勒，是美国盲聋女作家和残障教育家。她在一岁半的时候因为一次猩红热夺去了视力和听力，接着，她又丧失了语言表达能力。然而就在这黑暗而又寂寞的世界里，她仍感谢这个世界，在导师安妮·沙利文的帮助下，她学会了读书和说话，并开始和其他人沟通。

一个人在无声、无光的世界里，要想与他人进行有声语言的交流几乎不可能，因为每一条出口都已向她紧紧关闭。但是，海伦是个奇迹。这段历程的艰难程度超出任何人的想象。她学发声，要用触觉来领会发音时喉咙的颤动和嘴的运动，而这往往是不准确的。为此，海伦不得不反复练习发音，有时为发一个音一练就是几个小时。失败和疲劳使她心力交瘁，一个坚强的人竟为此流下过绝望的泪水。可是她始终没有退缩，夜以继日地刻苦努力，终于可以流利地说出“爸爸”、“妈妈”、“妹妹”了，全家人惊喜地拥抱了她，连她喜爱的那只小狗也似乎听懂了她的呼唤，跑到跟前直舔她的手。

1894 年夏天，海伦出席了美国聋人语言教学促进会，并被安排到纽约赫马森聋人学校上学，学习数学、自然、法语、德语。没过几个月，她便可以自如地用德语交谈；不到一年，她便读完了德文作品《威廉·退尔》。教法语的教师不懂手语字母，不得不进行口授。尽管这样，海伦还是很快掌握了法语，并把小说《被强迫的医生》读了两遍。在纽约期间，海伦结识了文学界的许多朋友。马克·吐温为她朗读自己的精彩短篇小说，他们建立了真挚友谊。马克·吐温说：“19 世纪出现了两个了不起的人物，一个是拿破仑，一个就是海伦·凯勒。”

海伦从小便自信地说：“有朝一日，我要上大学读书！我要去哈佛大学！”这一天终于来了。哈佛大学拉德克利夫女子学院以特殊方式安排她入学考试。只见她用手在凸起的盲文上熟练地摸来摸去，然后用打字机回答问题。前后 9 个小时，各科全部通过，英文和德文还得了优等成绩，海伦怀着热切的心情开始了大学生活。

她成为一个学识渊博，掌握英、法、德、拉丁、希腊五种文字的著名作家和教育家。她走遍美国和世界各地，为盲人学校募集资金，把自己的一生献给了盲人福利和教育事业。她赢得了世界各国人民的赞扬，并得到许多国家政府的嘉奖。主要作品有《假如给我三天光明》、《我的生活》、《我的老师》等。

一个人如果习惯于感谢生活，他将得到生活的眷顾和宠爱。到了 1921 年，在海伦的努力下，终于成立了美国盲人基金会民间组织，海伦是这个组织的领导人之一，她一直为加强基金会的工作而努力。在繁忙的工作中，她始终没有放下手中的笔。海伦把一生献给了盲人福利和教育事业，赢得了全世界人民的尊敬。

第四章

惜福赢得永福

惜福，是佛教对于“同体共生”的认知，唯有珍惜大自然各种资源，人类才能在地球上开展理想的新世纪；只有了解彼此群我的关系，生感恩惜福之心，人生才会更有意义。

把握现有的幸福

不可以少福德因缘得生彼国。——《阿弥陀经》

珍惜眼前幸福，一种知足常乐的心态。不要总是抱怨，但是却要有积极的态度和追求。有惜福心，就会淡泊物欲，自能不见别人的是非、过患。人们常常在失去了什么东西之后才觉得它珍贵，于是遗憾接着一个遗憾。佛教提出“惜福”，就是珍惜现有的幸福，不要身在福中不知福。人生欲壑难填，要懂得勤俭节约，珍惜自己当下拥有的，少一些攀比，从而不放纵自己的欲望，学会知足常乐，让心灵保持一种从容而优裕的境界。

从前，有一座圆音寺，每天都有许多人上香拜佛，香火很旺。在圆音寺庙前的横梁上有个蜘蛛结了张网，由于每天都受到香火和虔诚的祭拜的熏托，蜘蛛便有了佛性。经过了1000多年的修炼，蛛蛛佛性增加了不少。

忽然有一天，佛祖光临圆音寺，看见这里香火甚旺，十分高兴。离开寺庙的时候，不经意地抬头，看见了横梁上的蛛蛛。佛祖停下来，问这只蜘蛛：“你我相见总算是有缘，我来问你个问题，看你修炼这1000多年来，有什么真知灼见。怎么样？”蜘蛛遇见佛祖很是高兴，连忙答应了。佛祖问道：“世间什么才是最珍贵的？”蜘蛛想了想，回答：“世间最珍贵的是‘得不到’和‘已失去’。”佛祖点了点头，离开了。

就这样又过了1000年的光景，蜘蛛依旧在圆音寺的横梁上修炼，它的佛性大增。一日，佛祖又来到寺前，对蜘蛛说道：“你可还好，1000年前的那个问题，你可有什么更深的认识吗？”蜘蛛说：“我觉得世间最珍贵的是‘得不到’和‘已失去’。”佛祖说：“你再好好想想，我会再来找你的。”

又过了1000年，有一天，刮起了大风，风将一滴甘露吹到了蜘蛛网上。蜘蛛望着甘露，见它晶莹透亮，很漂亮，顿生喜爱之意。蜘蛛每天看着甘露很开心，它觉得这是3000年来最开心的几天。突然，又刮起了一阵大风，将甘露吹走了。蜘蛛一下子觉得失去了什么，感到很寂寞和难过。这时佛祖又来了，问蜘蛛：“这1000年，你可好好想过这个问题：世间什么才是最珍贵的？”蜘蛛想到了甘露，对佛祖说：“世间最珍贵的是‘得不到’和‘已失去’。”佛祖说：“好，既然你有这样的认识，我让你到人间走一朝吧。”

就这样，蜘蛛投胎到了一个官宦家庭，成了一个富家小姐，父母为她取了个名字叫珠儿。一晃儿，珠儿长到16岁，出落成一个婀娜多姿的少女，十分的楚楚动人。

有一天，皇帝在后花园为新科状元郎甘鹿举行庆功宴席。来了许多妙龄少女，包括珠儿，还有皇帝的小公主长风公主。状元郎在席间表演诗词歌赋，大献才艺，在场的少女无一不被他倾倒。但珠儿一点也不紧张和吃醋，因为她知道，这是佛祖赐予她的姻缘。

过了些日子，说来很巧，珠儿陪同母亲上香拜佛的时候，正好甘鹿也陪母亲来了。上完香、拜过佛，二位长者在一边说上了话。珠儿和甘鹿便来到走廊上聊天，珠儿很开心，终于可以和喜欢的人在一起了，但是甘鹿并没有表现出对她的喜爱。珠儿对甘鹿说：“你难道不曾记得16年前，圆音寺的蜘蛛网上的事情了吗？”甘鹿很诧异，说：“珠儿姑娘，你漂亮，也很讨人喜欢，但你的想象力未免丰富了一点吧。”说罢，他和母亲离开了。

珠儿回到家，心想，佛祖既然安排了这场姻缘，为何不让他记得那件事，甘鹿为何对我没有一点感觉？

几天后，皇帝下诏，命新科状元甘鹿和长风公主完婚；珠儿和太子芝草完婚。这一消息对珠儿如同晴空霹雳，她怎么也想不到，佛祖竟然这样对她。几日来，她不吃不喝，饿得灵魂就将出壳，生命危在旦夕。太子芝草知道了，急忙赶来，扑倒在床边，对奄奄一息的珠儿说道："那日，在后花园众姑娘中，我对你一见钟情，我苦求父皇，他才答应。如果你死了，那么我也就不活了。"说着就拿起了宝剑准备自刎。

就在这时，佛祖来了，他对快要出壳的珠儿灵魂说："蜘蛛，你可曾想过，甘露（甘鹿）是由谁带到你这里来的呢？是风（长风公主）带来的，最后也是风将它带走的。甘鹿是属于长风公主的，他对你不过是生命中的一段插曲。而太子芝草是当年圆音寺门前的一棵小草，他看了你3000年，爱慕了你3000年，但你却从没有低下头看过它。蜘蛛，我再来问你，世间什么才是最珍贵的？"珠儿听了这些真相之后，好像一下子大彻大悟了，她对佛祖说："世间最珍贵的不是'得不到'和'已失去'，而是现在能把握的幸福。"刚说完，佛祖就离开了，珠儿的灵魂也回位了，睁开眼睛，看到正要自刎的太子芝草，她上前打落宝剑，和太子深深地拥抱在一起……

这个故事教导人们，要领会珠儿最后一刻所说的话——世间最珍贵的不是"得不到"和"已失去"，而是现在能把握的幸福。懂得幸福的人才是最幸福的。古人说："井涸而后知水之可贵，病而后知健康之可贵，兵燹而后知清平之可贵，失业而后知行业之可贵。凡一切幸福之事，均过去方知。"幸福之事过后方知，除了徒增悔恨与追忆外，于事何补？所以，我们何不珍惜现在，约束个人无止境的欲望？

拥有绵长的幸福

福不可以享受到尽头，假如福享受尽了，幸福和快乐的泉源就会枯竭！

——法演禅师

"福"字在文字刚刚出现的早期文化中就有。据《说文》解释："福，备也。备者，百顺之名也。无所不顺者之谓备。"也就是说"福"是"万事如意"的意思。万事如意，一顺百顺，就是有福气、有福分、有幸福。

古人把"福"概括为"五福"。《尚书·洪范》中说"五福"：一曰寿，二曰富，三曰康宁，四曰修好德（即为人善良，崇尚道德），五曰考终命（却善终）。而在《新论》中记载说《五福》是：寿、富、贵、安乐和儿孙满堂。

佛教提出一个“惜福”的概念。什么叫做惜福呢？就是珍惜物资，哪怕极平常而极便宜的东西，在出家人的戒律上，都是不肯多用的，非用不可时才可以用，如能不用就绝对节省。即使在任何一个太平康乐的时代，都是绝对不可乱花钱与浪费东西的。

严嵩是明朝的一个大奸臣，他的儿子严世蕃做太常寺卿的官，父子俩都是一样的作恶多端，结党营私，总揽朝政，杀害忠良，过着十分奢侈的生活。严世蕃要吐痰，只要咳嗽一声，就有围绕四周的美女，仰起面孔张开嘴巴来接他所吐的痰，当时有人起名“肉唾盂”。严嵩的公馆里，门客家人不知有多少，每天从他家厨房内的阴沟里流出来的鱼肉白米饭多得吓人。恰好严公馆附近有个庙，庙里有个老和尚，每天率领小和尚到阴沟里把白米捞起来，洗净晒干，日子久了，竟堆满了一屋子。

后来严嵩父子的种种罪恶被败露，嘉靖皇帝将严嵩撤职，下令处死严世蕃，一切财产充公。严嵩老来没有依靠，靠乞讨度日。因他作恶太多，没有人可怜他。还是老和尚慈悲为怀，收留了他。严嵩在庙里吃了好久以后，有一天很难为情地对老和尚说：“我很对不起你，当我势力正大的时候，却不晓得有你这么一个好邻居，从来没有在你庙里积一点功德。现在穷了，反而来消耗你，我真惭愧！”

老和尚安慰他说：“相爷不要难过，你现在吃的不是我的，还是相爷自己的，而且就是吃上十年八年，也吃不完的。”

严嵩听到这话，觉得很惊讶，说：“呀！吃我的！这话从何说起？”

老和尚很从容地说：“你不信，我请你看嘛！”于是领严嵩到仓房里，指着一大堆米，对严嵩说：“这都是你相府阴沟里流出来的米，我把它淘洗干净的。”老严嵩看到这事实，听了老和尚的话，唯有把泪往肚子里流，什么也说不出。

人的福报就像银行存款一样，支出 1 元就会少 1 元，支出 10 元就要少去 10 元。这一生的福报是前生种下的，享受掉一分就缺少一分，如果尽情享受，福报完了，那你未来生命只得在穷困潦倒中度过，甚至短命而死，所以宋代法演禅师说：“福不可以享受到尽头，假如福享受尽了，幸福和快乐的源泉也就枯竭了。”

在佛教里，与“惜福”相应的还有一个叫“培福”的概念。就是当一个人有吃有穿，或吃不了用不完的时候，就该节省一点下来，对于贫疾交迫的人，给予救济。慈善公益，于大家有利的事，予以赞助，做到“一钱不落虚空地，因果半点不骗人”。

释迦牟尼佛在世的时候，舍卫国有个富翁，名叫卢至，他家有很大的财产，真是东库藏金，西库藏银，古玩珍宝，恐怕他自己也数不清楚，但他是个极吝啬的人。虽然家有偌大的财产，老婆儿媳却都吃不饱穿不暖，面黄肌瘦，对他是敢怒而不敢言。有一天他本人也馋起嘴来了，拿了几个钱，买了两块大饼，带了一点辣椒酱躲到郊外树林子里面，想独自一个人去受用。

谁知树上的鸟儿见有人来了，吓得飞了起来，他这一看觉得非同小可，以为鸟儿要分吃他的饼，就赶快转移方向，躲到沟坎里去。刚要准备受用的时候，洞里的水老鼠又被他吓得乱窜，他又害怕老鼠要揩他的油，只好再换个地方，后来不知躲到哪里，才把两块烧饼啃了下去，然后得意洋洋地赶回家去。

那时玉皇大帝看他愚蠢得可怜，就化作卢至的模样跑到他家里去，向他家人说：“我觉悟了，我有钱何必让你们受罪呢？我今天请你们大吃一顿。”于是大摆筵席一顿好吃。等到真卢至回家一看，大吃一惊，于是真假两个卢至吵起来了。吵到佛的座前，佛对玉帝说：这人病根已深，不可教化，不久他会堕到饿鬼道的，你何必白费心机？

寂天菩萨在《入行论》中说：“为利有情故，不吝尽施舍，身及诸受用，三世一切善。”又说：“如空及四大，愿我恒成为，无量众有情，资生大根本。”佛教祖师大德，不仅惜福，而且把自己的福报舍给众生。自己的生活可以过得清苦一点，省下来的钱让别人享用，有这样的善心将来才能利益无量众生。心中应常常记挂天下苦难的众生，常以福报回应。

绝不暴殄天物

惜衣惜食，非为惜财缘惜福；爱人爱物，到了方知爱自己。

——弘一法师

佛教根据“因果法则”，认为浪费半碗饭、一张纸，也有很大的罪过。比如半碗饭来之不易，从播种、施肥、灌溉、收割、去壳、运输到最后煮成米饭，其间有多少劳动者的心血，要耗费多少自然资源，才能端到口边，供你享用。这半碗饭不是无因无缘产生的，随意浪费是损减自己的福报。

临济禅师还没有到北方来以前，有一位叫普化的法师在正定（过去叫镇州）弘扬佛法、教化众生，他是一个居无定所的人，没有自己的庙，不在临济寺住。有时他也到临济寺去，到那里，等人都吃完了，就跑到厨房里，有什么就吃什么，遇到生菜就吃生菜，遇到剩饭就吃剩饭。

印光大师于一粟一丝都不浪费，见到弟子中有浪费者，立即斥问：“你有多大的福？”

弘一大师说：“惜衣惜食非唯惜财缘惜福。”现代人好“享福”，吃喝玩乐穿用追求高档次至于奢侈，佛说“享福即消福”，惜福如节财，修福如存款，“自求多福，广种福田”是佛家修福法言。

很多人都知道周恩来节俭朴素，虽然周恩来信仰共产主义，但他节俭朴素符合佛教“惜福”的价值观，得到全社会的认同，赢得了不少美誉美名。

周恩来吃饭从不浪费一个饭米粒，有时不注意掉在了桌上，就用筷子一粒粒夹起来，放在嘴里吃掉。他吃饭还有个习惯，就是盘子里剩的菜汤要用开水冲一冲喝掉；吃剩下的菜，要服务员留下，下顿饭再给他吃。

有一次，中央首长在某地开会，吃饭时周恩来由于右手不方便，掉了几个饭粒，立即夹起来吃掉了，服务员们见了感动得掉了泪。他们想到自己平时大手大脚的浪费行为，很惭愧，决心向周恩来学习。休息时，大家挖野菜，煮了一锅忆苦菜汤。周恩来知道后，高兴地说：“好啊！让我们也尝尝嘛。”大家都不愿让周恩来吃野菜，可是周恩来非要吃不可，只好端上一盆来。野菜一上桌周恩来第一个上去盛了满满的一碗。陈毅副总理怕他吃多了，便从他碗里拨走一半，周恩来认真地说：“盆里还有，你怎么要我的？”陈毅说：“我帮你吃点嘛！”周恩来说：“那哪儿行！”说着，又盛了一勺，碗里的野菜又满了。饭后，他高兴地说：“这顿饭吃得好哇。”

还有一次，周恩来在天津的一个招待所吃早点，喝了一小碗豆浆，吃了半套煎饼果子，还剩下一半。中午吃饭的时候，他对服务员说：“请你把我早上剩下的那半套煎饼果子拿给我吃。”服务员告诉他说：“早已处理了。”

周恩来听后，态度和蔼地批评了这种做法，教育服务员要注意节约，不要浪费。他还对服务员说："给我沏的茶不要喝一次就倒掉，一天换一次茶叶就行了。"

1960年，周恩来陪同柬埔寨贵宾到南京参观。在会客厅会见外宾时，服务员为每个人都泡了一杯茶。会见结束后，周恩来微笑着对服务员说："我这杯茶还没有喝完，不能浪费掉，我要把它带到餐厅去。"1973年10月，他在河南洛阳市洛阳宾馆休息时，护士请他按时吃药时，不慎把药片掉在地上。护士说："不要了，再换一片算了。"周恩来不同意，坚持把药片找出来，用手绢擦了擦，吃了下去。周恩来珍惜的不只是一片药，他是时时刻刻在坚持党的艰苦奋斗、勤俭节约的光荣传统。

在西花厅，周恩来给工作人员规定了随手关电灯的制度。他外出时也不例外。有一次到北京饭店开会，因为天色已晚，警卫战士开了门外的灯，周恩来看见说："不要开了，注意节约。"说完，随手就把灯关掉了。他在飞机上从不使用一个清洁袋，总是到厕所去吐痰。当乘务员劝他吐在清洁袋里时，他说："我还没有老到走不动的程度，清洁袋留着下次还可以用。"有一次到延安视察时，周恩来正在吃西瓜，看见漂亮的地毯上滴了几滴西瓜水，就连忙蹲下，掏出自己的手绢把水渍擦干净。他告诉周围的同志："这西瓜水落在地毯上，如不及时擦掉，以后就不容易擦干净了。"

周恩来和邓颖超始终过着俭朴的生活。他们积蓄下来的钱，一部分用来帮助身边家庭困难的工作人员，一部分交了党费。周恩来的一套睡衣、睡裤，穿破了就补，再破再补，白底蓝格的绒布慢慢磨成了无绒无格的白布了。他身边的工作人员多次提出要给他添置新衣，他总是和颜悦色地说："旧的还可以穿嘛！"他的一件衬衣，已经很破旧了，换一换领子、袖口，仍穿着到外地视察，接待外宾。

"一粥一饭，当思来之不易；半丝半缕，恒念物力维艰。"生活中，我们要好好爱惜自己的福，不仅要珍惜粮食，并且绝不暴殄天物或丢弃任何能用的东西。

节俭是为未来造福

冷淡生涯本业儒，家贫休厌食无鱼，菜根切莫多油煮，留点青灯教子书。

——石涛

佛陀发现宇宙之间，自物质世界至人类社会，有一条“因果循环”的规律，“果由因生，事待理成”。佛教传入中国，被中国的智者重新解读，延伸理解，提出“惜福”观念。因为“富贵生奢侈，奢侈生贫贱，贫贱生勤俭，勤俭生富贵，富贵生贫贱”，周而复始，循环无已，故而认为，惜福者受福，不惜福者受祸。

石涛是明末清初的“四大高僧”之一，他自称苦瓜和尚，游南京时，得长竿一枝，因号枝下叟。他写过一首诗：“冷淡生涯本业儒，家贫休厌食无鱼，菜根切莫多油煮，留点青灯教子书。”

明代学者焦澹园说：“节约不贪，则可延寿；奢侈过求，受尽则终；未见暴殄之人得皓首也。”意思是说，人的福报有限，能节约不贪着，就可以延寿，如果过分奢侈，福报享尽了必定福尽而死。

印度佛教发展到密教时期后，先传入中国内陆，再传到日本。今天的日本人，总给人一种“小气”的印象。日本的一些著名的大企业家，连办公室里的一张空白纸都要节省。日本人不以为耻，反以为荣。大企业家们总是津津乐道于自己的“小气”，并且拿它来教导后生。后生们竟也言听计从，一代比一代“小气”。为什么会这样呢？有人认为受到了佛教文化的影响。在日本，有一个“惜福”的故事：

有一青年名叫中岛光藏，他为了学习雕刻佛像，就去拜访日本优秀的雕刻家高村东云，想拜高村东云为师。高村东云只教他到井边学习汲水，并没有对他说什么话。

高村东云看到中岛光藏的汲水动作以后，破口大骂，叫中岛光藏回去，不要学雕刻了。其余的弟子看到中岛光藏那副可怜的样子，就留他住宿一夜。半夜时，中岛光藏被人叫醒，带去见高村东云，高村东云温和地对他说：

“白天我大声骂你，你大概不知道我骂你的原因吧，现在我解释给你听，佛像是神圣的东西，因此雕刻佛像的人绝不能没有一颗虔诚高尚的心。虽然水不怎么值钱，可是你却不能随便加以浪费。我看你汲水的时候，水泼到地上，你都毫不在意。一个把东西糟蹋而不知反省的人，怎能刻佛像呢？”

听完了这番话，中岛光藏深受感动，表示要痛改前非。高村东云看他还是可造就之才，乃准许他投入门下。后来中岛光藏也成为有名的雕刻家，大家都叫他“高村光云”，他与师父只差一个字而已。

节俭是中国的优秀传统，提倡节俭的教导与厉行节俭的故事很多。节俭的人受人敬仰和尊重。

爱国将领冯玉祥一贯清正廉洁，戒奢从俭，以身作则，为后人所敬仰。他与李德全结婚时，北洋军阀政府要人和他的部下营以上军官都来参加婚礼，婚礼后不分职位高低一律长排凳上就坐。喜宴一开，每桌都是四菜一粥，四菜是素炒豆腐、炒鸡蛋、肉片炒白菜和半只烧鸡，一粥为小米粥。而当吴佩孚为自己庆寿大摆宴席，趋炎附势者竞相送礼之时，冯玉祥也送去一份礼物，吴佩孚打开一看，竟是一坛清水。

1925 年 9 月 9 日，绥远都统李鸣钟上书北京政府，要将包头设治局改为县公署。唐襄为讨好上司，于 10 月 24 日设盛宴恭请冯玉祥及属下。冯玉祥不仅没有赴宴，他还从这位官员头上开了刀，当即给唐襄记大过一次，通令各级政府机关。他还专门发出《西北当局重申严禁官场恶习之训令》，训令严厉指出：“包头设治局长设宴款客，在他处视为极寻常者，西北则因禁令所在，不稍宽贷……我国士大夫习尚浮华，性鸩奢靡，以宴会为逢迎之具，藉馈赠开请托之门，一席之费，动耗多金，一馈之微，或至巨万。俸给不敷，则肆其苛敛之毒。民力不继，尚仍为竭泽之渔。”

1926 年，冯玉祥五原誓师参加国民革命，官兵每天一律吃“革命饭”，即每餐只有一个菜。五原县知事刘必达看到冯玉祥生活艰苦清淡，特意给他送去两只肥鸭，而冯玉样的回报却是每只鸭打刘必达 10 军棍。事后冯玉祥讲，他之所以用军棍打这位县太爷，是为了严禁官场恶习。

冯玉祥将军的二儿子冯洪国，先在苏联留学，后又到日本士官学校学习。在日本学习毕业回国后，立即跑到汾阳看望多日不见的父亲。那天，冯洪国身着西装，脚登皮鞋，浑身散发着一股浓厚的外国香水味。他满面春风地走到父亲冯玉祥跟前，笑着说：“父亲，我毕业回国了。”

冯玉祥指着洪国说：“早呢！不要癞大哥坐秤盘——自高自大！”

冯洪国涨红了脸说：“父亲，我有啥不是，请您指点指点！”

冯玉祥望着儿子那一身打扮说："你看你这味儿，再去看看我们的劳动大众！"冯玉祥停了停又说："儿啊，你要脱下西装、皮鞋，到牛棚里去熏一下，闻闻牛屎儿味，才会知道五谷香。古人说，奢能灭志，俭以养德。你虽然还不曾掌管事业，谈不上奢化，但从你的穿戴上看，是危险的！"

"是，父亲。你放心，回到国内，就按您的意思处事，决不给祖辈丢脸！"冯洪国真的脱下了西装、皮鞋，换上了便衣，穿上了粗布鞋。后来，冯洪国在宋哲元军学生团当大队长。日军进攻北平时，冯洪国率部抗敌，英勇献身，没有辜负父亲的教诲。

冯玉祥虽然生活节俭，却十分关心群众的疾苦，经常给贫苦人民送衣送粮，周济他们的生活。而溪谷岸高水深，人民群众的生活极为不便，他便捐款，修筑石桥，并亲书"大众桥"勒刻桥上，取方便大众之意。为了使穷苦的孩子有读书的机会，他出资办了 15 所小学免费收取贫苦子弟入校读书，并请范明枢为总校长。直到 1937 年，抗日烽火燃到泰山脚下，这批还没有成年的贫苦孩子，大都纷纷投入到抗日斗争的行列。泰山常常遭受干旱，人民生活极为不便，冯玉祥便组织官兵和群众挖泉筑坝，深受群众的欢迎。

1942 年，周恩来在《寿冯焕章先生六十大庆》一文中说："冯玉祥先生生活一向习于勤俭朴素，有人以为过，我以为果能人人如此，官场中何至今日之奢靡不振？"

"节俭苦修，乃真行者。"养成节俭且"喜舍"的习惯能使我们多一分淡泊，少一分贪婪；养成节俭且"惜福"的习惯能够为心灵增添宁静，除去浮躁；养成节俭且"慈悲"的习惯有助于增长智慧，熄灭愚痴；养成节俭且"感恩"的习惯还可彰显人类善良的本性，驱逐邪恶的一面。

控制营养更健康

衾裳半素半轻鲜，肴馔半丰半俭。

——李密庵《半半歌》

古时候，雪峰禅师和钦山禅师一起在溪水边洗脚，钦山见到水中漂有菜叶，很欢喜地说："这山中一定有道人，我们可以沿着溪流去寻访。"雪峰回答他：

“你眼光太差，这么完好的一片叶，竟如此让它流走，以后如何辨别人？如此不惜福，为什么要居山！”入山后果然没有见到名僧。

有一年天气正冷的时候，苏州城有位大绅士带着工匠到印光大师的住处装置洋火炉，印光大师坚决不肯接受，说：“人生不可享受过分，要是自己没有德，空去享用，那就是折福。”这位大绅士非常诚恳，再三请求，必须供养，弟子也从旁边劝请。印光大师说：“安在外间的客厅里吧！那里时常来人，让大家一齐暖和，外间的空气暖了，这间的空气也会变暖。”

从健康角度来说，过分追求物质享受消耗人的能量，无法保证生命质量。营养过剩，尤其是暴食暴饮，危害极大。古人说：“饮食自倍，脾胃乃伤。”是指饮食过饱或暴饮暴食可以导致疾病。人进食后，食物的消化和吸收依赖于为胃肠道和消化附属器官的正常功能来完成。暴饮暴食就会完全打乱胃肠道对食物消化吸收的正常节律。那些整天泡在酒局、饭局中的人，暴饮暴食，生活极度不规律，情绪亢奋、精神紧张影响中枢神经系统导致胃肠道动力感觉系统失调而致病。

暴饮暴食后会出现头晕脑胀、精神恍惚、肠胃不适、胸闷气急、腹泻或便秘，严重的，会引起急性胃肠炎，甚至胃出血。大鱼大肉、大量饮酒会使肝胆超负荷运转，肝细胞加快代谢速度，胆汁分泌增加，造成肝功能损害，诱发胆囊炎、肝炎病人病情加重，也会使胰腺大量分泌，十二指肠内压力增高，诱发急性胰腺炎，重症者可致人非命。研究发现，暴饮暴食后 2 小时，发生心脏病的危险几率增加 4 倍；发生腹泻时，老年人因大量丢失体液，全身血循环量减少，血液浓缩粘稠，流动缓慢，而引发脑动脉闭塞，脑血流中断，脑梗塞形成。

长寿是每个人的愿望，长期坚持素食为主有益于健康长寿。有人对 838 名和尚和明清 28 位皇帝的寿命进行比较研究，结果超过 60 岁的和尚有 736 名，占 87.8%，而超过 60 岁以上的皇帝仅 9 人，仅占 32.1%。和尚和皇帝的寿命差异，原因当然是多方面的，但和尚布衣素食，清茶淡饭；皇帝膏粱厚味，穷奢极欲，饮食过量，营养过剩，这不能不说是重要原因之一。

有诗曰：“自奉澹泊得中和，营养适度菜根香，饮食卫生最重要，暴饮暴食腐肚肠。”

清代李密庵写过一首《半半歌》：“看破浮生过半，半之受用无边。半中岁月尽悠闲；半里乾坤宽展。半郭半乡春舍，半山半水田园；半耕半读半经廛；

半士半姻民眷；半雅半粗器具，半华半实庭轩；衾裳半素半轻鲜，肴馔半丰半俭；童仆半能半拙，妻儿半朴半贤；心情半佛半神仙，姓字半藏半显。一半还之天地；让将一半人间。半思后代与沧田,半想阎罗怎见。饮酒半酣正好；花开半时偏妍；半帆张扇免翻颠，马放半缰稳便。半少却饶滋味，半多反厌纠缠。百年苦乐半相参，会占便宜只半。”

对好吃的好喝的，不要贪多。现在提倡人们每餐只吃七分饱，是有科学道理的。在美国阿肯色州小石城，有一个世界上最新奇的实验室。实验室从大量科学实验中，获得了一个重要发现，即从老鼠饮食与体重的变化，可以较准确地预测出哪些老鼠可能患肝癌等症。这样，反过来如能科学地控制老鼠的饮食与体重，就能较好地预防它们生癌。具体地说，如能有效地控制卡路里摄入量，便可大大减少患癌的可能性。他们的实验已证明：如减少饮食70%的话，可使鼠类延长寿命50%。而将此实验迁移到人类生命研究后发现，适当控制卡路里的摄入，几乎可减少或延缓大部分与老化有关的疾病。因此人类控制饮食，营养不要过分，是有益于长寿的。

所以,佛说“惜福”,是对生命的关怀,让我们每个人活得健康,活得长久。

世间是万物共有的

若比丘为三宝种三种树：一者果树，二者花树，三者叶树，此但有福无过。

——《毘尼母经》

地球不只是人类的家园，而是所有动植物共同的家园。对这一点，佛教的认识最为深刻。佛教认为世间万物的存在,都建立于缘起相互依存的关系中。龙树菩萨在《中论》中说：“未曾有一法，不从因缘生。”意思就是指宇宙万物没有任何一个事物，能够独立存在，包括现象界的有情与无情，都是众缘和合所生，彼此相互依存的。一切皆是缘，惜缘就是惜福。

佛经里记载，有一位菩萨，他每丢一张纸，深怕污染了大地；每讲一句话，怕惊醒了大地；每走一步路，怕踩痛了大地。所以，从某种意义上说，佛教是一个具有环保意识的宗教，主张不仅对人要有爱心，对山河大地也要爱护，“大地众生，皆有佛性”，“情与无情，同圆种智”。这就是所谓“同体与共生”

的理念。

因为万物有灵，佛教主张“戒杀护生”。在《梵网经菩萨戒》中，第一条，便是不杀生戒。珍惜生命，爱护生命，就是珍惜世界，爱护自然，保护人类。当我们小心地呵护每一个生命的时候，才会时时处处感受到生命的美丽和高贵，世界才会充满“鸢飞鱼跃”、江山多娇的勃勃生机。佛陀在过去世为鹿王时，曾为一鹿母舍身就义，感动得国王划定动物保护区，禁止猎杀，这都是佛陀躬身实践环境保护的写照。

西方极乐世界是佛生活的理想之地，那里黄金铺地、七宝楼阁、八功德水，房屋、树木、花草、公共设施都非常美好。净土中只有公益没有公害，只有美好没有脏乱，更没有黑烟废气、喧嚣噪音、污染，气候清爽宜人，水则是含有澄净、清冷、甘美、轻软、润泽、安和、除息、养根等八种特质的八功德水。在极乐净土的人民，都是诸上善人聚会一处，人人身心健全，寿命无量，行为清净，无有歹毒，更不会有人随便砍伐林木，放眼皆是绿树、红花、青草。

把理想中的乐土变为现实，是佛努力的目标。在《增一阿含经》中，佛陀开示世人，种植华果树木，得以使人清凉，功德也能日夜增长。《昆尼母经》说：“若比丘为三宝种三种树：一者果树，二者花树，三者叶树，此但有福无过。”还说：“有五种树不得斫：一、菩提树；二、神树；三、路中大树；四、尸陀林中树；五、尼拘陀树。”

《摩诃僧祇律》里，佛陀除了肯定种植花草树木的功德，也提到修剪时须配合植物的成长情形，新长出来的嫩叶不宜动它，应在茂盛繁华时才作适当的修剪，不应作出伤害山林的行为。对于蔬果青菜，也不应在未成熟之际，就抢取摘落，破坏它成长的生机，应等待时机，到瓜熟蒂落才摘取食用。

过去中国的佛教寺院，都注重森林与水土保护之间的关系。在唐代，泗州年年都有水害，开元寺高僧明远法师与郡守苏遇等谋画在沙湖西隙地创避水僧坊，种植松、杉、楠、桧等一万株，消除水患，造福百姓；唐代百丈禅师的学生、开创黄檗山的希运禅师也爱植树栽松，勤于作务；后唐象山县蓬莱山寿圣禅院住持永净法师，曾经开田三百亩，植松十万余株，对地方的水土保护贡献很大。

唐代南岳玄泰上座，曾因衡山多被山民烧毁，危害很大，作了一首《畬山谣》：“畬山儿，无所知，年年斫断青山嵋。就中最好衡岳色，杉松利斧摧贞枝，灵禽野鹤无因依，白云回避青烟飞，猿猱路绝岩崖出，芝朮失根茅草肥。年年斫罢仍栽锄，千秋终是难复初。又道今年种不多，来年更斫当阳坡。国家寿岳尚如此，不知此理如之何。”这首歌词远近传播，皇帝知道后特下了一封诏书，禁止砍伐。

唐代景岑和尚住在湖南长沙山，因山中松竹常遭人破坏，也作了一首《诫人斫松竹偈》，以保护山林，偈云：“千年竹，万年松，枝枝叶叶尽皆同。为报四方玄学者，动手无非触祖公。”……

像这些爱护环境的事例很多，影响深远。因为爱，所以众生平等；因为众生平等，所以不以人力掠夺侵占资源。可以说，爱护环境是最大的“惜福”，若环境破坏了，生存都不能保证，还有什么福？惜福，就得尊重世界上每一件事物，尊重每一个生命的独立与自由，包括尊重一朵花的恣意开放。

第五章

忍辱转为同情

忍受不管来自什么方面对自己造成的生理和心理上的种种痛苦、种种侮辱，不发怒、不结怨，心里没有恶意。通过智慧观察，了解伤害自己的并不是某个人，而是对方的烦恼。烦恼不仅伤害了你也伤害了当事者。认识到这种道理，就会从对立仇恨转为同情。

人的一生离不开“忍”

心量广大，犹如虚空，无有边畔，亦无方圆大小，亦非青黄赤白，亦无上下长短，亦无嗔无喜，无是无非，无善无恶，无有头尾。诸佛刹土，尽同虚空。世人妙性本空，无有一法可得；自性真空，亦复如是。——《六祖坛经》

六祖惠能大师在韶州大梵寺授《坛经》的时候，讲到摩柯般若波罗蜜，意思是能够到达彼岸的大智慧。而摩柯，就是大的意思，“心量广大，犹如虚空”。只有虚空，方可容纳世间万物。而人的自性也是空的，因此也可达到如此的境界。而这一切，在于行，不在于言。惠能一直说要静下心来，回到自己的内心，甚至在施法之前也要先“自净心神”，才可以禅定，悟到“般若”。《维摩经》云：“即时豁然，还得本心”。

佛教所说的忍耐，分为三大类，一是对人为的加害要能够忍受，忍人家对你的侮辱、对你的陷害。能忍，绝对有好处。为什么呢？能忍，心清净，容易禅定，修道容易成就，自然是最大的福报。二是自然的变化，如冷热、寒暑的变化，能够忍；饥饿、干渴要能忍；遇到天然的灾害，也要能够忍耐。三是佛法的修学也要忍耐，在没有觉悟之前，修行是很苦的，路是艰辛的。

有一天，释迦牟尼经过河岸，见一只野干（狼一类），想吃乌龟，可是乌龟将头足缩回壳内，多时不动。没有忍耐心的野干，弃它而去，结果有忍耐心的乌龟，保存了性命。于是，佛陀对弟子阿难说："修行人也应该像乌龟一样有忍耐心。"

忍得一时之气，免得百日之忧。如有人骂你，当做听流行曲来欣赏。如有人打你，当做走路不小心，撞到门柱上。如是观想，自然化干戈为玉帛。否则，无名火三丈高，大发雷霆，大战一场，结果两败俱伤，不但伤了感情，又失去人格，受人批评没有涵养的功夫。

《佛遗教经》说："忍之为德，持戒苦行所不能及。"对修行人而言，"忍"是转凡成圣的关键。修行人要忍财、色、名、食、睡的诱惑，要忍下对色、声、香、味、触、法的贪爱，要忍种种尘境所带来的考验。因为修行，为的就是要修正自己的心念及行为，进而达到解脱生死、出离轮回。由于以往对于六尘境界没有正确认知，不知是因缘和合所生、缘起性空，所以在当中起种种分别、执著，因而造作恶业，种下生死轮回的因，在六道中流转不已，枉受苦报。现在知道内心外境的真相，就要忍心不动，安然面对。所以忍是修行的初步，能成就定力、戒行、智慧及福德，亦是圆满修行的资粮。《大智度论》说："行生忍故，一切众生中发慈悲心，灭无量劫罪，得无量福德。行法忍故，破诸法无明，得无量智慧。"《杂宝藏经》中也说："若人行忍，则有五德：一、无恨，二、无诃，三、众人爱，四、有好名，五、生善道。"

佛陀时代，有一位比丘与一位小沙弥，因对佛陀所教的教法看法不一，而发生了口角，小沙弥便斥责比丘。比丘回到房中，心中恨意难消，过了不久即病发去世，并投生为一条毒蛇，找到小沙弥欲报前世之恨。佛陀知道此事，希望两人能解冤释结，于是，来到小沙弥的住处为其说法，教导沙弥主动向比丘顶礼忏悔。接着，佛又为毒蛇说法："汝于我所，已修净行，合生天上，由嗔火所烧，今作毒蛇。汝应知诸行无常，诸法无我，涅槃寂静。"蛇听闻佛陀开示后，心意开解了，于是马上命终，投生天道。可见，忍是多么重要。

白隐禅师是日本的一位高僧，他住的寺庙旁有一农家女与仇家的小伙子恋爱并生下了一个孩子。少女的母亲大发雷霆，追问谁是孩子的父亲。少女怕给仇家子招来大祸，不敢吐露实情，而是随便一指院旁的寺庙，说白隐禅师是逾轨犯戒者。少女的母亲立即跑到庙里，当着众僧的面大吵大闹，并把孩子摔给白隐，自己扬长而去。白隐禅师什么话都没说，把孩子抱回屋里，精心地喂养起来。他为了给孩子找奶吃，任人们唾其面也毫无怨言。

几年过去，两家仇人和好了，少女说出了怀孕生子的真相。男女双方的家人知情后，来到庙里，诚恳地向白隐禅师道歉。寺内外的僧众知道这件事后，纷纷为这位高僧大德鸣不平。而白隐禅师把已经学会说话、走路的孩子交给了孩子的父亲，自己只是淡淡地说一句“就这样”，便飘然地走了。

对于我们一般人来说，由于每个人有不同的个性以及想法，也有不同的情绪，所以，往往会因意见相左而产生摩擦，此时，就必须学习忍耐。一个团队，如果每个人都放纵自己，以自我为中心，大家就不能和合。因此，每个人要先退一步，放下自己的主观想法，再从中沟通讨论，就能够作全盘、客观的考量，进而达成共识，使得团队的运作更有效率。能够忍，就有充分的时间、足够的弹性让自己调整脚步、想法，就不会一时冲动，做出不该做的事。因为忍，而成就宽阔的胸襟、豁达知足的个性，让自己广结善缘。

“受尽天下百般气，养就胸中一段春。”忍可成就健全的人格，忍可圆满人际关系，忍可获得家庭的幸福、事业的成功。从养生角度说，和气之人少恼少怒，可以增进身体健康。

忍辱是胜人的一种力量

能行忍者，乃可名为有力大人。

——《佛遗教经》

忍辱者并非懦弱。能够忍辱，调伏自己习气者，才是真正知因识果、明是辨非的大丈夫。

寒山是唐代的一位非常知名的高僧，苏州的寒山寺就是以他的名字命名的。一天，寒山问另一位高僧拾得：“世间谤我、欺我、辱我、笑我、轻我、贱我、恶我、骗我，怎么对待？”

拾得回答道：“只是忍他、让他、由他、避他、耐他、敬他、不要理他、再待几年你且看他。”

寒山又问：“除此之外，还有什么处事秘诀，可以躲避别人恶意的纠缠呢？”

拾得说：“我曾看过弥勒菩萨偈，你且听我念给你听：老拙穿衲袄，淡饭腹中饱，补破好遮寒，万事随缘了。有人骂老拙，老拙只说好；有人打老拙，老拙自睡倒；涕唾在面上，随他自干了，我也省力气，他也无烦恼，这样波罗蜜，便是妙中宝。若知这消息，何愁道不了。人弱心不弱，人贫道不贫，一心要修行，常在道中办，世人爱荣华，我却不待见，名利总成空，我心无足厌，堆金积如山，难买无常限。子贡他能言，周公有神算，孔明大智谋，樊哙救主难，韩信功劳大，临死只一剑，古今多少人，那个活几千。这个逞英雄，那个做好汉，看看两鬓白，年年容颜变，日月穿梭织，光阴如射剑，不久病来侵，低头暗嗟叹，自想年少时，不把修行办，得病想回头，阎王无转限，三寸气断了，拿只那个办。也不论是非，也不把家办，也不争人我，也不做好汉，骂着也不言，问着如哑汉，打着也不理，推着浑身转，也不怕人笑，也不做脸面，儿女哭啼啼，再也不得见，好个争名利，须把荒郊伴。我看世上人，都是精扯谈，劝君即回头，单把修行干，做个大丈夫，一刀截两断，跳出红火坑，做个清凉汉，悟得长生理，日月为邻伴。”

佛教把忍辱分为“生忍”和“法忍”。“生忍”就是无论众生以何种方法污辱毁訾、恶心加害于已，都能忍心不动；不因众生对自己的恭敬供养而心生贪著、我慢。“法忍”则是对于心中的习气烦恼，譬如贪、嗔、痴、慢、疑，以及外在的天灾人祸等境界，能够不起心动念。简言之，就是不论顺逆境，不论是内在的烦恼或外在的灾祸都要忍。

忍辱是一种力量，佛说：“修道的人不能忍受毁谤、恶骂、讥讽如饮甘露者，不名为有力大人。”世间上的拳头刀枪，使人畏惧，不能服人，唯有忍辱才能感化顽强。诸葛亮七擒孟获，廉颇向蔺相如负荆请罪，等等这些都是忍辱而感化了对方。

明代时，日本梦窗国师有一次搭船渡河，当船正要开航离岸时，有位带着佩刀拿着鞭子的将军，大喊道：“等一下，船夫！载我过去！”全船的人都说道：“船已开行，不可回头。”船夫也大声回答道：“请等下一班吧！”

这时，梦窗国师说：“船家，船离岸未多远，给他方便，回头载他吧！”

船夫看到是一位出家师父讲话，因此就把船开回头让那位将军上船。将军上船以后，刚好站在梦窗国师的身边，拿起鞭子就抽打了梦窗国师一下，嘴里还骂道：“和尚！走开点，把座位让给我！”这一鞭打在梦窗国师头上，鲜红的血流下，国师不发一言，就把位子让了出去。

大家看了都非常害怕，不敢大声讲话，都窃窃私语，说禅师要船载他，他还打他。

将军已知道刚才的情况，但仍不好意思认错。船到对岸，梦窗国师跟着大家下船，走到水边默默地、静静地把脸上的血洗掉。这当儿，蛮横的将军终于觉得对不起梦窗国师，上前跪在水边对国师忏悔道："禅师，对不起！"

梦窗国师心平气和地说："不要紧，出外的人心情总是不太好。"

看了这个故事，你也许会认为佛家的忍辱是消极的。其实，佛家的忍辱是积极的向前的态度。历史上一些皇帝排佛，但佛家都以忍辱的力量挺过来了。现代学者陈寅恪不同意有人视佛教忍辱为消极的观点，他撰文说："佛家之忍辱主旨富有积极之意，如六度之忍辱波罗密者。"

陈寅恪正是以忍辱的力量与时代风气抗争，赢得"自由之思想，独立之精神"之国学大师的声誉和地位。陈寅恪在生命的最后岁月，遭到残酷折磨，并且珍藏多年的大量书籍、诗文稿，多被洗劫。他的身体受到摧残，但他信念没有被征服，仍然写了大量著作，把自己有力的声音留了下来。

1961年7月，吴宓从重庆到广州，探望老友陈寅恪，他们自西南联大一别，已经暌违了十多年。故友重逢，把酒言欢，自然是推心置腹。陈寅恪当年的心迹在吴宓的日记中都有详细的记录。吴宓在1961年8月30日的日记中写道："……在我辈如陈寅恪者，则仍确信中国孔子儒道之正大，有裨于全世界，而佛教亦纯正。我辈本此信仰，故虽危行言逊，但屹立不动，决不从世俗为转移。"

"慈忍"避灾息祸

示行嗔恚，而常慈忍。

——《维摩诘所说经》

佛教所说的"忍"，是有层次性的，即"伏忍"、"柔顺忍"、"无生法忍"、"寂灭忍"。人在"忍"时，因要说服自己，心中一定会有百般的难受，能够勉强自己忍下来，这就是"伏忍"；能驾驭自己的习气、烦恼，对逆境、顺境都能甘心甘受，这就是达到"柔顺忍"的境界；如果自己能够进一步保持不动的心，不落入是非善恶的相对境界，契悟到诸法实相，念心安住在不生不灭状态，便是成就“无生法忍”；更进一步契入佛果，达到究竟寂灭的境界，就是“寂灭忍”。

从前，有一位国王带领许多妃嫔、宫女到郊外游戏打猎。途中，国王追逐野兔走远了，妃嫔们于是在树林中等候。妃嫔们看到一位修道者正在林中沉思，于是向他请教。国王回来之后，责备她们与陌生人说话。

“我不过是指导她们学习忍辱的精神而已。”修道人安详地回答。

“哈哈！你自命为忍辱的人吗？我倒要试试你的忍辱修养。”说罢，国王挥剑，将修道者的手臂斩断。国王得意地说：“现在，你该愤恨了吧！”

修道者虽然痛苦，仍然和缓地看着国王，回答道：“我不愤恨，怀恨只有冤冤相报。将来我成道后，一定要来度化你，以了结这段业缘。”

国王感动极了，跪在地上，深深忏悔。修道者以德报怨的精神，充分完成忍辱的修养。这位忍辱仙人，正是释迦牟尼佛的前生。

忍是一种谦让的品质，忍是一种处世的智慧。相反，冲突在不忍者之间升级，矛盾在不忍者之间尖锐。再来看一个禅宗故事：

有位青年脾气暴躁，爱发怒，常跟别人打架，因此很多人都不喜欢他。

有一天，这位青年无意中游荡到寺院，碰巧听到一位禅师正在说法。他听完后发誓痛改前非，于是对禅师说：“师父！我以后再也不跟人家打架口角了，免得人见人烦，就算是别人往我脸上吐口水，也只是忍耐地擦去，默默地承受。”

禅师听了青年的话，笑着说：“哎，何必呢，就让唾沫自己干了吧，不必去擦掉！”

青年听了，有些惊讶，于是问禅师：“那怎么可能呢？为什么要这样忍受啊？”

禅师说：“这没有什么能不能忍受的，你就把它当做是蚊虫之类停在脸上，不值得与它打架或者骂它，虽然被吐了唾沫，但并不是什么侮辱，就微笑地接受吧！”

青年又问：“如果对方不是吐唾沫，而是用拳头打过来时，那可怎么办呢？”

禅师回答：“这不一样嘛！不要太在意！这只不过一拳而已。”

青年听了，认为禅师说的实在是岂有此理，终于忍耐不住，忽然举起拳头，向禅师的头上打了去，并问：“和尚，现在怎么办？”

禅师非常关切地说：“我的头硬得像石头，没什么感觉，倒是你的手大概打痛了吧？”

青年愣在那里，实在无话可说了。

“万法常空灭，无生因忍全。”忍耐是禅定修习的关键，当一个人能持戒且能创造适当的情境时，忍耐才得以发展，如此，他不只是因为那是痛苦的、不愉快的，或要试着熬过去而强行忍受，忍耐可借能量之助而得以轻易地发挥出来。如果没有能量，就无法忍耐。能量来源于哪？能量来源于包容之心。

云居山有本书叫《禅门拈颂》，里面记载一位居士来问禅：“禅师啊！我家中有一个大锅，用它做饭，一千人吃不完，三人吃不足。可以吗？”禅师听完，自言自语道：“若有辞让而吃，一千人也吃不完，若为了多吃而争，三人也不够吃。”

有忍耐包容之心，才会有辞让的能量。唐朝智常大师讲了同样的道理。江州刺史李渤质疑佛经上所说的“须弥藏芥子，芥子纳须弥”这句话，他说：“未免太玄妙离奇，小小的芥子，怎么可能容纳那么大的一座须弥山呢？这实在是太不懂常识了，是在骗人吧？”智常大师轻轻一笑，转而问他：“人家说你‘读书破万卷’，是否真有这回事呢？”

“当然了！当然了！我何止读书破万卷啊？”李渤显出一派得意洋洋的样子。

“那么你读过的万卷书现在保存在哪里呢？”智常大师顺着话题问李渤。

李渤抬手指着头脑说：“当然都保存在这里了！”

智常大师说：“奇怪，我看你的头颅只有椰子那么大，怎么可能装得下万卷书呢？莫非你也在骗人吗？”

李渤听了之后，立即恍然大悟，豁然开朗。

大与小是相对的，一花一世界，精彩又无限。人的心脏虽小，而人的心灵世界却非常大。可以装下一切，包容所有。

同为“唐宋八大家”的王安石与苏东坡，政见却不同，王安石大力提倡变法，而苏东坡坚决反对，所以两人的关系不好，是一对政敌。

北宋神宗年间，苏轼因为反对王安石的新法，并在自己的诗文中表露了对新政的不满。由于苏轼是当时文坛领袖，王安石认为任由苏轼的诗词在社会上传播对新政的推行很不利，于是他在神宗的默许下，把苏轼抓进乌台，一关就是 4 个月。王安石手下人每天逼他交代他以前写的诗的由来和词句中典故的出处。这就是著名的“乌台诗案”。

办案的一帮御史李定、舒亶、王圭等，欲置苏轼于死地而后快，而且“证据确凿”，白纸黑字，但杀还是不杀，神宗一时举棋不定。关键时刻，已罢相退居金陵的王安石上书说：“安有盛世而杀才士乎？”据说，乌台诗案的结果最后取决于王安石的这一句话！

王安石还是有雅量的，到最后对政敌能够宽大为怀。若换个无心量的人，朝庭杀了其政敌，岂不正中下怀，赶快落井下石看热闹，怎么可能替他出头，为他求情？王安石光明磊落，胸怀坦荡，真正的宰相度量。

不必处处占人上风

由观五义，以灭嗔恚：一、观一切众生，无始以来，于我有恩。二、观一切众生，常念念灭；三、观唯法，无有众生，何者能损所损；四观一切众生，皆自受苦，云何复加之以苦；五观一切众生，皆是我子，云何欲生损害。

——《摄论》

佛教主张对所有人所有事都须忍，前提是因为众生都是亲人，没有什么不可原谅的，即使人家伤害了你，也得宽容。一切相遇是缘分，不忍就是糟踏缘分，使“缘起”导向“恶因”，以致造成“恶果”，真是不觉悟的错妄！

唐朝临济禅师云游到金牛禅师处时，金牛禅师一看到临济禅师，就把禅杖横过去挡住门。临济禅师用手敲打禅杖三下，然后回头就往禅堂里的首座位置上坐下。

金牛禅师看到这种情形，不悦地说：“凡是行脚云游的学僧，在谒见寺院禅主时，无不按照一定参学规矩，行宾主之礼，你是从哪里里来的？为什么连这点基本的礼节行仪都不懂？”

临济禅师诚恳地回答道：“我不知道老禅师您在说什么？我敲打禅杖三下，不是早就跟您行礼打招呼了吗？”

金牛禅师听后，更加不满对方这种回答，刚要开口，只见临济禅师就动手用禅杖向他打来。

金牛禅师挨了一下打之后，若有所悟。

临济禅师却又忽然道：“我今天不方便！”

金牛禅师顺手一掌打去，口中道："我此时倒很方便！"

临济禅师挨了一掌，反而哈哈大笑道："的确不错！我们今天不方便遇到了方便！"

后来，沩山禅师问仰山禅师道："这两位前辈的对话，到底哪一个占了上风？"

仰山禅师回答道："占上风者上风，居下风者下风！"

此话一出，旁边座主不以为然地道："占上风者未必上风，居下风者未必下风，上风何在？下风何在？"

仰山禅师和沩山禅师不约而同地说道："正如座主所说，无风起浪！"

两位禅师相互打斗，不是他们本有的品性，而是以此告诉弟子：人与人打过来、斗过去，没有真正的输赢，而造成的是彼此"不方便"，谁也占不了上风。

有一种人处处好勇斗狠，占人上风，总有一天会遇到更厉害的角色，把自己逼到下风。所以爱占上风是种不好的德性，要改掉。唐代光禄卿王守和，从不与人发生争执，曾在书桌上写了一个很大的"忍"字，帏帐之中也绣了"忍"字。唐明皇认为王守和的姓氏和名字好像是诽谤当时的政治，于是召见他，问道："你的名字叫守和，已经知道你不喜欢争斗；现在又喜欢写'忍'字,更看出了你的用心所在。"王守和回答说："我听说坚硬的东西容易被折断，万事之中，以忍为先。"唐明皇称赞道："好。"并赏赐他锦帛以示表彰。

人与人相处，难免有意见不合的时候，难免会发生纠纷。可人们习惯认为别人错、自己对，总是忍不住想问别人："为什么你就是不懂我的心呢？"

这种人喜欢责怪别人，认为别人不能设身处地站在他的立场，他却很少想想自己有没有"设身处地"为别人想过。所谓"初念浅，转念深"，有时候，在行动之前，先转念思考一下，或许能让自己对事情有不一样的判断，继而能冷却心中的怒火，以平和有效的方法来解决问题。

佛经上记载，当初释迦牟尼在山里修行时，恰巧遇到国王歌利王率领众人前来狩猎。歌利王一见到释迦牟尼，就问他山中哪里有野兽。

释迦牟尼心中感到很为难，他忍不住想："如果照实告诉他，那么就等于杀了野兽，心中实在不忍；但不实话实说，又是说谎，心里也是百般不愿意。"于是，他决定沉默不语。

歌利王见他不言不语的态度，不禁大怒，命人砍掉了他一只手臂。

尽管遇到这样的暴行，释迦牟尼并不因此发怒，只是起誓说："等我成佛后，一定要先将此人超度，不许天下人仿效他做坏事。"

能宽容一个砍掉自己的手臂的人，能原谅一个如此伤害自己的人，还有什么不能宽容、不能原谅的呢？所谓佛法无边，恐怕先要心胸无边吧。释迦牟尼能有如此宽阔的胸襟，无怪乎能顺利成佛，进而普度凡人众生。

不管是身上的伤害或是心灵上的创伤，都一定会让人感到痛苦，但是如果坚持互相仇恨，相互报复，只会让伤口永远无法复合，永远血淋淋、令人痛楚，冤冤相报何时了？

事实往往是这样：在自己"有理"的情况下而不饶恕对方，"有理"就会转化为"无理"——对方的"因"在自己身上结上"果"，自己回之以"恶"，恶又成为"因"，它的"果"就可能再由自己承受。生活中突然出现冲突，一定要冷静。若错在自己立即说一声"对不起"。错在对方，也以大度的情怀对待，当对方已经做出道歉，就原谅人家。冲突处理得越快，对相互之间的影响就越小。

有个故事，说一个居士在天刚刚亮的时候兴冲冲地抱着一束鲜花及供果，赶到大佛寺想参加寺院的早课，谁知才一踏进大殿，左侧突然跑出一个人，正好与他撞个满怀，将捧着的水果，撞翻在地。居士看到满地的水果，忍不住吼道："你看！你这么粗心，把我供佛的水果全部撞翻了，你怎么给我一个交待？"

这个人非常不满地说："撞翻已经撞翻，顶多说一声对不起就够了，你干嘛这么凶？"

居士生气地说："你这是什么态度？自己错了还要怪人！"

就在两个人彼此指责不休的时候，广圄禅师正好从这里经过，他问明原委之后，开示道："莽撞的行走是不应该的，但是不肯接受别人的道歉也是不对的，这都是愚蠢不堪的行为。能坦诚地承认自己过失及接受别人的道歉，才是智者的举止。想想看，为了一点小事，一大早就破坏了一片虔诚的心境，值得吗？"

听了这番话，撞人者说："禅师！我错了，实在太冒失了！"他转身向居士行了个礼，说："我实在太愚痴了！请接受我至诚的道歉！"

居士忙还礼，由衷地说："我也有不对的地方，不该为点小事就发脾气，实在太小心眼了！"

忍耐中寻找翻身机会

一切法得成于忍。 ——《金刚经》

佛教重视忍，是因为每个人身上有两个“我”，一个是“妄我”，即幻相“假我”；一个是“真我”。如若只认前者，那么必然陷入“执妄”，迷惑而不聪明；而觉悟者“出离心”，即把“妄我”甩掉，获得智慧。

对此，《维摩诘经》说：“示行嗔恚，于诸众生，无有恚碍。”意思是说，行菩萨道的人，天天发脾气骂人，但是内心是慈悲的，对一切众生是没有怨恨的。等于是父母老师，为了孩子好而打骂，但内心可是在流泪的。

又说：“示行愚痴，而以智慧调伏其心。”行菩萨道的人，比众生还要愚痴多情，其实表现出来的愚痴只是方便。他的作为只是“欲令入佛道，先以欲钩牵”，众生都为欲所困，他不能不用欲来化欲。

在唐太宗执政的时代，有一个叫裴略的人善于领会“示行愚痴”，他于忍耐中寻找成功的机会。裴略出身高级官员之家，得以成为唐太宗时期的一个宫廷侍卫。他头脑灵活，为人机警，当了两年多的宫中侍卫，长了很多见识，也认识了许多朝廷大臣。

这一年，裴略参加了兵部主持的武官考试。考完后裴略自我感觉不错，觉得很有把握被录取。谁知到了开榜之日，裴略竟名落孙山。气恼之余，他想去找宰相温彦博申诉，或许能争得一个转折的机会。反正是死马当活马医，成功了是意外，不成功也无所失，裴略抱着这样的心理去见温宰相。

裴略是宫中侍卫，没费什么周折，便进入宰相官邸。正巧，兵部尚书杜如晦也在温家，二人在客厅饮茶交谈，已有一会儿了。

裴略一见杜如晦也在座，感到来的不是时候，上前施礼后，便临时改换了一个话题。裴略彬彬有礼地对温、杜二人说：“我在宫中干了几年，长了不少见识，我觉得自己能明辨事理，记忆力极好，尤其对语言特别敏感，别人说一段话，我能一字不漏地复述下来，如果在朝廷做个通事舍人，我相信是非常称职的。”

温彦博一听，笑了起来，心想：真是一个自命不凡的人。他看了看杜如晦，见他没有开口说话的意思，便对裴略说："太宗皇帝爱才惜才，古今少有，但皇上量材录用，视能授职，要通过一定的考试程序。前不久兵部主持的考试，就是为了选拔人材，你参加了这次考试没有？"

裴略接口说："我不但参加了，而且考得很好；但也许是考官们那天喝多了酒，醉眼昏花，录取时把我的名字给弄丢了。"

温彦博哈哈大笑，对杜如晦说："你看，有人到这儿来告你兵部的状了。"

杜如晦从容说道："我真希望有人能对我们兵部的工作提出意见。不过，评卷、复查，手续完备，至今尚未听说过有什么偏差。年轻人，你考得也许是不错，但别人考得更不错哩。这次没被录取，下次再考嘛。"裴略一听，心里凉了半截。杜如晦接着又说："看你这样能说会道的，你还有何才能？"

裴略一听，随即转忧为喜，马上大声说："我会写诗作赋，不信，您出题试试？"

温彦博抬头看到院子甬道两旁的数枝翠竹，于是对裴略说："你就以竹为题，赋诗一首吧。"

裴略低头略一思索，脱口而出："竹，风吹青萧萧。凌冬叶不凋，经春子不熟。虚心未能待国士，皮上何须生节目。"

这首诗抓住竹子外表有节、内里空虚，经冬不凋、经夏无子的特征，讥讽竹子徒有其表而不务实际，以竹喻人，一语双关。

温彦博和杜如晦听罢点点头，露出赞许的目光。温彦博心想：也许他曾经作过这个题目的诗，所以显得敏捷、成熟，便决定换个题目，再试一下。于是又指着屏风对裴略说："你再以屏风为题，作诗一首，好吗？"

裴略随即缓缓走到屏风前，口中吟道："高下八九尺，东西六七步。突兀当庭坐，几许遮贤路。"

他略一停顿后，突然亮开嗓门大声说："当今圣明在上，大敞四门以待天下士人，君是何人，竟在此访贤？"话音刚落，伸出双手"哗"地一声，将屏风推倒在地。裴略出语惊人，行动更是出人意表。这首诗，这番话，明里说的是屏风挡道，实际暗示当权者不识人才，堵塞贤路。裴略说话时，吐字清晰，语调铿锵，声音宏亮，落落大方。

温彦博笑着对杜如晦说："你听出来没有？年轻人的弦外之音，是讽刺我温彦博哩。"

裴略随即接口，一面比划着自己的臂膀和肚皮，一面说："不但刺膊（博），还刺肚（杜）呢。”温彦博和杜如晦不觉被他的机敏逗得哈哈大笑。

没过几天，补齐必要的手续后，裴略被朝廷授予陪戎校尉，一个从九品的小官。官职虽小，但裴略毕竟是正式进入了仕途。裴略具有“以欲化”的策略，用智慧“调伏”对方，而非动粗打骂，真是恰到好处。这种似忍非忍而寓忍于动的妙谛，需要认真琢磨，细细思量。

在怀才不遇的情况下，忍是积极的忍，而不是消极的忍，是积极进取，用自己的才华，让世人认识自己，而不是忍气吞声，不再奋斗。奋斗与不奋斗所获得的结果是完全不同的。

忍小节，成大事

大象不游于兔径，大悟不拘于小节。——《证道歌》

唐代著名高僧永嘉禅师，在《证道歌》中说：“大象不游于兔径，大悟不拘于小节。”有人理解：可以马马虎虎，不用守戒律了。这是错误的，这里的“小节”是指小乘道。声闻道、缘觉道都是小乘。为什么叫小乘？小乘见小，所见有限。禅宗大师形容小乘是担板汉，形容担着条板走，只看得到前方而已。小乘行小，行愿小，只想逃避现实、成就自己、了生脱死，不敢入世。见小、行小，因此定也小，所以只成就了出离三界的小乘无漏果而已。

可见，不能以表相来看人，也不可以一件小事来妄断人的好坏。这就需要修炼“忍耐”的功夫，冷静地看人论事。

从前，有一个禅师四处云游参禅。有一天，忽然下了雨，他就近躲到一个肉铺里避雨。一会儿，来了一个买肉的人，对老板说：“给我割一斤好肉，我全要瘦肉，不要肥的。”

老板说：“好呵！我这一刀切给你的都是瘦肉。”

买主称心如意地走了。过了一会儿，又来了一个人说：“老板，我买一斤肥肉，炼油用，不要瘦肉。”

老板说：“好！给你一刀肥肉。”

这人也称心而去了。

又来了一个人说：“老板，我要一斤又肥又瘦的五花肉。”

老板说："好，我给你切一刀肥瘦相半的好肉。"

买主也称心而去。

老板说："看呵！我这里块块都是好肉。"

禅师听了，当下大悟。的确，这个猪肉哪里为好、哪里是坏呢？完全是买肉人的心在分别。而这分别心又是多年养成的习气所产生的知见。你养成喜欢吃瘦肉的习惯，就讨厌肥肉，于是说瘦肉好，肥肉不好；你的习惯是喜欢吃肥肉，就认为瘦肉不好，肥肉好。就像人们常说的："萝卜青菜，各有所爱。"

其实，瘦肉和肥肉，萝卜和青菜，事物的本身并没有好坏之分，之所以有好有坏，完全是由于人的生活习惯、人的喜恶而形成的妄想知见所致。倘若习气消除了，妄想没有了，哪里还有好有坏呢？

忍小节，就是不去纠缠小节、小问题，要宽恕待人，用人之长。《劝忍百箴》中认为：顾全大局的人，不拘泥于区区小节；要做大事的人，不追究一些细碎小事；观赏大玉圭的人，不细考察它的小疵；得巨材的人，不为其上的蠹蛀而怏怏不乐。因为一点瑕疵就扔掉玉圭，就永远也得不到完美的美玉；因为一点蠹蚀就扔掉木材，天下就没有完美的良材。

春秋战国时代，首先称霸的是齐桓公，而齐桓公称霸，全靠他的参谋管仲。桓公名小白，原是齐国公子。管仲原本是小白之兄公子纠的老师。齐国的君主僖公死后，各公子相互争夺王位，到最后剩下公子小白与公子纠争夺。管仲为了替公子纠争王位，还曾用箭射伤公子小白。争夺的结果是小白回到齐国继承了王位，成为齐桓公。帮助公子纠争王位的鲁国在与齐国交战中大败，只得求和。桓公要求鲁国处死纠，并交出管仲。

消息传出后，大家都同情管仲，因为被遣送到敌方去无疑是要被折磨致死。有人建议说："管仲啊！与其厚着脸皮被送到敌方去，不如自己先自杀。"但管仲笑道："如果要杀我，当该和主君一起被杀了，如今还找我去，就不会杀我。"就这样，管仲被押回齐国。意外的是，桓公马上任用管仲为宰相，这连管仲自己都没有想到。

齐国统治山东半岛一带，从整个中国来看，只不过是东边的一个小国。如何使这个小国登上天下霸主的地位，这是管仲日夜思索的问题。

他决心要先整顿"法制"，谋求中央集权的强国富民政策。人性本是趋利避害的，因而必须实行以法为基准、赏罚分明的政治，以达成严格的君民统治。而富足民生、拉拢人心更是成为明君之大道。此外，还需同时致力于远播威名于四海的工作。这些思想不只是小国思想，也是称霸天下的统治思想。

齐国与鲁国相邻，由于国界绵延相连，武力冲突不断。齐桓公5年，齐国打败鲁国，鲁国只得割让自己一块土地求和。鲁王与将军曹沫一起前往齐国谈和。议谈中，曹沫突然站起来举起短剑抵在齐桓公胸前，以必死的眼光逼视着桓公说："我鲁国是个小国，如今由于大王的侵略，国土越发狭小，无论如何请齐王退回所夺去的土地。"

"我答应。"桓公只得听命。

"那么，就在这里订下归还土地的盟约吧！"

由于短剑抵在桓公胸前，谁也不敢插手，于是签订了归还土地的盟约。

桓公为了保命才归还土地，并非真的要归还，于是在鲁王离去后，立即向群臣说："盟约另行书写，绝不退出占领地，原有盟约无效。"此时管仲劝谏桓公道："主君的心情我理解，但那样做必定因小失大。轻易破坏既定的法则，失信于诸侯，将会失去天下最重要的后盾，千万不要迷恋于这样小的土地。"

桓公立刻冷静下来，接受管仲的建议，收兵而返。这件事很快传到邻近诸侯的耳里，大家传颂齐王的果断，更敬畏桓公的英勇，齐国的信誉大大提高了。

齐国北方的燕国受到异民族——山戎的攻打，因而求救于齐国。齐桓公出兵征讨山戎，燕王为了感谢，亲自把桓公送回齐国境内。这在当时是违反礼法的行为，因为越境送别只限于对待公子。桓公在自己与燕王之间挖了一道鸿沟，把燕王所到之齐地都给了燕国。

桓公赠给燕王一部分领土，小小的恩惠却得到很大的利益，诸侯听说桓公所为，均归顺齐国，齐桓公霸业乃成。

可见，忍"小节"能成大事！正所谓"一年之计，如植谷；十年之计，如植树；终身之计，如植人。一分耕耘一分收获是为谷，一分耕耘十分收获是为权，一分耕耘百分收获是人才。"这是一笔时间账，你应该会算。得饶人时饶人，宽容是一种感情投资，一定有丰厚的回报。与其报复一个得罪了自己的人，不如"君子不念旧恶"，树一个为人大度的形象。

第六章
执著产生烦恼

执著指片面而孤立地理解并固执事物的妄情和妄想，产生强迫症，不能超脱。佛教执著分为两种，一是人我执，二是法我执。人我执就是人们认为自己是真实存在的，法我执就是认为法是真实存在的。

放下心中的包袱

不会拘泥之人，就不会畏缩，那些拘泥不化的人，会从这个状态一直执著到那个状态，永远不能超越轮回。

——佛陀

佛教所说的“执著”，意指由虚妄、分别之心，对事物或事理固执不舍。一个人若完全固执已见，拘泥不化，显然不能客观且正确地观察事物，导致失误的判断。因此，有执著心不是好现象，后果亦不堪设想。

人的一切烦恼，源自执著，但世人常被欲望俘虏，对于周遭的种种却都执著不放，殊不知烦恼随后而来。人为了“得到”，费尽心力，可等“得到”之后，又抓着不放，终日惶惶不安，如此快乐何来？

一个可怜的年轻人背着一个大包袱，千里迢迢地跑来找无可禅师，他说：“尊敬的无可禅师，我是那样的孤独、痛苦和寂寞，走了这么远的路我感到很累；我的鞋子破了，双脚被荆棘割破了，手也受伤了，流血不止；嗓子也因为长期的呼喊而沙哑了，可是我为什么还是找不到心中的太阳呢？”

无可禅师问："你背的大包袱里装的都是什么？"

年轻人说："它对我来说可重要了，里面装的是我每一次跌倒的痛苦，每一次受伤后的哭泣，每一次孤独时的烦恼，就是靠着它，我才走到您这儿来的。"

听完这些话后，无可禅师带着年轻人来到河边，他们坐船过了河，上岸后，无可禅师说："你扛着船赶路吧。"

"什么，你让我扛着船赶路？它那么沉，我扛得动吗？"年轻人惊讶地问。

无可禅师微微一笑，对他说："是的，年轻人，你的确扛不动它。过河时，船是让我们过河用的，但过了河，我们就应该放下船赶路，不然的话，这条船就会成为我们的包袱了。痛苦、孤独、寂寞、灾难和眼泪，这些对人生都是有用的，它使我们的生命得到了升华，但是我们永远记着不忘，它们就会成为我们的包袱。放下它们吧！年轻人，走过一段人生，就要检查一下自己的背包，只带上自己必要的东西，把其余的全部扔掉，我们扛不动太沉重的东西，这一点每个人都一样。"

年轻人放下包袱，继续赶路，他发觉自己的脚步轻松而愉悦，比以前快得多，而且心情也很愉快，他感觉心中已经充满阳光了。

在人生的旅途上，我们会经过一个个驿站，每一个驿站，无论是快乐还是忧伤，无论是希望还是绝望，智者都会从中得到一些收获。但如果把这些东西全部收集起来，永远带在身上，就无法把握和选择现在的生活，所以有些东西我们必须得放下。

苏东坡在官场上经历了一次次从生到死，死而复生的生命的洗礼后，深味佛教文化，一切趋于虚无缥缈，泰山亦若过眼烟云，尘世的纷争又与己何干？摆脱了俗世的纠葛，心归于平静自然，于是经历了一次次精神的升华，无论是在文学成就上，还是人生价值观上都达到了其人生的新境界。原先建立起来的霸道而毕露锋芒的人生价值坐标渐渐模糊、淡化，取而代之的是成熟而安于现状的新的人生航图。名利、权势淡出人生舞台，淡然、孤寂悄然登场。

苏东坡的创作高峰是在"乌台诗案"贬谪黄州之后的日子，他表现出禅的超然与洒脱。他远离了京城，远离了官场斗争，放下了沉重的政治包袱。虽然仍身负黄州团练副使的头衔，但他已经开始反思，感觉到文化与政治在自己体内的冲撞无法调和，切实地感觉到自己在政治前途上已经有心无力。这种政治上的挫败感是他从来没有感觉到的，他感到无助，感到匮乏，急需要找到自己精神上的依托。他开始展露成熟后的睿智与豁达，开始试着放弃曾经令他热血沸腾的政治地位——消极从政。这种放弃是无声而具有震撼力量的，这标志着苏东坡将以一个文人固有的姿态全身心地投入到文学创作之中。

苏东坡放下包袱，然后完成了自己从政治生活向常规生活的过渡。这种过渡决非是逃避而是顺其自然的选择。险象环生的政治生活为后来大彻大悟的常规生活提供了充足的原料，大彻大悟的常规生活又是对险象环生的政治生活的归纳与总结。如果他执著于权力的欲求，陷于政治斗争，那么我们也就看不到历史上大智大慧、幽默风趣的苏东坡了。

佛教认为，一般人较执著于“我执”，凡事以自我为中心，例如怕衰老的人希望永远保持年轻，富人希望一直家财万贯，有权势者不肯放弃眼前地位等等。这些全缘于“我执”，而昧于“万物无常”的道理。世上的一切没有永远不变的道理，如地球、宇宙也不停地变，人类又何尝能离开“无常”呢？面对得失，坦然比执著好，很多东西，你是抓不住的，不如松下手，放下包袱，获得“自如”快乐。

学会给自己松绑

心若住法，名为自缚。

——《六祖坛经》

四祖道信禅师还没有悟道时，曾经向三祖僧璨禅师请教。道信虔诚地请教道：“我觉得人生太苦恼了，希望你给我指引一条解脱的道路。”三祖僧璨禅师反问道：“是谁在捆绑着你？”道信想了想，如是回答道：“没有人捆绑着我。”三祖僧璨禅师笑道：“既然没有人捆绑着你，你就是自由的，就已经是解脱了，你何必还要寻求解脱呢？”

后来石头希迁禅师在传法时，将这种活泼机智的禅机发挥到极致。有一个学僧问希迁禅师：“怎么才能解脱呢？”希迁禅师回答：“谁捆绑着你？”学僧又问：“怎能求得一方净土呢？”希迁禅师回答道：“谁污染了你？”学僧继续追问：“怎么样才能达到涅槃永生的境界呢？”希迁禅师回答：“谁给了你生与死？谁告诉你生与死有区别？”

禅师认为人不快乐，是因为一生有太多的绳索捆绑着自己，以致于心灵常常感到窒息。松开身心的捆绑，揭去灵魂的面纱，抛开凡尘的困扰，还人生本来的面目。放飞思想，襟怀坦荡，让目光更高远，让生活更精彩，无拘无束，自由自在。

有个人在一家单位工作两年多了，他时常有一种想逃离的冲动。他用一种无奈的状态换回了老板的青睐，以为自己能好好地发挥了，可是新的定位依然是那么模糊。一种无奈的心态再次迸发。接着，他用一种平静的心态看待现在的人生瓶颈状态，以为自己能好好地安下心来工作，完成一个可以成就自己的项目。但这样的心态只存在了一周。他不知所措，有些迷茫。为了更好的生存环境和生活状态，他想逃离，远远地逃离……

这个人因心不能踏实,感到浮躁,从而厌倦工作,以及厌倦生活。他要逃离，逃得越远越好。为什么会这样呢？原因就是他把自己绑得太紧，只有绑得紧的人才会挣扎，才会产生逃离的念头。

日本著名作家川端康成获得诺贝尔文学奖之后，成为世界名人，于是他常被官方、民间各种人士包围，包括电视广告商都拉着他去做这做那。他心慈面软不忍拒绝，又不擅长应酬、不会推托，加上做事认真、不懂敷衍，结果陷于忙乱的俗事重围，不知如何解脱，终于以自杀了结一生。

川端康成临终前还在为筹款而忙忙碌碌，搞得心力交瘁，心情也变得十分沉重。这可能是促使他厌世自杀的一个重要原因。

许多人都感叹自己负担沉重，生活、工作事务繁重，结果一忙就乱，而乱中最易出错。有时候，当自己被人拉着去做这做那时，就以为这是表现自己才干或拓展事业的大好机会，并以别人“瞧得起自己”而沾沾自喜。

殊不知，这是一种人生的错觉。有了这个错觉之后，人就会忙许多自己不该忙的事情，反而将自己最该做的事情忽略了。这其实并不是能干，而是生命和才力的浪费。

毕竟人的时间和精力都是有限的，在有生之年能够把握住自己真正的志趣和才华，专心致志、有计划地做下去，才可能有所成就。所以说，人要想做自己命运的主宰，不但要有定力，而且要不执著，懂得选择和放弃。这才是促成一个人事业成功的重要因素。

与忙来忙去、无事也要瞎忙的人相反，有的人可能走向另一个极端，那就是整天无所事事，倍感闲极无聊，常常不知道如何打发自己的时间。

这是对自己生命和才华的另一种浪费，同样需要警惕。尤其人生中有很多重要的事情需要去做。太累了，你会迷失自己；太闲了，你同样会迷失自己。所以你要掌握好累与闲的关系，做到一张一弛，这样你就不会迷失自己了。

惠能说："心若住法，名为自缚。"一个人如果做到了"于一切法勿有执著"，那么自然整个身心就流通了，也就是无论何时何地，在我们的工作和生活中都不要忘记某个东西，同时也不要执著于这个东西。

这实际上就是"一行三昧"。一行，即行住坐卧，任何的状况，都保持实相的、智慧的心。三昧，又称"正定"，不强迫、不压抑。就是一切放下，全体放下，对事不要执著，对法也不要执著，若认为有个法妙得很，自己很得好处，舍不得放下，那么这个很妙的法就在这里把你障住了，把你缚住了，也就是自己把自己缚住了。

要自由就不要执著，必须给自己松绑。生活给予我们每个人的都是一座丰富的宝库，但是首要的条件是必须把捆在自己身上的绳子解掉，才能去拿宝物，而拿宝物时也不能执著，否则解开一根绳索，又被另一根绳索捆绑，因贪婪于宝物而生命难以承载，结果什么也没能拿到。

懂得必要的忘记

色不异空，空不异色，色即是空，空即是色，受想行识亦复如是。

——《般若心经》

《心经》告诉人们"色不异空，空不异色"，意思无非是超脱俗世之后，色即成了空无，什么也不是，什么也没有了，所以最后空无也是色，是色的另外境界。对外缘境界不要妄想分别执著。如果这个道理不明白，往佛像里装《心经》又有什么用呢?

有一年深秋，坦山和尚打算拜访一位他仰慕已久的高僧。那位高僧是几百里之外一座寺庙的住持。临出门的那个早上，天空阴沉得可怕，远处不时传来阵阵雷声。

跟随坦山一同出门的小和尚犹豫了，轻声嘟哝："快下雨了，还是等雨停后再走吧。"

坦山连头都不抬，拿着伞就跨出了门，边走边说："出家人何惧风雨。"

小和尚只好紧随其后。才走了半里山路，瓢泼大雨倾盆而下。雨越下越大，风越刮越猛，坦山和小和尚合撑着伞，顶风冒雨，互相搀扶着深一脚浅一脚艰难地行进着。走了大半天也没遇上一个人。

前面的路越走越泥泞，好几次小和尚都差一点滑倒，幸亏坦山及时拉住了他。走着走着，小和尚突然站住了，两眼呆呆地看着前方。坦山顺着他的目光望去，见不远处的路边站着一位妙龄女郎。四周是荒芜人烟的乡野，又下着滂沱大雨，难怪小和尚吃惊得发呆呢！

这真是一位罕见的美女，标致秀美的脸上两道弯弯的黛眉，长着一对晶莹闪亮的大眼睛，挺直的鼻梁下是一张鲜红欲滴的樱桃小口。然而，她此刻秀眉紧皱，面有难色。原来她穿着一身簇新光鲜的绸布衣裙，脚下却是一片泥潭，她怕跨过去时弄脏了衣服，正犯愁呢。

坦山大步走上前去，说："姑娘，让我来帮你。"说完，他伸出双臂，将姑娘抱过了那片泥潭。

接着，一路行来，小和尚一直闷闷不乐地跟在坦山身后走着，也不要师父搀扶了。傍晚时分，雨终于停了，天边露出了一抹淡淡的晚霞。坦山和小和尚找到一个小客栈投宿。直到吃完饭，坦山洗脚准备上床休息时，小和尚终于忍不住开口说话了："我们出家人应当不杀生、不偷盗、不淫邪、不妄语、不饮酒，尤其是年轻美貌的女子更是不可接近，今天您怎么可以抱着她呢？"

坦山愣了一下，然后微笑着说："噢，原来你是说我们路上遇到的女子。可我早就把她放下了，难道你还一直抱着她么？"

做人做事，都要心中坦荡荡，一切都拿得起、放得下。人有旦夕祸福，古往今来，天灾人祸，留下多少伤痛，如果一一记住它们，人类早就失去了生存的勇气。没有"忘记"的生存，是痛苦的生存。要活下去，就不能记得太多。忘却，在某些时候是值得赞赏推崇的，某种意义上说，人类是在忘却中前进的。

忘记，在我们的日常生活中，是一件极为常见的事情，同时也是一件非常重要的事情。人生在世不可能万事都顺利。因此，每个人都会遇到紧张、挫折乃至失败，这样渐渐地就形成了情绪。如果总是处理不好情绪，必然会给自己的生活带来负面影响。

为了提高生活质量，我们必须学会忘记，调整和改善精神状态。心理学家柏格森说："脑子的作用不仅仅是帮助我们记忆，而且帮助我们忘却。"其用意就在于提醒人们，要不停地对自己不健康的情绪进行清理和调整。

一个聪明的人是不会为自己的情绪所困扰的，他通常能够把恼人的往事放在一边，而让愉快的心情时时陪伴着自己，实际上也只有这样，才会有旺盛的精神与体力去学习、工作、生活。从这个意义上讲，忘却是人生的一种智慧。

古代有位高僧在给慕名前来学佛的人第一次讲道理时，他先拿了一满杯黑颜色的水，然后再往这杯子里倒清水。水不断外溢，而杯中水仍有黑颜色混在其中。这时，那高僧对求佛者说："要想得到一杯清水，必先倒掉脏水，洗净杯子，任何事情都是如此。"

然而，忘记毕竟不是一件轻而易举的事情。尤其是忘却悲伤、惨痛、屈辱之类的往事，更是不容易办到。因为，它们是你的痛、你的悔，是划在你心灵上的一道淌血的伤痕。不过，假如你不忘却它们，自己的灵魂就会被它们一点一点地腐蚀。既然如此，我们为什么不"潇洒走一回"呢？

在现实生活中，我们不单要忘记不愉快的往事，也要学会放得下那些令自己感觉得意和沾沾自喜的往事。这些事情对于不能够有效地控制自己的人来说，是很容易"执著"于虚妄的。当你一旦忘记了它们，你的人生观、价值观就会减少偏差，你生命中真正的祥和会显现出来。从心理学的角度看，无论令你无法释怀而快乐的往事，还是悲伤与憎恨，它们都会使你与现实生活脱节，以至于严重威胁你的心理健康和心智的发展。

放弃是为了成功

心不住法，道即流通。　——《六祖坛经》

什么都抓着不愿放手，反而什么也得不到。

有一个人两手拿了两个花瓶前来献佛。佛陀对他说："放下！"那个人就把他左手拿的花瓶放下了。佛陀又说："放下！"那个人又把他右手拿的花瓶放下。佛陀还是对他说："放下！"那个人说："能放下的我已经都放下了，我现在两手空空，没有什么可以再放下了，你到底让我放下什么呢？"

佛陀说："我让你放下的，你一样也没有放下；我没有让你放下的，你全都放下了。花瓶是否放下并不重要，我要你放下的是你的六根、六尘和六识。你的心已经被这些东西充满了，只有放下这些，你才能从生活的桎梏中解脱出来，才能懂得真正的生活。"那个人终于明白了。

执著有时候会导致失败，而放弃则会走向成功。放弃和锲而不舍并不矛盾。很多时候放弃本身是一种选择，只有选择对了之后才可锲而不舍，否则必撞南墙。

鲁迅放弃了学医，成为文学巨匠。1902年，鲁迅东渡日本，开始在东京弘文学院补习日语，后来进入仙台医学专门学校。他之所以选择学医，意在救治像他父亲那样被庸医所害的病人，改善被讥为"东亚病夫"的中国人的健康状况。鲁迅想通过医学启发中国人的觉悟。但他的这种梦想并没有维持多久，就被严酷的现实粉碎了。

在日本，作为一个弱国子民的鲁迅，经常受到具有军国主义倾向的日本人的歧视。在他们的眼睛里，凡是中国人都是"低能儿"，鲁迅的解剖学成绩是59分，就被他们怀疑为担任解剖课的教师藤野严九郎把考题泄露给了他。这使鲁迅深感作为一个弱国子民的悲哀。

有一次，在上课前放映的幻灯画片中，鲁迅看到一个中国人被日本军队捉住杀头，一群中国人却若无其事地站在旁边看热闹。鲁迅受到极大的刺激。这使他认识到，精神上的麻木比身体上的虚弱更加可怕。要改变中华民族在世界上的悲剧命运，首要的是改变中国人的精神，而有益于改变中国人精神的，则首先是文学和艺术。

于是，鲁迅弃医从文，离开仙台医学专门学校，回到东京，翻译外国文学作品，筹办文学杂志，发表文章，从事文学活动。在当时，他与朋友们讨论最多的是关于中国国民性的问题：怎样才是理想的人性？中国国民性中最缺乏的是什么？它的病根何在？通过这种思考，鲁迅把个人的人生体验同整个中华民族的命运联系起来，奠定了他后来作为一个文学家、思想家的基本思想基础。

放弃是一把锋利的剪刀，生命之树只有剪除病枝赘叶后，才能更显生机勃勃。拒绝放弃，只会作茧自缚，被束缚死在生命的网中。

有两个年轻人，一个叫小山，一个叫小水，他们住在同一个村庄里，从小一起长大，他们是最要好的朋友。由于他们居住的地方很偏僻，谋生不易，于是他们就相约到繁华的地方去做生意，于是同时把田产变卖，带着所有的财产和驴子上路了。

他们首先抵达的是一个生产麻布的地方，小水对小山说："在我们的故乡，麻布是很值钱的东西，我们用所有的钱买麻布，带回故乡一定会换很多钱的。"小山同意了，两人买了麻布，细心地捆绑在驴子背上。

接着，他们又到了一个盛产毛皮的地方，碰巧那里也正好缺少麻布，小水就对小山说："毛皮在我们故乡是更值钱的东西，我们把麻布卖了，换成毛皮，这样不但我们的本钱回收了，说不定还会得到更多利润！"

小山说："不了，我的麻布已经很安稳地捆在驴背上，要搬上搬下多么麻烦呀，我不想再把它搬下来了，你自己换吧。"

小水把麻布全换成毛皮，还多了一笔钱。小山依然有一驴背的麻布。

他们继续前进到一个生产药材的地方，那里天气苦寒，正缺少毛皮和麻布，小水就对小山说："药材在我们故乡是更值钱的东西，你把麻布卖了，我把毛皮卖了，换成药材我们回去一定能赚大钱的。"

小山拍拍驴背上的麻布说："不了，已经走了那么长的路，卸上卸下太麻烦了！"小水把毛皮都换成药材，又赚了一笔钱。小山依然只有一驴背的麻布。

后来，他们来到一个盛产黄金的城市，这里却寸草不生，非常欠缺药材和麻布。小水对小山说："在这里药材和麻布的价钱很高，黄金却很便宜，而我们故乡的黄金则十分昂贵，我们把药材和麻布换成黄金，这一辈子都不愁吃穿了。"

小山再次拒绝了："不！不！我的麻布在驴背上很稳妥，我不想变来变去！"没办法，小水只好自己卖了药材，换成黄金，又赚了一笔钱。小山依然守着那一驴背的麻布。

最后，他们回到了故乡，小山卖了麻布，只得到蝇头小利，和他辛苦的远行不成比例。而小水则带回了一大笔财富，把黄金卖了，便成为当地最大的富豪。

明智的放弃是一种变通，远胜于盲目的执著。坚持与变通并不互相矛盾，因为变通有时就是一种变相的坚持。

摆好自己的位置

世间亦有常乐我净，出世亦有常乐我净，世间法者有字无义，出世间者有字有义。

——《大般涅槃经·寿命品》

很多时候，人的烦恼来源于对自己太在意，当遇到什么好处的时候，总怕少了“我”，于是争先恐后。不放下“我”，自然会与人冲突不断，也就烦恼不断。佛教提倡关爱众生，万物平等，如果执著于“我”，显然无法实现“共生同体”的理想。

在佛教看来，人的生命中存在一种“妄我”与一个“真我”。对此，佛陀举了一个医生开药治病的例子：

有一位国王生病了，来了一个庸医，庸医治疗什么病都用乳药，他不知道各类病的根源起因，虽然明白乳药治不好病，但什么风病呀、冷病呀、热病呀，一切病人都得服他的乳药。

后来，又来了一位明医。明医想方设法把庸医赶跑了。国王为了报答明医，就问明医有什么要求。

明医说：“愿国王宣令国内所有人，从今往后不得再服旧医乳药。为什么呢？因为乳药毒害了许多人。谁要是再服就当斩首。”

国王答应了，宣令一切国内，有病的人都不可视乳为药。如果把乳当成药立即斩首。

可是过了不久，国王又生病了，他问明医如何治疗。明医回答说：“我看国王生了这病，应当服乳。我以前说不可相信乳为药，是大妄语。现在病人只要服了乳就能治病，疗效显著。国王患的是热症，应该马上服乳。”

国王大惑不解，问明医前后原由。明医便将对症下药的道理讲述了一番：“乳能除所有病，它为甘露妙药，除了它其余一切都是毒药。”

国王听后，对明医大加赞扬，说道：“我从今日始知乳药善恶好丑。”说罢，马上宣令一切国内，从今以后当服乳药。

讲完这个故事后，佛陀对面前的一群比丘说：“比丘当知，是诸法，所言我者，如虫食木偶成字耳。是故如来于佛法中唱是无我。为调众生故，为知时故，说是无我。有因缘故亦说有我。如彼良医善知于乳是药非药。非如凡夫所计吾我。凡夫愚人所计我者，或言大如拇指，或如芥子，或如微尘。如来说我悉不如是，是故说言。诸法无我实非无我，何者是我？若法是实是真是常是主是依性不变易者，是名为我。”

什么意思呢？佛陀说诸法无我，并不是真的无我，但因为外道所讲的“我”与“真我”大相径庭，所以为众生方便，先否定了“我”的存在，当悟到一定层次后，再讲“真我”。

佛法的目的是帮助人们在物质世界摆好位置，不可什么利益都为自己考虑，而多为他人着想。你关心别人，别人也会关心你，这样“我”才能实现“真我”。

梁漱溟曾写过一副赠友兼自箴的对联：“无我为大，有本不穷。”他的勇气和信心皆源于佛家精神和儒家精神。冯友兰称赞梁漱溟“百年尽瘁”，无愧为“一代直声”。梁漱溟具有菩萨心肠，他达到了从“无我”到“真我”的境界。他关注民生，一度用寿民或瘦民作笔名，后改名漱溟。梁先生早年就读于北京顺天中学堂，毕业于直隶法政专门学校。1917 年被蔡元培聘为北京大学哲学系讲师，主讲印度哲学，并对佛学进行研究。1924 年辞去北大教职，在山东自办教育，从事乡村建设。

梁漱溟认为，佛法无论在人生观上或本体论上都主张无我论。他说：“佛教三法印，一诸行无常，二诸法无我，三涅槃寂静。顺此印者为佛说，违此印者即非佛说。故佛法在人生观上为无我论，在本体论上又为无我论。”又说：“一切法不出有为无为，有为法虽有作用而不常住，无为法虽常住而无作用，故无常一主宰之我。”同时“大小乘中”也“处处破我”。最后他用十分肯定的语气回答人们说：“然人若问佛法于此之问题为有我论为无我论，则仍答言无我论。”

因为不执著于“我”，所以梁漱溟放下了个人的安乐享受，深入农村调查，搞乡村建设，而他提出的农民合作运动，正是对佛教“无我”思想的推行，他说：“大约在中国农民运动中，应以合作运动为主。我们想从增进他们的和气，以做到生活上的种种合作。好多事情都可以合作，合作不就单属于经济的范围，合作就是创造。由此合作，以谋进一步的人生乐趣。”

佛教文化的实践过程，首先从破除凡夫的“执我”开始。破除凡夫的“执我”，所用的方法是“破有显空”，譬如佛教里说，一切事物，都是因缘合和而有，因缘离散而空，没有一样永恒的东西。金钱、名利、地位、乃至于我相、人相、众生相、寿者相等等，终归都是要破灭的，因此心中多装着别人，为众生谋利益，才是获得福报的途径。

佛教的“无我”说就好像是：既然执著于“我”是痛苦的根源，那么干脆就“无我”吧。但事实上，在佛教经典中，很多地方在“言”上都是“无我”，但在“义”上却都包含着“我”的存在，否则便不能自圆其说。

舍利弗有一次说：“同修啊！涅槃真是快乐！涅槃真是快乐！”优陀夷问他：“可是，舍利弗，我的朋友，如果连感觉都没有了，怎么会有快乐呢？”他说：“没有感觉本身就是快乐。”

我们知道，“快乐”是需要通过感官来感知的，如通过眼、耳、鼻、舌、身，可以感触到色、声、香、味、触等方面的快乐。难道还有某种快乐是没有感觉的？佛教所说的“感觉”不是物质层面的感觉，而是超然的感觉，它所获得的是接近灵性的快乐。感觉到“涅槃快乐”的主体，不言而喻，就是“真我”。

在物质世界中，万事万物皆非恒常，所以它们之间的关系也非恒常，所以也就不可能存在恒常不变的“自性”。而处于虚幻能量中的“我”本身就是变幻不定的，因此这个“我”实际上也是不存在、不真实的。这就是佛陀所言之“缘起性空”的本意。只有抛弃这个“假我”才能解脱。

随缘任运的平常心

外不著相为禅，内心不乱为定。

——《六祖坛经》

佛法是圆融无碍的，但不是文字上的圆融无碍，而是表现在弘化众生过程中的圆融无碍，表现在世间众生领受佛法利益过程中的圆融无碍。不执著于“我”，也不执著于“他”，更不执著于物，这就是所谓的“三体轮空”。

比如，你不求名不求利地帮助过人，事后自己也忘记了，这就是“三体轮空”；还比如，居里夫人是一位伟大的物理学家、化学家，她为科学做出了巨大的贡献，但她却把名利看得很淡，把奖牌当做玩具让女儿玩，也是达到了“三体轮空”的境界。

古代一位禅师，每入定就见一个大蜘蛛来跟他捣乱，惶恐中告知师父。

师父给他一支笔，让他再看到蜘蛛时，在其肚子上画一个圆圈。后来果然又见影像现前，禅师便在蜘蛛的肚子上画了一个圆圈；出定后，却发现圆圈画在了自己的肚皮上。因而禅林有“佛来佛斩，魔来魔斩”之说。“一切有为法，如梦幻泡影”，切不可执著。一执著就会停滞不前，甚至退失道法。执著就是挂碍。

六祖惠能说：“外不著相为禅，内心不乱为定。”一个人能做到于内安宁坦然，于外无牵无挂，这就是禅，这就是定。

有一个小和尚买油的故事，很有意味。庙里的厨师叫一个小和尚去买食用油，并告诫他：“你一定要小心，最近这里经济状况不是很好，你绝对不可以把油洒出去啊。”

小和尚买了油之后往回赶，脑海里浮现厨师严肃的面孔，耳畔响起厨师严厉的告诫，越想越紧张，他小心翼翼地端着装满油的大碗，一步一步地走在山路上，丝毫不敢左顾右盼。

可是，快到庙门口时，由于没有向前看路，结果踩到了一个石头，身子一趔趄，虽然没有摔跤，可却洒掉了三分之一的油。接下来小和尚无法把碗端稳，回到庙里，碗中的油只剩下了一半。

厨师对小和尚大发雷霆，小和尚十分难过地哭了。

老和尚跑来安抚厨师的情绪，并私下对小和尚说：“我再派你去买一次油，这次我要你在回来的途中，多观察你看到的人和事物，并且向我做个报告。”

小和尚想推卸这个任务，但在老和尚的坚持下，只得拿着碗勉强上路了。

回来的途中，小和尚发现其实山路上的风景很美，他边走边看风景，不知不觉回到了庙里，而碗里的油竟一点也没有损失。

什么事越在乎就越紧张，一紧张动作就会变形，做事的状态便不好。在参加竞技活动时，心态要放松，不在意输赢，这反而有益于发挥，创造好成绩。

生活中拥有一颗平常心，就能淡然地面对金钱与权势，泰然地面对成功与失败，坦然地面对风光与平凡，悠然地享受生活给予我们的分分秒秒，点点滴滴。平常心、平常态是健康人生的至高境界。

布勃卡是举世闻名的奥运会撑杆跳冠军，他曾35次创造撑杆跳的世界纪录。作为一名撑杆跳选手，布勃卡曾经也有过一段日子非常苦恼，尽管自己不断地尝试冲击新的高度，但每次都是失败而返。那些日子里，他甚至怀疑自己的潜力。

有一天，他来到训练场。面对高高的标杆，布勃卡禁不住摇头叹息，对教练说：“我实在是跳不过去。”

教练平静地问：“你心里是怎么想的？”

布勃卡如实地回答：“我只要一踏上起跳线，看到那根高悬的标杆时，心里就害怕。”

教练指导他说：“布勃卡，你不妨闭上眼睛，先把你的心从标杆上‘撑’过去！”

教练的指导，让布勃卡如梦初醒，顿时恍然大悟。他重新撑起跳杆又试跳了一次，这一次，布勃卡顺利地一跃而过。于是，一项新的世界记录诞生了，布勃卡再一次超越了自我。

要保持平常心，就得正确地评价自己，不要与自己过不去，不可把目标定得高不可攀，凡事需量力而行，随时调整目标未必是弱者的行为。

面对压力要有心理准备。要充分认识到现代社会的高效率必然带来高竞争性和高挑战性，对于由此产生的某些负面影响要有足够心理准备，免得临时惊慌失措，加重压力。同时要培养自己有一个“慈悲喜舍”的宽大胸怀，爱护众生，与人为善。

第七章 解脱心灵枷锁

人从世俗的欲望中、烦恼中、仇恨贪婪中解脱出来的时候，就会得到心灵的自由。远离痛苦得到快乐，远离热恼得到清凉，远离愚昧得到智慧，远离仇恨得到慈悲，远离贪婪得到少欲知足等等，这些东西都是实现自由的一种方式。

精神自由最快乐

即脱离囚奴束缚的生活，恢复自由自主的地位。——梁启超

佛经中说："人生是大苦聚。"苦的概念包含苦难、痛苦、苦恼、不满意，及缺陷、无常、不实的涵义。这是佛陀对于世间人生的看法，所以佛经中讲苦的地方很多。有人说佛教是专门说苦的宗教，或者说佛教是悲观的宗教。其实，佛教既不悲观，也不乐观，而是通过观察世间人生真相，发觉人生充满了苦恼和缺陷，如实地说出真相，使世人明白。

佛教认为人生有"八苦"：生苦、老苦、病苦、死苦、怨憎会苦（怨仇憎恨的人或事偏偏纷至沓来）、爱别离苦、求不得苦。

为了排除人生疾苦，佛教提出"解脱"。所谓"解脱"就是"离缚得自在"，也可谓脱离被束缚被奴役的生活，而获得自主自由的地位。为此，佛经大力宣传人的自我修养。梁启超对此极为赞赏，认为这种修养是积极而有益于人类的。他说：“解脱，梵名木叉 Moksa，译言离缚得自在。用现在话解释，则解放而得自由。详细点说，即脱离囚奴束缚的生活，恢复自由自主的地位。再详细点说，这些束缚，并非别人加之于我，原来都是自己找来的，解脱不外自己解放自己。因为束缚非自外来，故解脱有可能性。亦正惟因束缚是自己找的，故解脱大不易，非十分努力从事修养不可。”

他将佛家的修养归为“慧解脱”、“心解脱”两种。前者指从哲理和智慧方面求解放，后者谓从情意方面获解放。具体有三点：一、智慧的修养。主要指从哲理上、知识上去理解佛典对人生价值的判断，“一面观察世相，深通因缘和合无常无我之理，不受世俗杂念之所缠绕；一面确认理想界有高纯妙乐之一境，向上录求”。二、意志的修养。分两个层次：一是向“无我”的高峰攀登，去掉一切庸俗的欲望，不要做“我”的奴隶，不要为小事而烦恼；二是为大而高尚的目标奋斗不止，“勇猛”、“精进”、“不退转”。三、感情的修养。就是让世人树立一种同情心，所谓“万法以慈悲为本”。

把精神放在一个相对自由的位置，不执著于物质名利的追求，看重人与人相处的缘分，多些慈悲与关爱，知道自己活着的意义并体味其意义，那么身心就会解放快乐。

一日，无德禅师正在院子里锄草，迎面走过来三位信徒，向他施礼，说道：“人们都说佛教能够解除人生的痛苦，但我们信佛多年，却并不觉得快乐，这是怎么回事呢？”

无德禅师放下锄头，安详地看着他们说：“想快乐并不难，首先要弄明白为什么活着。”

三位信徒你看看我，我看看你，都没料到无德禅师会向他们提出问题。

过了片刻，甲说：“人总不能死吧！死亡太可怕了，所以人要活着。”

乙说：“我现在拚命地劳动，就是为了老的时候能够享受到粮食满仓、子孙满堂的生活。”

丙说：“我可没你那么高的奢望。我必须活着，否则一家老小靠谁养活呢？”

无德禅师笑着说：“怪不得你们得不到快乐，你们想到的只是死亡、年老、被迫劳动，不是理想、信念和责任。没有理想、信念和责任的生活当然是很疲劳、很累的了。”

信徒们不以为然地说：“理想、信念和责任，说说倒是很容易，但总不能当饭吃吧！”

无德禅师说："那你们说有了什么才能快乐呢？"

甲说："有了名誉，就有一切，就能快乐。"

乙说："有了爱情，才有快乐。"

丙说："有了金钱，就能快乐。"

无德禅师说："那我提个问题：为什么有人有了名誉却很烦恼，有了爱情却很痛苦，有了金钱却很忧虑呢？"

信徒们无言以对。

无德禅师说："理想、信念和责任并不是空洞的，而是体现在人们每时每刻的生活中。必须改变生活的观念、态度，生活本身才能有所变化。名誉要服务于大众，才有快乐；爱情要奉献于他人，才有意义；金钱要布施于穷人，才有价值，这种生活才是真正快乐的生活。"

快乐是人类特有的一种心理感受，它与个人占有的财富多少没有内在联系。心态才是我们真正的主人，它能使我们成功，也能使我们失败。一个人能否快乐做事，就看他的心态能否快乐了。

摆脱对死亡的恐惧

世间最可惨者，莫甚于死，而且举世之人，无一能幸免者，以故有心欲自利利人者，不可不早为之计虑也。　　　　——印光大师《临终三大要》

对死亡的痛苦与恐惧是人类普遍的心理，表现在两个方面，一是生命消亡前（佛教所说"四大分离"）肉体的剧痛；其二是对死亡的精神恐惧。因此佛教用"转世"说进行"临终关怀"，认为因疾病而寿尽命终，历经生、老、病、死的过程，都是有福报的人，从而减轻人的痛苦，帮助人从死亡恐惧中解脱出来。

佛教对于死亡及死亡后的世界研究早在1000多年前就已开始。唐代的善导大师是净土宗的创立者，净土宗的基本理论建立在《观无量寿经》及《阿弥陀经》等经典著作中。这些经典，为人们描绘了一个"西方极乐世界"，那是一个没有贫穷、没有病痛、没有贵贱、也没有生死的无限美好的世界。善导大师及其以后的追随者们认为，生命的过程是一个无限痛苦流转的过程，人只有在其生时就发起向往“西方极乐”的信心，才在临命终前不至于为死亡的恐惧所缠绕，他当会意识到，虽然肉体的生命即将结束，但另一个精神生命却得到了“往生”，一个更加美好的世界在等待着自己。

《法句譬喻经》有一个故事：佛在祇园精舍为诸弟子说法时，有一梵志之女，年十四五岁，形貌端正，聪明而有辩才，其父甚为怜爱。然而此女突然得了重病死亡，而且田园熟麦也为野火所烧。梵志经此双重打击，忧恼愁愦，失意恍惚，犹如狂人不能自解。他听人说佛为大圣，天人之师，演说经道，能使人忘忧除患，于是梵志前往佛所，作礼长跪，对佛说：“我没有儿子，唯有一女，非常疼爱，可是她突然得了重病，舍我丧亡，我哀悼悲愍，情不自胜，唯愿世尊，垂神开化，释我忧结。”佛回答道：“世有四事，不可得久，何谓为四？一者有常必无常，二者富贵必贫贱，三者合会必别离，四者强健必当死。”

由此可知，死亡是无情的，不定期的，未必年老方死，也未必父亲死在儿子之前。

有一天，佛弟子马兰卡普特来到佛陀处，请问佛陀：“世尊，人是否有来生？”

佛陀回答：“马兰卡普特呀！如果有一个人已经背后中箭，他应该停下来想想到底是谁射他？还是想想箭是从哪里射出？两者都不是，他应该立刻寻求帮助，拔出那枝箭，治愈箭伤。”

佛陀的意思是，有一个比“有没有来生”更重要的问题——我如何从人生苦海中得到解脱？一个人在生死苦海中浮沉，最重要的是寻求解脱之道。如果没有得到解脱，知道有来生又有何用？与不知道有来生有何两样？况且解脱生死后就不再轮回受苦，彻底解决前生今世、今生来世的问题。诚然，生死学是佛弟子一生必修的一门课程，也是世上所有人生命中最重要的事。

人人都会死，一律平等，诚如一偈中所说：“死至无贫富，无勤修善法；无贵亦无贱，老少无免者；无祈请可救，亦无欺诳处；无捍格得脱，一切无免者。”对于无人能免的死，人们本能地有一种畏惧，很难坦然面对。唐末五代禅僧玄泰在感觉自己将西逝时，作了一《遗偈》：“今年六十五，四大将离主。其道自玄玄，个中无佛祖。不用剃须，不须澡浴。一堆猛火，千足万足。”

在玄泰看来，死就死呗，何可足惜，付之一炬就是了。人本是“四大”和合而成，人死“四大”散，因而根本就没有必要在临死之前大肆张罗一番，“不用剃须”，也“不须澡浴”，一切任其自然。这首禅诗表现了一个觉者超然的生死观，表现了一个悟道者的“真空有无观”。试想，一个“四大”和合的皮囊，哪还用得上净身剃须，一堆猛火则“千足万足”矣。人本自空，终于归空，然而这个空却不是断灭空，而是玄之又玄的妙有。既然一切是空，又谈什么佛什么祖。僧人玄泰之于生死的了然态度，难道于世人没有启发么？

玄泰的《遗偈》表明了佛教坦然超脱、于死不惧、视死如归的“死”观。这样的一种“死”观在五代曹洞宗禅师重云智晖的《辞世并戒门人偈》中亦得到了表现，该诗偈是这样说的：“我有一间舍，父母为修盖。住来八十年，近来觉损坏。早拟移住处，事涉有憎爱。待他摧毁时，彼时无相碍。”

重云智晖禅师把“四大”和合而成的人身比作是一间父母为“我”修盖的一座房舍，人之将死，就是屋舍将坏。屋舍坏了，“我”移个住处就是了；屋舍最终塌毁，“我”已“乔迁新居”，两相无碍，何惧之有？以迁居来喻死，隐含着“生死不二”的无分别境界，因为，死只是迁，而不是灭，“我”从这儿迁到那儿，“我”依然还是“我”，这儿和那儿对“我”又有什么分别呢？

玄泰从“四大皆空”的角度来表达坦然超脱的“死”观，重云智晖则从“生死不二”的角度来表达坦然超脱的“死”观，两者殊途同归。

已故中国佛教协会会长赵朴初先生临终前也坦然写道：“生固欣然，死亦无憾。花落还开，水流不断。我等何有，谁与安息？明月清风，不劳寻觅。”

可见，佛教并没有把“死”描绘成一个可怕的、充满青面獠牙的恶魔的地狱，而是把“死”描绘成一幅落花流水、清风明月的安详、静谧的水墨画。佛教坦然超脱的“死”观，其核心无疑应该是不畏死，说得通俗点，就是不怕死，但是佛教的不怕死与历史和现实中所常见的种种殉道者的不怕死是有着本质区别的。殉道者的不怕死是把死当做实现某种外在信仰的手段，而佛教的不怕死，则是一种人生圆满的境界。在佛教那里，死既不是做另一件事的手段，也不是做另一件事的目的，而是人不可或缺的生命活动本身。

疾病缠身心放宽

病苦有两种，一者身病，谓四大不调，疾病交攻，如地大不调，举身沉重；水大不调，举身胖肿；火大不调，举身蒸热；风大不调，举身倔强。二者心病，谓心怀苦恼，忧切悲哀。

——《大般涅槃经》

佛教对待疾病之苦，提出一种“心理疗法”，即发现疾病之时，放下万缘，一心念南无阿弥陀佛，一心求佛慈悲，接引往生西方。

这么说，有病就不医治了？当然要医治。《阿含经·善聚品》中说：“尔时，世尊告诸比丘：疾病之人成就五法：不得时差，恒在床褥。云何为五？于时病人不择饮食，不随时而食，不亲近医药，多忧喜嗔，不起慈心向瞻病人，是谓。比丘，疾病之人成就此五法，不得时差若复病人成就五法，便得时差。云何为五？于是，病人选择而食，随时而食，亲近医药，不怀愁忧，咸起慈心向瞻病人，是谓。比丘，病人成就此五法，便得时差，如是。比丘，前五法者当念舍离。后五法者当共奉行，如是。比丘，当作是学。”

这里提出了五种情况可以让病人长久不治，卧病在床：一、不选择适当的饮食；二、不按照应该进食的时间进食；三、不看医生，不吃药；四、过多的忧伤忧虑，易怒；五、对来看望自己的人不起慈心，认为是应该的。

与此相对应，就另有五种情况可以让病人很快治愈：一、选择适当的饮食；二、按照进食的时间进食；三、看医生，吃药；四、不怀愁忧；五、对来看望自己的人都起慈心。

佛陀年轻时曾经学过五明之一的医方明，也就是找出四大不调、寒热等一切疾病原因，并加以治疗的一门学问。经典记载佛陀弟子中有医圣之称的耆婆，根据佛陀的指示，完成许多杰出的医疗措施，比方诊断肠闭塞的病人，先施以麻醉，再切开腹部，将肠整复，最后缝合腹部，完成治疗。这与现代医学的外科剖腹手术相似。此外，佛教经典中有关医疗方面的记载更是不胜枚举，如：《佛医经》、《医喻经》、《疗病痔经》、《治禅病秘要经》等，都有谈及医药的问题。《佛医经》强调医王“四知”：诊断、病因、制药和治疗，而且认为“疾病与生俱在”。《诸德福田经》得福七法之一为“常施医药，疗救众病”。

我国唐朝雍州津梁寺僧，他在京师时，对患病者亲自为之治疗，尤其他人以为污秽不堪的屎尿涕唾，他都亲自为病人处理，非但不嫌恶，而且心情愉悦，甚获同参道友及远近闻名求诊的患者敬重。法喜法师不但治愈患者的身病，并且耐烦地以佛法安慰病人，令患者去苦得乐。

此外，痲疯病患者是被社会所嫌弃的病者，人人避之犹恐不及，而佛教的僧众却能援以温暖之手，施以救济之力。例如：隋代那连提耶舍、唐泽州羊头山道舜、唐益州福成寺道积、丹阳沙门智严、绛州沙门僧彻等，均对痲疯病患者给予救助治疗，爱心护理，软语安慰，吸吮脓血，洗濯衣物，慈心感人。

所以，佛教对待疾病是重视的，否则有违慈悲精神，但强调病者主观发心，不背疾病的精神包袱，从病苦中解脱出来。

事实上，人的一生都和病结下不解之缘，儿童与成人的疾病且不必讲，老年人的病诸如高血压、心脏病、脑血管疾病、癌症等等，不一而足。病来了，不接受事实不行，不如先把病接受，然后与它相处，劝它离开。你的心不宽，把病当仇人，那么病也会在你身上更加作怪。

唐代云岩昙晟禅师与长沙的道吾圆智禅师，同是药山惟俨禅师的弟子，两人友谊非常亲密。道吾禅师46岁时才出家，比云岩大了11岁。有一天云岩禅师生病，道吾禅师便问道："离却这个壳漏子，向什么处，再得相见？"

云岩禅师毫不迟疑地回答道："不生不灭处。"

道吾禅师不以为然，提出不同的意见道："何不道非不生不灭处，亦不求相见？"道吾禅师说后，也不等云岩的回答，就提起斗笠往外走去。

云岩禅师喊道："请停一下再走，我要请教你，拿这个斗笠做什么？"

道吾禅师回答："有用处。"

云岩禅师追问道："风雨来时，作么生？"

道吾禅师答道："覆盖着。"

云岩问："他还受覆盖也无？"

道吾答："虽然如此，要且无漏。"

过了几天，云岩病好了，他因渴煎茶。这时道吾禅师问道："你在做什么呢？"

云岩说："煎茶！"

道吾问："煎茶给谁吃？"

云岩答："有一个人要吃！"

道吾问："为什么他自己不煎？"

云岩答："还好，有我在。"

道吾拿一斗笠，主要是让本性无漏也，房屋漏水，茶杯有漏，皆非好器，人能证悟无漏（远离烦恼），即为完人。病中的云岩，论生死，非常淡然；论煎茶，"还好，有我在！"如此肯定自我，不随生死，不计有无，这便是禅对疾病的解脱！

老年人要有乐观的心态

老苦有二种，一者增长，谓少至壮，从壮至衰，气力羸弱，动止不宁。二者灭坏，谓盛去衰来，精神耗减，其命日促，渐至毁坏。

——《大般涅槃经》

老年人由于体内机能衰退，外在形态逐渐发生变化，如气血不足，头发得不到足够的营养，脱发、变白；视力、听力逐渐减弱；牙齿疾病增多，以至脱落；皮肤松弛，出现皱纹……老年人往往面对由年老引发的形体变化而产生畏老的心理。

唐代著名诗人白居易 20 多岁就怕老、忧老，他向好友元稹诉说："十五六，始知有进士，苦节读书。二十以来昼课赋，夜读书，间又课诗，不遑寝息矣。以至于口舌成疮，手肘成胝，既壮而肤革不丰盈，未老而齿发早衰白，瞥瞥然如飞蝇垂珠在眸子中也，动以万数……"

后来，白居易释然了，他融合儒释道思想形成自己的人生哲学，他在《三教论衡》中明确地说："夫儒门释教，虽名数则有异同；约义立宗，彼此亦无差别。所谓同出而异名，殊途而同归者也。"白居易一生广交僧人，早年习佛，向佛门僧侣寻求快速解脱烦恼的途径："借问空门子，何法易修行？使我忘得心，不教烦恼生。"他每到一处都喜欢与僧人交往，晚年他描述自己的心态："已将身出浮云外，犹寄形于逆旅中。……世缘俗念消除尽，别是人间清净翁。"他"与嵩山僧如满为空门友，平泉客韦楚为山水友，彭城刘梦得为诗友，安定皇甫朗之为酒友"。竟将空门友摆在首位。

白居易作为唐代文人奉佛的一种类型，对佛教的接受，主要是佛教的人生哲学方面。白居易有较强的生命意识，对生命非常关注，表现在对衰老、疾病、死亡的关注。他因体弱早衰，患有眼病、肺病、足疾、风痹等多种疾病，以致他人到中年就非常害怕自己变老了。后来，他从佛教中找到了调整心态的方法："我闻浮屠教，中有解脱门。置身为止水，视身为浮云。斗薮垢秽衣，度脱生死轮。"他的一首《自觉》，可谓从怕老的心理阴影中走了出来。他写道："四十未为老，忧伤早衰恶。前岁二毛生，今年一齿落。形骸回损耗，心事同萧索。夜寝与朝餐，其间味亦薄。同岁崔舍人，容光方灼灼。始知年与貌，盛衰随忧乐。畏老老转逼，忧病病弥缚。不畏复不忧，是除老病药。”

白居易把自己与同岁的崔舍人进行比较，为什么自己形骸一天一天损耗，而人家却容光焕发精神灼灼呢？原来形体的盛衰和精神的忧乐有着极为密切的关系：你越是怕老，老却越逼你；你越是担心病，病却更加来缠身。自己觉悟到这样一条道理，那就不用再怕老，也不用再忧病，实践的结果证明这是一种除老祛病的良药。他又写信对元稹说：“劳心灵，役声气，连朝接夕，不自知其苦，非魔而何？偶同人，当美景，或花时宴罢，或月夜酒酣，一咏一吟，不知老之将死，虽骖鸾鹤，游蓬瀛者之适，无以加于此焉，又非仙而何？”

那么，通过什么途径才能获得这种抗老的良药呢？古代帝王由于轻信方士的话，曾经不惜代价地派人去求仙寻药，白居易对此持否定态度，他写了一首讽刺诗，题目就叫《戒求仙》：“海漫漫，直下无底旁无边。云涛烟海最深处，人传中有三神山。山上多生不死药，服之羽化为天仙。秦皇汉武信此语，方士年年采药去。蓬莱今古但闻名，烟水茫茫无觅处。海漫漫，风浩浩，眼穿不见蓬莱岛。不见蓬莱不敢归，童男幼女舟中老。徐福文成多诳诞，上元太一虚祈祷。君看骊山顶上茂陵头，毕竟悲风吹蔓草！何况玄元圣祖五千言，不言药，不言仙，不言白日升青天。”白居易活了 70 多岁，这与他的人生观、生命观、文化观有很大关系。

人的衰老快慢取决于心态。每个人都有三个年龄层次，即实际年龄、心理年龄、生理年龄。实际年龄是指人们的自然年龄。心理年龄是指人的整体心理特征所表露的年龄特征，与实际年龄并不完全一致。生理年龄是指生理发育成长的年龄特点，与实际年龄亦不一定完全一致，如营养不良的人生理发育延迟，也就是生理年龄小于实际年龄。

佛教虽说“老苦”，但又认为这是“假我”幻相，也就是说，人可以通过内心禅定来解脱“老苦”，达到不寂不灭的境界。用现代科学解释，就是经过心理调整，保持乐观情绪，使自己心理年龄比实际年龄年轻，从而心理影响生理，使得生理年龄比实际年龄小。

唐伯虎有一首诗叫《桃花庵歌》，他说：“桃花坞里桃花庵，桃花庵下桃花仙；桃花仙人种桃树，又摘桃花卖酒钱。酒醒只在花前坐，酒醉还来花下眠；半醒半醉日复日，花落花开年复年。但愿老死花酒间，不愿鞠躬车马前；车尘马足富者趣，酒盏花枝贫者缘。若将富贵比贫者，一在平地一在天；若将贫贱比车马，他得驱驰我得闲。别人笑我特疯癫，我笑别人看不穿；不见五陵豪杰墓，无花无酒锄作田。”

这是一种年轻乐观的心态，不执著于“老苦”，从而多了一份坦然情怀，少了一份畏老心理。

不能陷入精神的空虚

五情违害名为身苦，意不和适名为心苦。 ——《佛说稻芊经》

佛教弘扬佛法的目的，是建设人间净土，把人们从物质需要引向精神祈求。人有了信仰，便有了任务；有了任务，便有了责任。

梁启超说：“人若能知足，虽贫不苦；若能安分（不多作分外希望），虽失意不苦；老、病、死乃人生难免的事，达观的人看得很平常，也不算什么苦。独是凡人生在世间一天，便有一天应该做的事，该做的事没有做完，便像是有几千斤重担子压在肩头，再苦是没有的了。为什么呢？因为受那良心责备不过，要逃躲也没处逃躲呀！”

梁启超对自己交待：凡属自己应该做的事，而且力量能够做得到的，自己对于这件事便有了责任。凡属自己打主意要做一件事，便是现在的自己和将来的自己立了一种契约，便是自己对于自己加一层责任。有了这责任，那良心便时时刻刻监督在后头。人就空虚不起来了，容不得无聊了。

在现实生活中，不少人感到精神空虚，活着无意义，陷入这种沼泽而无法摆脱。这种生活意义的迷失和价值观上的功利主义，便会使人感到生存受到挫折，觉得活着没意思，心灵空虚精神苦闷，这便是“生命意义缺乏症”，心理治疗学上称为“精神神经症”。它与传统心因性神经症的区别在于，其病因不是情绪方面，而是精神方面出了偏差，人性方面出了问题。

许多人精明能干，成为人人羡慕的成功人士。然而，他们赚了钱有了名之后，有些人却沉溺于灯红酒绿之中，醉生梦死；有些人被“白色幽灵”所俘虏染上了毒瘾。对此，有人说这些人愚昧。其实，他们谁也不愚昧，有谁见过愚昧无知者能挣大钱干出业绩来？他们何尝不知寻花问柳、吸毒会导致病魔缠身，最终落个身败名裂的可悲下场呢！因为他们缺乏信仰，没有社会责任感，所以陷入于“空虚”之中。

空虚的人应该清醒地认识到“功名利禄，逐世转移”，莫陷入功利主义价值观的泥潭。应以正确的态度对人生，认识到人生并不空，应肩负起自己的责任。还应看到“人事有代谢，往来成古今”，生命的有限性是人类生命的实质特点，也是生命意义的真正的组成要素，正因为人生是有限的，才使我们有一种紧迫感、使命感，为实现人生的目的去工作去奋斗，珍惜光阴也就是珍惜生命，保持淡泊宁静的心态，坦荡豁达地去生活。

李叔同出家后精修佛法，以普度众生为最高目的，他悲天悯人的情怀风范、超越世俗尘世的理想追求，对那个时代陷于苦闷空虚无法解脱的一些文人，产生了一种具有典范意味的精神感召效应。如丰子恺、朱自清、叶绍钧、俞平伯、朱光潜等在弘一法师的影响下，都对佛教持有好感，与其说这是一种佛教情结，不如说是在特定的历史时期以特殊的方式担当起一种社会责任。

丰子恺体恤孩童的哀乐悲喜，向往童真世界的澄澈明慧，在根底上大概就是源于他对佛教及禅宗“真如本性”、“本源真心”的感悟，他以研究传播美学为己任，改善人的心性与良知。在丰子恺的美学眼光中，尚未被世尘所蔽的儿童，天生就是艺术家。丰子恺在《告母性（代序）》一文中说：“他们为游戏而游戏，手段就是目的，即所谓‘自己目的’，这真是艺术的！他们不计利害，不分人我；即所谓‘无我’，这真是宗教的！”在丰子恺的美学观念里，艺术与宗教有相通之处。作为艺术心、宗教心和“赤子之心”三位一体的童心，其真正的内核便是“真心”。

作家废名曾把“寂寞”当做作品中的重要主题，表现人生之寂寞、世界秩序紊乱、人与人的隔膜以及人的孤独的感念。后来，废名参禅悟道以后，人与自然相安详和的场面，在他笔下更有了一种宁静安闲的格调，蕴藏着至深的禅意。他从空虚中走了出来。

人生或许如佛教所说是“苦”的，而“苦”可以酿出“至乐”，但必须承担起社会责任，正如梁启超所说，“大抵天下事从苦中得来的乐才是真乐。人生须知道有负责任的苦处，才能知道有尽责任的乐处。这种苦乐循环，便是这有活力的人间一种趣味；却是不尽责任，受良心责备，这些苦都是自己找来的。”

不让抑郁伴随自己

诸苦犹如梦死婴，实执幻象徒劳累，由此遭遇违缘时，领悟幻境佛子行。

——《佛子行三十七颂》

有一位金代禅师非常喜爱兰花，在平日弘法讲经之余，花费了许多的时间栽种兰花。有一天，他要外出云游，临行前交待弟子要好好照料寺里的兰花。在这段时间，弟子们细心照料兰花，但有一天在浇水时却不小心将兰花架碰倒了，所有的兰花盆都跌碎了，兰花散了满地。弟子们非常恐慌，师父回来后，忙向师父赔罪。

禅师闻知此事，不但没有责怪，反而说道："我种兰花，一来是希望用来供佛，二来也是为了美化寺庙环境，我不是为了生气而种兰花的。"

禅师说得好，"不是为了生气而种兰花的"！

禅师喜欢兰花，但他心中却无兰花这个妨碍，所以看得开，并不因兰花的得失，引发心中的喜怒。得失亦从容，多想也无益，一切皆缘。

生活中，太在意于得失的人，情绪就会起伏不定，得到只是一种刺激的快感，容易消失；而失去的打击却是沉重的。不如把一切看得平淡些，看得轻松些，不要期望太高，也不要过分地求全苛刻。

现代人终日忙忙碌碌，遭受到一种慢性的、极度沮丧情绪的困扰，有些人根本不知道快乐是什么滋味。一个忧郁者说："工作没有热情，生活没有趣味，我的日子过得很是迷茫，过去的现在的将来的，许许多多的事情就像不受羁绊的风儿似的只管扑面而来。面对自己总是不可抑制地沮丧起来。不是不想开心，也不是没有开心，但却总是沉沦在忧郁中不可自拔。有人说快乐是肤浅的，只有痛苦是深刻的。那么继短暂的肤浅之后，深刻就统治了我的灵魂，残余的一点温馨回忆，也被挤兑到最底层，被压抑被囚禁，似乎永无释放之日。"

世界卫生组织在一份报告中说，全世界居民中有 20% 的人存在心理卫生问题和精神障碍。联合国国际劳工组织在发表的一份调查报告中认为："心理压抑现在已经成为 21 世纪最严重的健康问题之一。"

诺贝尔医学奖获得者卡瑞尔博士曾经说过："无法处理忧郁的企业主管、社会名流，往往英年早逝。"事实上这句话对任何人都敲响了警钟。

著名的海滨医师在美国医师协会年会上宣读的一份报告中指出，他研究的176位平均年龄44.3岁的"精英"人士，约有三分之一的人受到紧张所引起的三种病痛的困扰——心脏病、消化性溃疡或胃病。想想看，用这些疾病换取成就的人是真正的成功者吗？一个人失去健康，即使赢得全世界又有什么用？

一位商人只不过从事一点户外活动，却因心脏衰竭而亡。他家财万贯却活不过51岁。大概所谓的事业成功是以他的寿命换来的。对此海滨医师宣称，半数以上的病床上躺着的都是情绪忧郁的病人。他们的忧郁是由挫折、焦虑、烦恼、恐惧、绝望等情绪所引起的。

克服沮丧情绪，是防止得忧郁症的重要一环。

《禅定王经》中曾提到，有一少女在梦中生了一个可爱的男孩，不久男孩就夭折了。先是在小孩出生时，少女心里有着难言的欢悦，然后小孩死了，又揪心裂肺般的悲痛……在她梦醒之后，这一切又都烟消云散。小孩根本就没出生，哪来的死亡？对梦中所发生的一切，少女已不再有喜怒哀乐的执著。只是在心中留下了对梦中凭空产生出如此多幻象的一种莫可名状的感觉而已。

同样，眼前发生的一切看上去似乎真实存在，快乐和痛苦也是一种无可否认的事实，但当我们的心从执著中解脱出来后，才发现这一切如同梦境，只是自己的幻觉而已。

这两者一为睡着的梦，一为醒着的梦，无论是哪种梦，在本质上都不存在。

而一般人长期以来形成的执著已经根深蒂固。所以，虽然我们能从睡眠之梦中醒来，但醒着的梦却一直难以苏醒，在一次又一次的迷失中，我们承受着无休无止难以忍受的痛苦。如果通晓了这个道理，就会明白这一切都是如梦如幻，在自己遭遇不幸时，会想到再没有必要去执著于不切实际的幻想，执著之心逐渐得以淡化，痛苦也就随之减少，这是必然的。

西藏的大德无著贤菩萨所著的《佛子行三十七颂》指出："诸苦犹如梦死婴，实执幻象徒劳累，由此遭遇违缘时，领悟幻境佛子行。"讲的就是这个道理。

消除忧郁，佛教义理之中提到，要多多想想业力（行为）因果，业力因果是真实不虚的，不会造假的，如果能够明白了解业力因果理论，当人们内心有强烈期望的时候，非常痛苦的时候，都是有一些帮助的。同样的，观修慈悲心，也是非常重要的，平时多帮助他人以获得快乐。忧郁的人低沉不振的主因是不断想到自己不足及不快的事，设身处地同情别人的痛苦自可达到转移注意力的目的。还有一种方法，就是“观修安止”（安定），使内心得到宁静，忧郁情绪就慢慢消除了。

第八章 万事讲缘分

佛说，万法缘生，世间皆系缘分！因缘聚而物在，因缘散而物灭。“缘”代表事物间相涉的联系，常与“因”并称，因而有“因缘”一说。

对任何事都要随缘

万事随缘了。有缘则为，无缘则罢，为则了之，不生牵挂。　　——佛陀

佛教认为由于外界事物的刺激而使身心受到感触叫作“缘”，因其缘而发生动作称“随缘”。可是，自古以来，很多高人、大德，一生遇不到缘。遇不到缘怎么办？他们自修，于是成功了、自度了。没有缘的时候自度，有缘的时候帮助众生，缘绝不强求。

佛教导人们随缘，莫强求。如果你强求，一定会产生烦恼。所以，纵然是弘法利生、利益众生的事情，也都要看缘分，信奉“随缘而不攀缘”。

随缘，你的心是清净的、平等的，生智慧不生烦恼；攀缘，心不清净、心不平等，生烦恼不生智慧。

一位小和尚见寺院里的草地一片枯黄，于是对师父说：“师父，您看，这些草又干又黄，马上就要死了，这太有损我们寺院的美观了，我们应该在这儿再撒些草籽。”

师父向他挥挥手说：“随时！”

许多天过去了，小和尚没有得到师父的任何吩咐，他不禁暗自着急。他等呀等呀，终于熬到了中秋节。这天，师父交给他一包种子让他撒到草地里。小和尚非常高兴地拿着种子去撒。还没等他撒完，忽然间秋风四起，种子随风飘走了好多。小和尚大叫起来："不好了，不好了，种子被风吹跑了。"

师父走出来，说："没关系，吹走的大多都是空的种子，种在地里也不会发芽的。随性！"

小和尚刚刚播种完，空中飞来了几只寻食的小鸟，它们在草地上不停地啄着什么。"天哪，种子要被它们吃光了，这可如何是好！"小和尚急得抓耳挠腮，惊慌不已。

"没关系，种子多得很，吃不完！"师父说，"随遇！"

到了半夜里，老天突降一场倾盆大雨，把小和尚播种的草地冲得面目全非。第二天清早，小和尚冲进禅房，痛苦地说："师父，全完了，种子都被暴雨冲走了！"

师父微笑着说："冲到哪里就在哪里发芽！随缘！"

六七天过去了，快要枯死的草地上竟然冒出了许多嫩绿的草芽，就连一些没有撒种的墙角也冒着绿绿的生机。小和尚高兴地直蹦。

师父含笑点头："随喜！"

佛教说随时、随性、随遇、随缘、随喜，等等这些"随"字，蕴含许多人生学问。"随"是一种境界，一种胸怀，一种心态。面对现实，顺其自然，不攀比，不怨天尤人，该得的就得，不该得的不妄想强求，做事应当量力而行，生活平安自在就好。

清朝艺人司瑞轩，艺名随缘乐。他于同治、光绪年间在北京演唱八角鼓，后改单弦，是单弦牌子曲这一曲种的创始人。曾写诗自称"身经四朝沾雨露"。早年为演唱八角鼓的票友，相传曾辞掉在钦天监的差使，成为八角鼓票房的"把儿头"（组织者），票房堂号名"随缘乐"，他改演单弦牌子曲后便以堂号为艺名。他说、学、逗、唱、吹、打、拉、弹样样精通。遇到有的票友借故不肯如约演出，损害票房信誉，他毫不迁就，自己顶替上演。

光绪五年旧历六月初一，西直门外高梁桥附近一茶馆约"随缘乐"票演三天，可是全体票友故意难为他，都借口不来演。司瑞轩向观众道歉说："今天随缘乐唱不了啦，所有的茶钱我一个人付，明年六月初一还在这里，随缘乐一定有新玩意儿报答诸位。"由此他隐居北京西山，根据《警世通言》、《水浒》等书编撰曲词多种，并将由多种乐器伴奏、三人分饰角色演唱的八角鼓，改为一人用三弦自弹坐唱的形式。第二年六月初一，还是先前那家茶馆，门前贴出了海报：“随缘乐一人单弦八角鼓”。司瑞轩一个人一天弹唱三个多小时，连演三天，观众踊跃，盛况空前。其后继者德寿山、曾永元称这种形式为单弦，得到司瑞轩同意，单弦便由此产生。

可见，随缘不是守株待兔，要精进与随缘不二。何谓不二？即对立互补。随缘与精进既对立又互补。随缘不忘精进，精进而后随缘。这样既能不断向上，又能得失随缘，泰然处之，体动心静，心境平和、安详，不至于疲累失衡，怨天尤人，烦恼不断，伤害身心。

得失由缘莫计较

菩提本无树，明镜亦非台，本来无一物，何处惹尘埃。　　——六祖惠能

佛说，人生在于取舍之间，小舍小得，大舍大得，不舍不得。这是佛教的法。佛法是心法，主张内心不为“得”而舍。舍的大小，不仅在于舍的物质利益的多与少，更在于心念上是否真的舍掉了。舍得当下，不是为了沽名钓誉，不是为了自己的得，这样的舍才是真舍，才是大舍，从结果上说，必有大得。

很久以前，有一座大香山，山里长着无数的荜茇树、胡椒树以及其它各种药草。荜茇树上常常栖息着一种鸟，名叫“我所鸟”。

每年药果成熟的时候，许多人便来到这里采摘药果，用这些药果治病，这时我所鸟总是悲伤地叫唤着：“这果是我所有啊！这些都是我的，你们不要采摘！我一个果子也不愿意失去！”

它虽然这样叫喊，但是没人理睬它，人们还是照旧采摘，一点也不理会它的哭嚎。这鸟就这样一直忧伤地叫呀叫的，声声不绝，最后终于因为过于哀伤而死。

所以佛有一偈曰：人执我所有，悭贪不能舍；纵以是生护，亦为无常夺。

“我所”就是我所有的房屋、家产等物品，我们可以利用这些身外之物来维护我们的生命；而修行人所需要的仅是菜饭饱、布衣暖足矣，如贪求无厌，吝惜不舍，一旦失去这些东西，难免会像我所鸟那样哀叫而死。

有一天，佛主见路边地下埋有黄金，就告诉弟子“这下面有毒蛇”。佛主走后，有个人不信，去挖土，果然挖出很多黄金来，一时暴富。但是好景不长，被人告发。国王责怪他没有缴公，就判了他的罪。所以，佛主说黄金就是毒蛇。

佛主还说人所有财物为五家所有，哪五家呢？为水所漂，为火所烧，为贼所盗，为子所败，为官府所抄。其实婆娑世界里的一切，都不是用来拥有的，而是用来舍的，一个人舍下一切则是真正的壮大，无牵无挂；一个人拥有一切便是沉沦苦痛的深渊。学会舍弃，免于物欲的奔逐、事物的执迷，才能获得人生的自在与豁达。

舍得之妙，妙在是一门生活的艺术。它不是固执的痴迷，不是无奈的放弃，而是智慧的选择。

一天宋代大文豪苏东坡和好朋友佛印在扬州城的一家茶馆喝茶。佛印看着楼下来来往往的人群，感慨地说：“人就像蝼蚁一样，人生何其短暂，何苦终日劳碌，你看他们整天这样奔波，最后还不是化成一抔黄土。”

两个文人对此深有感触，于是离开茶馆，打算到对面的酒楼里喝酒。刚进酒楼就看见一个小伙计愁眉苦脸地坐在那里。苏东坡感到很好奇，上去问道：“小兄弟，发生什么事情了，怎么看你一副很难过的样子？”

伙计说：“我辛辛苦苦地干了半年，到头来却没能赚到多少钱，不干吧，无法糊口，干吧，实在是有些不甘心。我的命怎么这么苦，像你们这些文人动动笔就可以养活自己，是不会了解我们这些人的苦处的。”

佛印听了这些话，又是深有感触，想起官场的尔虞我诈，想起落魄文人的清苦生活，也不禁悲从中来，叹息道：“你说你们出卖体力的人生活艰苦，但是那些出卖精神的人的苦处也是你们所不能体会的。人生多苦，阿弥陀佛！”

苏东坡看着一边为生活所苦的小伙计，再看看一边为世人担忧的佛印，笑道：“看你们两个，好像人生已经没有任何乐趣了，伙计，拿笔墨来，我送给你们一幅对联。”

苏东坡挥毫而就：“为名忙，为利忙，忙里偷闲，喝杯茶去；劳心苦，劳力苦，苦中寻乐，拿壶酒来！”

对于功名、利禄、成败、爱恨、福祸等等，我们不能否认这些东西存在于自己心中的时候，往往会成为自己渴望超越自我的一种原动力，但是如果一个人对这些东西太过于执著的话，就会给自己前进的道路增加一个沉重的包袱。

人不可能独立存在，也不可能完全超脱世外，每个人都不可避免地有自己需求和渴望，也都有自己的担忧和恐惧。也就是说，存在于这个世界上的每个人都得“为名忙，为利忙”。要么“劳心苦”，要么“劳力苦”。这些都是生活必然存在的过程，也是生命的组成部分。

虽然，作为人需要“拿得起”的东西，可是正如苏东坡和佛印看到的一样，“拿起了”并不见得就快乐，也不一定能达到自己想要的目标。这时候需要的就是“喝杯茶去”的淡然，需要的是“拿壶酒来”的洒脱，需要的是一种既能追求一切、也能放下一切的豁达。

佛说得失由缘，不怨天、不尤人，荣辱毁誉泰然处之，坦然自如。为什么要由缘？因为好坏得失、荣辱毁誉都是过去宿因所感，皆是自己的思想言行所招，缘尽还无。我们在处世中“得失由缘”，对自己的身心是种帮助，因为有时候失去反而是一种得到，得到心灵的放松。所以不在意得失，放稳心态，一切由缘，才是智慧的处世。

相识是一种缘分

无明缘行、行缘识、识缘名色、名色缘六处、六处缘触、触缘受、受缘爱、爱缘取、取缘有、有缘生、由生之缘而发生老死、愁、悲、苦、忧、恼。如是，这是一切苦蕴的集，是名缘起法。　　——《摄阿毗达摩义论·摄缘分别品》

缘分是人平等精神的体现，它要求有缘人撇开地位、等级、学历、财富等世俗观念，超然物外地共同创造美好的精神境界。

一个将军请一位禅师吃斋饭，禅师非常高兴。禅师给弟子们讲完经法，就如约来到了将军府。因为来时匆匆，他也没来得及换衣服，结果守门的警卫看他衣服破破烂烂，以为是哪里来的臭和尚，无论如何也不准他进去。无奈，禅师只好回去换了一件崭新的袈裟，门卫这才让他进去。

将军左等右等仍不见禅师来赴宴，不禁有些着急。他刚想出门去看一看，这时只见禅师穿了一件崭新的袈裟急急忙忙从门外走了进来。将军有些诧异，但并没有多问，二人一起来到客厅。

等到用餐的时候，禅师自己并不吃，只是一味地把饭菜往衣袖里装。将军看见了有些纳闷，不禁问道："师父！是不是想为家中老母或寺里僧众带些饭菜？如果是这样的话，那就请您先用吧！过一会儿我叫人再给他们送去就是了。"

禅师道："你今天是请我的袈裟吃饭，并不是请我吃饭，所以我就给袈裟吃！"

将军一脸迷惑。

禅师解释说："我第一次来时穿了一件旧衣服，你的门卫就把我挡在外面。我只好回去换了这身新袈裟，他才肯放我进来。既然以衣服的新旧作为邀请宾客的标准，所以我就认为你是在请衣服吃饭，我只好把饭菜让给新衣服吃啦！"

将军听完，一脸愕然。

世俗之人，常常以貌取人，以衣着取人，这使得那些有才有德的人被他们所轻视。真正敬重一个人，应敬重的是对方的人品而不是他的身外之物，例如权力、财富等等，否则只有敬重之名，而无敬重之实。

世界上没有十全十美的人，有的人正直，但可能见识不多，有人可能见多识广，但少一颗宽容之心……在结交朋友时，不应过分计较对方身上的缺点，不应计较对方的身份、辈数、阅历是否比自己低和少，而是应多看看别人的优点和专长，做到取长补短。《晏子春秋·内篇问上》说："能以人之长续其短，以人之厚补其薄。"《吕氏春秋·用众》中说："物固莫不有长，莫有短，人亦然。故善学者假人之长以补其短。"

世界上的许多友情都是建立在各自的特长之上的，如两人都擅长写作，可建立"笔友"，都爱好下棋，可称为"棋友"，都爱好"踢球"，可称为"球友"……这样的友情的建立，须是共同参与，对于没有什么特长的人，可能就少了这样的朋友。

取人之长是广交朋友的前提，如果因为对方有一点缺点就否定了这个人，而不与其交为朋友，那肯定你的朋友很少。

巴金说过："友情在我过去的生活里就像一盏明灯，照彻了我的灵魂，使我的生存有了一点光彩。"人们的许多知识是通过向他人学习而得来的。

丙吉是汉宣帝时的丞相，是一位名相，他交友时不计较人有没有过错，以诚交友。他的车夫是一位酒鬼，经常喝酒犯错误，丙吉并没有因为他喝酒有一点错误而不要他。这个车夫是边疆地区的人，对边防情况很熟悉。

有一次，车夫外出，遇见了一位传递紧急公文的驿骑，得到匈奴人侵云中、代郡的情报，车夫想，这个情况很重要。他立即回丞相府，报告丙吉，并向丙吉丞相建议："边疆上的几个郡，恐怕不久就要打仗了。一旦战争爆发，郡里的高级官员有的老了，有的正在生病，不能指挥作战，你是丞相，应该把事情了解清楚，并且要做适当的调整。"

丙吉采纳了车夫的建议，找来有关官员把边疆几个郡的情况及主要官员都一一了解清楚，并相应做了部署计划。果然，有一天，皇帝召集文武大臣上殿议事，问起边境的情况，其他官员因事起仓促，一个个手忙脚乱，不知道如何回答。皇帝很生气，一个个指责一番。当问到丙吉时，丙吉不忙不慌，说得一清二楚，皇帝见他了如指掌，对他称赞了一番。事后，丙吉对人说："别看我是丞相，如果不把车夫当做朋友看待，哪里能得到皇上的称赞呢？"

这段故事很能说明问题，丙吉得到皇上的称赞是小事，更重要的是保证了边境的安全。假如丙吉不把车夫当做朋友，车夫肯定不向丙吉建议，也不会出现后来的局面。车夫有缺点，但也有长处，关键是吸收其长处，还是因有缺点而一棍子打死，两种情况会出现截然不同的两种结果。

人世间没有绝对的真理，也没有毫无缺陷的完人。我们在结交朋友时，要吸取别人的长处，宽容别人的缺点，这就是看重缘分。从品德高尚的人那里学到品德情操；从知识渊博者那里学到知识；从正直忠厚的人那里学到做人的道理……"朋友多了路好走"、"在家靠父母，出门靠朋友"，这些话几乎每一个人都明白，希望每一个人都有缘结交到如意善良的朋友。

把握男女情缘

月本无今古，情缘自浅深。　　　　——《红楼梦》

《红楼梦》里充满了佛教思想，写尽了情缘离合，"乱哄哄你方唱罢我登场，反认他乡是故乡，甚荒唐，到头来都是为他人作嫁衣裳！"

张爱玲对男女情缘有极妙的解释："在千百万人中，千百万年间，不早不晚，正好碰上了，然后轻轻地说一句：嗨，你也在这儿！然而这种缘分可能是需要经历几个轮回才能做得到的。"

佛家所说的“因缘”，有别于习俗惯用语的“姻缘”。佛法上对于“因”和“缘”，并不曾有过严格的定义。相对而言，“因”指内在的特性，“缘”指外在的“力用”。“因”指一件事物生灭的主要条件，“缘”则为辅助条件。就是说，宇宙间每一事物的生灭，必须具备某些条件。每一事物的存在，也必须与其他事物有着互相的关系和关联。所以，凡是使一件事物生灭，或使之存在的条件或关系，就称为这一事物的“因缘”。

佛家把男女情缘与“因果法则”挂钩，一般人“十年修得同船渡”，而对于男女情缘，更是“千年等一回”啊！对于一般人来说，缘分说不清，道不明。有缘认识的朋友，有缘认识的情人，固然无法分辨是否“保鲜”，但要懂得造化弄人，世界上不是每对有情人皆终成眷属。爱上一个人而无情缘，或者缘分完了而分手，与其感叹上天的不公与不平，何不让人生潇洒些，快乐些。

男女之间因缘而生情，随着时间的推移逐渐“两心相融”，这缘分，尤其值得珍惜。缘分是属于精神领域的，它总是想超脱凡尘，维系自己情有独钟的精神境界，但它又不得不与现实生活的世俗偏见发生冲突，这种冲突有时是很剧烈的，有的人甚至因此而遭到毁灭性的精神打击。

梅克夫人因资助柴可夫斯基遭到家人的围攻和折磨，最后死在了精神病院；柴可夫斯基在临终前不停地喊着梅克夫人的名字，在一声“冤家”的最后悲叹中结束了自己生命。所以，遇到类似情景，应该宽容。宽容中包含着理解、同情与原谅，是最大限度地接纳对方。德国哲学家布鲁诺·鲍赫说：“彼此在爱中，是将自己的一切毫无保留地给予对方，并取得对方的一切。”也就是说，你爱一个人的长处，也要包容一个人的短处。有些苛求的人因为不能包容别人的缺陷，总也找不到意中人。他们的理想情人是完美无缺的，事实上生活中根本不存在这种理想的人。每个人都有长处，也有弱点，只不过有人长处多些，有人弱点多些。但是，爱可以使人包容一切。另外，人的一生中最容易被所爱的人伤害，爱得越深伤害也就越大。如果对方悔过了，不妨原谅，给爱情一个转机。

爱情需要健全的心理素质，这是非常重要的。佛教所讲的“施恩报德”，同样有益于男女之间相处。爱一个人，就该愿意为对方付出。一些人往往在爱的寻觅过程中，把爱看做被爱，只注重于怎样被人爱，怎样使自己可爱。为了达到被爱的目的，男人热衷于取得权利和财富，而女人则注意外表，以梳妆打扮增添自己的魅力。所有的矜持与高傲都是用反向的方法激发别人对自己的爱慕。而那些懂得爱情真谛的人却毫无做作，他们抱着真诚的心态主动给予对方爱，为了所爱的人可以奉献一切。

所以，要以积极的态度看待情缘，并对自我保持良好的感觉，只有这样，才能主动地去爱别人，并且也能恰当地接受别人的爱。佛说，要慈悲为怀。为他人着想，这种人大多反而能接受自己，并热爱自己，能够不忧虑地接受自己的个性，包括其中的缺点及与理想形象之间的各种差异等。但是如果说这种人是自满自得，显然不恰当。这种人对待人的脆弱、罪恶、虚弱、邪恶等等，恰如对待大自然的种种缺点一样，以同样的不加疑问的态度表示接受认可。也就是说，只有“度人度己”，才有一定的心理承受能力，才能全部地接受另一个人，同时也能够承受得起自己和他人的情感。

最好的情缘是彼此的接受与理解，要呵护来之不易的情缘。陆游和唐婉情缘相投，是举世公认的，但旧婚姻道德观使他们不能终身相依，唐婉在年轻时就悲苦地离开了人间，陆游虽活到 85 岁，可因情缘不遂，写了许多怀念唐婉的诗篇，临终之际也梦留沈园，遗恨人寰。

可见，呵护来之不易的缘分，对人的情感生活很重要。一个人可以穷困潦倒，但有了遮蔽苦寒风雨的情缘，一样能获得生活的勇气，一样能有精神的乐土。只有不断加深理解，爱情才能不断升华。有些人总站在自己的角度，用自己的固有观念评判别人，这样总对别人不理解。其实，如果你换一个角度，站在别人的位置上，设身处地地为对方设想一下，就会感受到以前不曾感受到的东西，也就能充分理解他人。这种移情心理，也就是关注并理解他人的情感，经历他人的种种感情，加深对人生的理解和宽容。

佛教的“慈爱”思想用在情缘上，就是对所爱对象的生命和成长的积极关心。关心首先是对所爱对象的密切关注。你十分在意所爱对象的各种感受和需求，并随时准备满足这些需求，这就是爱的给予。在现实生活中，关心是一点一滴的，大到关心对方的前途、命运，小到给爱人买一副手套、洗一次衣服。恋人间的关心是无微不至的，细腻的关心可以使人心生暖意，直接增加爱情的甜蜜。但是，关心不是自己想当然地强加给对方的。比如有的恋人不管对方是否需要，自己想给予对方的硬要人家接受，这是主观的关心。真正的关心是悉心观察对方所需的，做到雪中送炭。一个人能够和另一个人同度苦难，本身就是一种莫大的关心和付出。

“有缘则聚，无缘则散”，有了这种观念，那么自己的人格就会独立起来。

独立的人是自信的，也是富有个性的，他们知道自己真正需要什么。一旦他们遇到理想的恋爱对象，会毫不迟疑地去爱。独立的人是坚强的，他们能够给予对方爱，而不会一味要求对方向自己表示爱情，更不会毫无原则地顺从对方。独立的心态是一种成熟的品质，它可以承受爱情的挫折与打击。一个心理独立的人可以经得起失恋的打击，他们会重新调整自己，很快从失恋的痛苦中走出来。

善待与人合作的缘分

有因有缘集世间，有因有缘世间集；有因有缘灭世间，有因有缘世间灭。

——《杂阿含经》

在佛教思想里，讲的是因果循环，宿孽总因缘。“缘”是上天安排的，在茫茫人海中彼此相识，而“分”需要的就是双方的努力，彼此是否尽力利用这个机会修成正果，所以说，“缘分”并不是等着上天安排一切而是天意和人为共同作用的结果。

禅师在院子里种了一颗菊花，第三年的秋天，院子成了菊花园，香味一直传到山下的村子里。

凡是来寺院的人都忍不住赞叹道：“好美的花儿呀！”

一天，有人开口，向禅师要几棵花种在自家院子里，禅师答应了。他亲自动手挑拣开得最鲜、枝叶最粗的几棵，挖出根须送到了别人家里。消息很快传开了，前来要花的人接连不断。在禅师眼里，这些人一个比一个知心、一个比一个亲近，于是都要给他们花。不多日，院里的菊花就被送得一干二净。

没有了菊花，院子里显得空荡荡的，有一种萧条的景象。

秋天最后的一个黄昏，弟子看到满院的凄凉，不由得说道：“真可惜！这里本应该是满院香味的。”

禅师笑着对弟子说：“你想想，这样岂不是更好，三年后一村菊香！”

“一村菊香！”弟子不禁心头一热，看着禅师，只见师父脸上的笑容比开得最好的菊花还要灿烂。

禅师微笑着说：“我们应该把美好的东西与别人一起共享，让每一个人都感受到幸福，这样即使自己一无所有了，心里也是幸福的！这样我们才能真正拥有了幸福。”

佛教讲“缘起”，人与人相处是种缘分，要想得到幸福美满、自在快乐这些果报——果必有因——所以，应该学会把美好的事物与人共享，广结善缘，从而让每一个众生都能感到幸福，并且自己能够从中得到幸福。

故而，愿把好东西拿出来与人分享的人，必有人缘；有人缘的环境带来无尽的幸福！

一个人要实现人生的梦想，单打独斗是行不通的。你需要与其他人携手合作，把大家的才华、技能、所学的知识、所受的训练与所有的专长都集中起来，只要大家朝同一方向努力，就没有什么事情不能完成。但是，一定要记住：与大家共享成果和荣誉。因为事业做得漂亮，外界的掌声、关注肯定少不了，利益也随之而来。凡是出过力的人，你都要让他们觉得“与有荣焉”，一同戴上成功的美丽光环。他们的成功，有你参与，你的成功，让他们分享，人人都能尝到成功的甘甜。

在团队中要有团队合作的精神，你身为团队中的一员，应尽好自己的本分，与大家同心协力。团队的成就，也就是你的成就，抛开自我，大家一致为整体的目标奉献心力，共享成功的幸福和荣耀。

位于台湾苗栗广源科技园区的友旺科技公司，成立的历史并不久，规模也不大，知名度更不高。但是，在仅仅有200名的员工中，却有20多位亿万富翁。

为什么在这样一个小公司里短时间内造就这么多的富豪呢？原因就在于总经理欧阳自坤具有“共缘同享”的观念，采用“众生平等理念”实现了“利润分享”的“同体大悲”。公司内人人都可共享成功的幸福，由此产生了巨大的激励作用，业绩成倍增长。

以新台币500万创立友旺公司的欧阳自坤表示，他在大学毕业之后，曾在好几家公司任职，但是他发现这几家公司的老板在财富增加之后，却很少将利润与员工分享。许多优秀的员工在失望之余，都纷纷离职。留不住员工的公司，后来都倒闭了。欧阳自坤认为这是老板“自肥”、“独肥”，导致“财聚人散”的恶果。于是，他就兴起创业的念头，同时决心要将“共缘同享”的观念付诸实施。而公司取名“众旺”（友旺的前身），意即希望众人皆旺，“友旺”则是所有的朋友都旺。

欧阳自坤说："所谓'众生平等理念'，就是对利润的分享，员工如有意见或不满意时，就由那个人负责切'蛋糕'。不过切蛋糕的人，要最后才拿蛋糕。如此一来，就不会有不公平的情形产生。"

从"共缘同享"的观念开始，到"众生平等理念"的实践，欧阳自坤领导的友旺公司，股份约有5成左右是由员工持有。因为"公平性"，所以员工对工作会全身心投入。欧阳自坤说："只要员工开心，工作就会专心，公司的发展自然会很快。"

共享荣誉，有福同享，领导者在获得各种荣誉之后，如果能以各种形式让下属分享荣誉及荣誉带来的喜悦，会使下属得到实现自身价值和受到领导器重的满足，这种满足在以后的工作中会释放出更多的能量，也在无形之中冲淡了人们普遍存在的对受表彰者的嫉妒心理。

一个人独享成果，是一种"吃独食"的心态，这样会引起其他人的反感，从而为下一次合作带来障碍。特别是当你在工作中小有成就时，在你高兴之余，千万别忘了与大家分享。如果这一成绩的取得是大家集体努力的功劳，这时更不能独占功劳，否则会有人认为你好大喜功，抢占了别人的功劳。我们还是来看一则禅宗故事：

有一天，从早晨起就大雨滂沱，禅院外面的路边几个卖小吃的商贩一直没有生意。

到中午的时候，卖烤饼的人已烤好一大叠饼，他想反正也卖不出去，不如吃一块自己烤的饼。卖西瓜的人坐着无聊，也敲开了一个西瓜吃起来。卖辣香干的人忍耐不住，开始吃起辣香干来。卖杨梅的人也只好吃自己的杨梅。

雨一直下个不停，四个小商贩就这样一直吃着自己的东西。

可是，卖杨梅的吃得酸掉牙，卖辣香干的吃得嘴辣麻了，卖烤饼的吃得口渴极了，卖西瓜的吃得肚子发胀。

就在这时，从雨中缓缓走过来一位禅师，他从四个小贩手中将他们卖的东西都买齐了，然后坐在附近的亭子里吃起来，有香的有辣的有酸的有甜的，味道好极了。四个小商贩看在眼里，不禁流下了口水，他们面面相觑，唏嘘连声。

过了一会儿，亭子里的禅师起身离去了。

四个小商贩把各自的东西放在一起，面对面吃起来，人人感到很甜美很开心。这时，老禅师已在唱经阁参禅打坐了。

赢得“贵人缘”

若与能缘体不相离，是见分等内所虑托，应知彼是亲所缘缘。若与能缘体虽相离，为质能起内所虑托，应知彼是疏所缘缘。亲所缘缘，能缘皆有，离内所托必不生故。疏所缘缘，能缘或有，离外所虑托亦得生故。

——《成唯识论》

佛学有“四缘说”：即因缘、等无间缘、所缘缘、增上缘。因缘，指生起某一现象的主要条件。等无间缘，又称次第缘，指前念为后念生起的原因，即认识活动形成的条件，由于前念已灭时，能为后念的生起开路，使后念得以产生，因此，前念为后念之缘。所缘缘，旧译为缘缘，指心所攀缘的境界，亦即认识的对象，能思虑的心必须依托外境才能产生思虑。增上缘，指任何一个事物对于其它一切事物的影响与作用。

人们希望在人生征途上遇到“贵人”，这样成功的机会就会多一些。可谁是自己的贵人？什么时候能遇到？遇与不遇，往往要看缘分，尤其是“四缘”中的“所缘缘”与“增上缘”不可缺少。

一天释迦牟尼对着所有弟子讲经说法，突然，他叫起阿难，说：“你拿一个水桶，到前方五里路远的一个小村庄，向一个在井边洗衣服的老妇人，要一桶水回来，记得态度要客气和善一点。”

阿难不由分说拿着空桶，往释迦牟尼指示的方向去要水。他认为，这么容易的事，一定轻易就能办妥。他走了不知多长时间，来到一个村庄，看见真有位白发苍苍的老妇在井边洗衣服。阿难很有礼貌地向这位老妇恭敬作揖，说：“老人家，我可以跟你要一桶水吗？”

老妇一抬头，望向年轻人，不由怒从心生，很生气地说：“不行！这口井只能村子里的人使用，任何外人都是不允许取水的！”说罢，她只管洗自己的衣服，不理睬阿难，任由阿难苦苦哀求也不为所动。

阿难无奈，只好带着空桶回去了。他将遭遇的情形，向释迦牟尼和在场的弟子说了一遍。释迦牟尼点点头，示意阿难坐下。释迦牟尼把目光移向十大弟子中有“智慧第一”美誉的舍利弗，说：“你去吧，舍利弗。”

舍利弗一样走啊走，走到了那村庄。那个白发苍苍的老妇还在井边洗衣服。舍利弗很有礼貌地说："老人家，我可以跟你要一桶水吗？"

老妇抬头望向年轻人，不由得心花怒放，仿佛见了一个很投缘的亲人，很高兴地说："行！行！来来，我来帮你打水……"她打好一桶水给舍利弗后，又叫舍利弗等一下，她匆忙回家拿一些斋食，叫舍利弗带着路上吃……

老妇人是舍利弗的"贵人"，却不是阿难的"贵人"，没办法，这就是缘分！不过，这个故事说的是"一面之缘"，也就是"第一印象"决定了人与人是否有缘。但是在生活中，很多人的"贵人缘"靠的是与他人相处时赢得的。下面的禅宗故事说明了这种事实：

唐朝澧州龙潭崇信皈依佛门后，多年如一日，亲自打柴烧水，挑水做饭，默默地劳作和参学，可他却从来没有得到道悟禅师一言半语的指教。有一天，崇信禁不住对道悟禅师说："师父！弟子自从跟随您出家以来，已经很多年了。可是，我一次也没有得到您的开示。请师父慈悲，传授弟子修道的法要吧！"

道悟禅师听了后立刻回答："你刚才讲的这些话，实在是冤枉师父我啊！你想想看，自从你跟随我出家以来，我哪一天不是在传授你修道的心要呢？"

崇信讶异地问："弟子愚笨，不知道您每天在传授给我什么啊？"

道悟禅师慈祥地笑着说："你端茶给我，我为你喝；你捧饭给我，我为你吃；你向我合掌，我就向你点头。我没有一天懈怠的，这不都是在指示心要给你吗？"

崇信听了师父的话，立刻领悟了师父的良苦用心。这里，道悟便是崇信的"贵人"，只不过崇信一直不知道对方对自己的帮助教育之大而已。

有一份调查表明，凡是做到企业中高级以上的主管，有90%都受过栽培，至于做到总经理的，有80%遇过贵人，自己创业当老板的，竟然100%受过别人的帮助，而且不只是一个人的帮助。调查还发现，名人的成长过程，总有一些至关重要的人物在他们身边发挥着巨大的作用。遇到"贵人"相助，或者知道谁是自己的"贵人"，且接受其帮助，是他们把握机遇的关键，也是他们最终成名的要素之一。

佛教讲缘，缘就是时间、空间、条件、机遇。这其中的道理是不难理解的，一个人要想取得某种成就，必须具备一定的条件，而这些条件的客观方面却往往掌握在别人的手中。别人的支持和帮助，这种"缘"，就像一颗种子不拒绝一块适合它生长的土壤，势必会加速一个人的成功，有时甚至决定着一个人的命运。

现实生活中，可以说，没有人不希望自己遇到“贵人”，可当“贵人”无力再帮助自己时，是从此与其“绝缘”呢？还是续缘、惜缘呢？

曾国藩与穆彰阿交往，人们往往喜欢把其定性为“攀附靠山”。穆彰阿对曾国藩的帮助的确很大，但穆彰阿是看好曾国藩的资质人品，才喜欢上他的。“师爱生敬”，互相作用，并且以“大义”为宗旨，而不是狼狈为奸。曾国藩原名叫曾子城，穆彰阿认为“子城”这个名字小气了点。曾国藩就让老师重起个名。穆彰阿希望曾国藩做国家的栋梁之材，建议把“子城”改为“国藩”，取做国家藩篱的意思。曾国藩非常乐意地接受了。咸丰帝上台后，穆彰阿被免除了一切职务，宣告政治生涯结束。靠山一倒，小人多半落井下石，常人多半弃而远之，而曾国藩却仍然悄悄地到穆府看望他。穆彰阿一再叮嘱其避嫌，曾国藩才去得少了，但他永远感激穆彰阿，当他挂帅湘勇为朝廷尽忠时，还派亲信康福代他去看望老师，得知恩师病重，非常难过。穆彰阿让康福捎给曾国藩一张条幅，上书八个大字：“好汉打脱牙和血吞！”曾国藩感动得泪水当即就流下了。

在曾国藩看来，真正的敬重“贵人”，不仅是向善，而且其本身就是善。他说：“古圣人之道，莫大乎与人为善，以言诲人，是以善教人也；以德薰人，是以善养人也。皆与人为善之事也。然徒与人，则我之善有限，故又贵取诸人以为善。人有善则取以益我，我有善则与以益人。连环相生，故善端无穷；彼此挹注，故善源不竭，君相之道，莫大乎此；师儒之道，亦莫大乎此。仲尼之学，常无师，即取人为善也；无行不与，即与人为善也；为之不厌，即取人为善也；诲人不倦，即与人为善也。”

曾国藩虽然是以儒家口吻说这番话，但其中却蕴含着佛理——“连环相生，善端无穷”——这正是佛所说的“因缘”。

第九章

贪欲引来苦恼

对于所喜欢的东西希望得到、欢喜追求、想要有所作为的一种驱动力或心理功能，叫做欲。佛教认为，贪欲使人热恼不安，驱动人发起有漏业，尤其是发起不善有漏业，由有漏业导致生死苦果，贪欲是人生诸苦之本源。

追求正当的需要

谓欲、能欲性、现欲性、喜乐性、趣向性、希欲性、欣求性、欲有所作性，是名欲。

——《界身足论》

对于所喜欢的东西希望得到、欢喜追求、想要有所作为的一种驱动力或心理功能，叫做欲。唯识学把欲归于五大“别境心所法”（欲、胜解、念、定、慧）之首，认为它是十分重要的基本心理功能，《俱舍论》甚至以欲为一切心理活动的遍大地法（指认识活动引起的一切精神活动），虽然未必确切，但重视欲的作用这一点是可取的。

佛学所谓三欲、四欲、五欲、六欲，皆指人类等欲界众生所具有的基本欲望或需求。三欲，谓饮食欲、睡眠欲、淫（性）欲，基本上皆属生理需要。五欲，指对色、声、香、味、触五种境的需求和欲望；对财、色、饮食、名、睡眠的欲望，也称五欲。六欲，指对色（身体）、形貌、言语音声、（皮肤）细滑、人相（人体美）的欲望，主要指人在性爱方面的欲望。六需，谓眼等六根，各需保养或各有所需：眼需睡眠，耳需音声，鼻需香味，舌需美味，身需细滑，意需法（对事物的认识、思考等）。质言之，眼耳鼻舌身意六根，各有其欲望或所需。

可见，欲并非都是有害的，有益的“善欲”、“善法欲”，佛教认为应予肯定并培育增长。善欲、善法欲，指对弃恶修善、自利利人及修习佛法、解脱涅槃、利乐众生等高尚理想的向往、追求。这种欲望是善心能够精进的前提，被强调为成就一切善法、佛法的根本。《不思议光菩萨所说经》云：“志欲喜乐是菩萨服，成满一切诸佛法故。”

佛教认为，贪欲使人烦恼不安，驱动人发起“有漏业”（未离各种烦恼是非的种种善恶行为）、尤其是发起不善行为，导致生死苦果。所以，贪欲是人生所有苦的本源。佛经说“欲为苦因”，即指贪欲。《杂阿含经》中阿难答外道问：“染著贪欲，映障心故，或自害，或复害他，或复俱害；现法得罪，所世得罪；彼心常怀忧苦受觉。”《大毗婆沙论》解释说，欲寻（与贪欲相联系的寻思）自害者，当贪欲生起时，“身劳、心劳，身烧、心烧，身热、心热，身焦、心焦。复由此缘，当长夜非爱、非乐、非喜、非悦诸异熟果，如是自害。”

龙树《中观宝鬘论》中说：“世间一切乐，唯苦逼变坏，及唯分别故，彼乐非真乐。”众生被贪欲驱使贪求营谋的动机，无非是为了获得乐。趋乐，可谓人类本性深处的本能性趋求，但官能享受之乐有诸多缺欠，所以需要反省：追求时要为它付出很多，即便求得，也无常难保，终会失去；这种乐具有很大的主观性，信赖自心的分别和习惯、教养等。

《中观宝鬘论》中对此作了一个比喻：“搔痒生乐受，无痒更快乐，如是世欲乐，无欲更安乐。”意思是说，痒得难受时搔痒可以得到快感，可这种快感总不如原本不痒好。《瑜伽师地论》中说，世间的一切非由修学佛法而由满足人欲所得的“非圣财所生乐”，有能起恶行、微小不遍所依、非一切时有、受用有尽有边、能为他劫夺、不能从今世持往后世、有怖畏、有怨对、有灾横、有烦恼等十五种缺陷。

米达斯是一个国王，他有很多金子，但仍嫌不够。有一天，一位天使对他说：“我可以让你实现一个愿望。”米达斯很高兴，说：“就让我摸到的一切都变成金子吧。”天使答应了他，说从明天开始，他的愿望就成真。

第二天醒来，米达斯摸着床，床变成了金子，他高兴极了。吃早餐时，他的手一碰到水果和杯子，水果和杯子也变成了金子。他饿得心发慌。这时，他的女儿跑了进来，米达斯刚抱起女儿，女儿也变成了一尊金像，再也听不到她的笑声了。

米达斯后悔了！他痛哭起来，他愿意舍弃所有的金子，只要能换回一个活生生的女儿。天使为他解除了咒语。米达斯从此以后吸取了教训，他懂得了生活中还有比金子更值得珍惜的东西。

钱在生活中的确很重要，但仍有很多东西钱无法买到。钱可以买床，但买不来睡眠；钱可以买书，但买不来智慧；钱可以买钟，但买不来时间；钱可以买随从，但买不来朋友；钱可以买医药，但买不来健康；钱可以买食物，但买不来食欲……实际上，世界上最宝贵的正是用钱买不到的东西。

有时富不富有并不一定是你拥有多少金钱，而是你如何看待金钱。

有的人看起来样样不缺，其实样样都缺；有的人看起来样样都缺，但他却拥有一个富有的心田，所以反而能过得心安。其实，快不快乐、富不富有，看你对生命的态度而定。

到底什么才是真正的富有？世界上有许多“富有的穷人”，也有很多“贫穷的富人”。苏格拉底临死前弟子问他有什么遗言？他突然想起：“啊！我还欠人家一只鸡。”他生前连一只鸡都买不起，可是他把智慧思想留给了世世代代的人，他是最富有的穷人！

人有钱，至少不必为了五斗米而折腰，但是太有钱了，也可能是一种烦恼吧！可是没有钱也是一种烦恼，因为你必须为了三餐而忧愁，虽然金钱仅是一种工具，但如果善用金钱、善待金钱，金钱的意义就会有所改变。

我们应适度追求物质财富，学会享受心灵世界的生活，因为，那是一种自在安祥、愉悦的生活。能不能拥有金钱，每个人努力的程度不一，获得的结果当然也不同。但是能不能拥有一个富有的心田，则是每个人都可以决定的。

淡泊少欲比纵情嗜欲好

多欲为苦，生死疲劳，从贪欲起；少欲无为，身心自在。

——《八大人觉经》

对于欲望，一定要节制。有一天佛陀在林中漫步，这时有一群年轻人匆匆向前走来，向佛陀问："刚才你有没有看见几个女孩子从这边走过？"佛陀问："找她们干什么？"这群人说："昨晚我们与这些女子寻欢作乐，可是清早起来时发现她们都跑光了，并卷走了钱财。"佛陀于是又反问道："寻找女子、钱财重要，还是寻找你自己重要？"……

世人在一味追求外物的时候，很少有人能够去注意自己，并意识到认识自己的重要性。殊不知，财富、成就、名利等等所有的东西加起来也没有生命珍贵。爱惜生命，就得不被太多的物欲驱使，太多的欲望会使自己失去心灵的自由。平时要静静聆听自己心灵的声音，弄清什么才是自己真正渴望的，不再按照别人需要而活着，真正过自己的生活。

《中阿含经·苦阴经》深刻阐明了欲望膨胀的过患。"云何欲患？族姓子者，随其技术以自存活，或作田业、或行治生、或以学书、或明算术、或知工数、或巧刻印、或文章、或造手笔、或晓经书、或作勇将、或奉事王。彼寒时则寒，热时则热，饥渴、疲劳、蚊虻所蜇，作如是业，求图钱财。彼族姓子如是方便，作如是求，若不得钱财，便生忧苦、愁戚、懊恼；若得钱财，彼便爱惜，守护密藏……倘为王夺、贼劫、火烧、亡失，便生忧苦、愁戚、懊恼。"

这是说追求财富和财富亡失导致的痛苦。经中又说："众生因欲缘欲，以欲为本故，母共子争，子共母争，父子、兄弟、姐妹、亲族展转共争。彼既如是共争斗已，母说子恶，子说母恶，父子、兄弟、姐妹、亲族更相说恶，况复他人。"社会上的许多家庭中常常会因为财产的纠纷而造成兄弟打架、夫妻反目、父子仇敌、亲族离散，原因是什么？是因为占有欲吞噬了心灵的善良。

欲望使人向外攀求，在追逐欲望中，心灵散乱。

南阳慧忠禅师被唐肃宗封为"国师"。有一天，肃宗问他："朕如何可以得到佛法？"

慧忠答道："佛在自己心中，他人无法给予！陛下看见殿外空中的一片云了吗？能否让侍卫把它摘下来放在大殿里？"

"当然不能！"

慧忠又说："世人痴心向佛，有的人为了让佛祖保佑，取得功名；有的人为了求财富、求福寿；有的人是为了摆脱心灵的责问，真正为了佛而求佛的人能有几个？"

"怎样才能有佛的化身？"

"欲望让陛下有这样的想法！不要把生命浪费在这种无意义的事情上，几十年的醉生梦死，到头来不过是腐尸与白骸而已，何苦呢？”

“哦！如何能不烦恼不忧愁？”

慧忠答：“您踩着佛的头顶走过去吧！”

“这是什么意思？”

“不烦恼的人，看自己很清楚，即使修成了佛身，也绝对不会自认是清净佛身。只有烦恼的人才整日想摆脱烦恼。修行的过程是心地清明的过程，无法让别人替代。放弃自身的欲望，放弃一切想得到的东西，其实你得到的将是整个世界！”

“可是得到整个世界又能怎么样？依然不能成佛！”

慧忠问：“你为什么要成佛呢？”

“因为我想像佛那样拥有至高无上的力量。”

“现在你贵为皇帝，难道还不够吗？人的欲望总是难以得到满足，怎么能成佛呢？”

是啊，欲望永远没有止境！用比较心生活，总想出人头地，超过别人，希望从他人羡慕的眼光中去感受幸福。人们带着比较心态生活的结果，必然导致恶性竞争，相互残杀，你死我活。因此，许多人会感到疲惫不堪。

当我们欲望上升时，可以读一读赵朴初先生的《宽心谣》，压一下欲火。

日出东海落西天，愁也一天、喜也一天。

遇事不钻牛角尖，人也舒坦、心也舒坦。

每月领取养家钱，多也喜欢、少也喜欢。

少荤多素日三餐，粗也香甜、细也香甜。

新旧衣服不挑拣，好也御寒、赖也御寒。

常与知己聊聊天，古也谈谈、今也谈谈。

内孙外孙同样看，儿也心欢、女也心欢。

全家老少互慰勉，贫也相安、富也相安。

早晚操劳勤锻炼，忙也乐观、闲也乐观。

心宽体健养千年，不是神仙、胜似神仙。

淡泊是一个人的修养，是一个人的精神境界，是一种灵魂的典雅。淡泊于名利的沉浮与得失，以自己的生存方式和生活习惯，平静地对待生活，面对朋友、同事和亲人。不卑微、不凡俗，那有多好。

历来的高僧、伟人，不乏淡泊名利之人，他们为了人类精神与物质的解放孜孜以求，努力奋斗，这些人才是我们每个有志淡泊名利者的榜样。当然，作为普通人，未必能立高僧、伟人那样的大志，未必能成就他们那种事业，然而，我们可以选择心的宁静，步入一种豁达，同时又不会步入避世与懈怠的境地。

不可膨胀发财的欲望

喜怒，好恶，嗜欲，皆情也。养情为恶，纵情为贼，折情为善，灭情为圣。甘其饮食，美其衣服，大其居处，若此之类，是谓养情；饮食若流，衣服尽饰，居处无厌，是谓纵情。犯之不授，触之不怒，伤之不忍，过事甚喜。

——《忍经》

佛法修行者对财富的超脱态度，是由复归于财富的本然之用而祛除世人对财富的“妄执”心态，以及佛教出世解脱的宗教品格所决定的。这其实已经表明了大乘佛法圆融而超脱的“财富观”。

佛教徒并非绝对地拒绝财富，而是鄙夷财富的贪吝之欲。《龙舒净土文》劝诫世间贪吝之徒说：“得钱三千，而不以为多者，贪也；自费两千而遂以为多者，吝也。贪吝之失，众人所同，而不自觉。若能去此，方为贤者。如是则善业无不可为，恶业无不可戒。何则？不吝财以为善、不贪财以为恶，故也。若如是以修净土，必不在下品生矣。又能转以化人，使更相劝化。人则以己无贪吝之心，必加尊敬而乐从其化。所化必广，上品往生，复何疑哉！”

人能忍受俭朴的生活，也就没有贪欲，没有个人的私欲，为人才能正，为官才能清，才能抵御奢侈之风的侵蚀。

海瑞从小养成了一种严谨和俭朴的生活作风，并且一生中始终不变。明朝的制度，知县的薪俸表面上虽然不高，但是暗中其他收入却很多，给百姓造成了沉重的负担。嘉靖三十七年，海瑞从南平县学教谕提升为浙江淳安县知县。从学官到地方行政长官，在别人看来不仅是官职和品级的升迁，而且发财的机会也到了，但海瑞只领薪水，从不拿别的钱。

按明朝的规矩，知县每三年要进京述职一次。每次进京，县太爷们都要带大量的金银绸缎、土特产品送给京城各衙门中的有关官员。老百姓嘲讽说：“朝见年就是京官们的收租年。”知县们进京朝见的来回路费、所开销的礼金礼物，全都摊派在老百姓的头上。海瑞一来就一律停止了种种摊派，老百姓感激不已。

海瑞办事不收礼，也不向上司送礼，有人劝他说："您不能太不顾人情关系，送钱已多年沿袭成风，一旦不送，马上就会惹出祸来的。"海瑞回答说："充军也好，杀头也行，就是这小偷一样的勾当干不得！"也有人劝他："自古以来地方官要想很快升迁，不花些交际费用是不行的，您还是稍微活动一些为好。"海瑞不以为然地说："假使天下的地方官都不给上司们送钱，难道就都不升官了？假使天下的地方官都向上司行贿，难道就没有一个降职，受处分的人了吗？"

海瑞平时穿的是布衣布袍，吃的是粗米素菜。他还亲自在衙门中的空地上种菜，派家里人上山打柴。有一次，海瑞家里买了两斤肉，在县里竟成了头号新闻，人们一打听，才知道是县太爷为老母过生日。海瑞这种俭朴的美德，在当时却被许多官僚、富豪所耻笑。浙江总督胡宗宪还把他给母亲过生日只割了两斤肉，当做笑话到处传扬，嘲笑他的"穷酸气"。后来，海瑞因不事逢迎，得罪了朝廷的权臣左副都御史鄢懋卿和巡盐御史袁淳，被免了职。他在北京等待吏部重新分配时，寒冬腊月，只穿着一件破旧的丝棉袍子。

后来，海瑞做了朝廷的督抚大员，官大名声大，他的家乡一带有人假借他的名义放债买田。海瑞听到这个消息后，立即给琼州府写了一封长信。信上说："我自从出来做事，一直没有回过海南。我自己的薪俸刚刚够维持自家人的生活，并没有一文多余钱可以用于放债买田。我老家只有祖上留下的10亩薄田，每年收获1石2斗左右的粮食，这些年来并没有增加一亩一分。今后，凡是有打着我的旗号放债买田的人，一律作为冒名处理，请您严加惩处，不必留情，并请您把此事转告海南各州县。"

海瑞的应天巡抚仅仅做了八九个月的时间，就为当时的朝廷和地方的权贵们所不容，不得不去职还乡。这位官至封疆、誉满天下的大人物，和当时那些退职还乡后家财万贯、田连阡陌的乡宦相反，解职以后，就在家乡过着清贫的生活。他靠10多亩薄田度日，外加自己替别人写点应酬文字。海瑞在家乡整整度过了16年这样的生活。就是在这样困苦的条件下，当县里负责丈量土地的官吏，出于对他的照顾而给他家少算了1亩8分地的时候，他还是把县衙的书吏叫去，当面予以纠正。

海瑞去世后，人们在整理他的遗物时，发现的私人财产只有俸银10多两，做官服、被褥用的绸缎两匹、麻布一匹。这点财产连当时一般的穷书生都不如。看到这位坎坷一生、多灾多难的宦海老人如此清寒，许多人忍不住哭起来……

海瑞的丧事虽然办得不豪华，但隆重的场面却是任何一个封建官吏去世都比不上的。举丧的那天，南京城里所有的店铺都关了门，大街小巷搭满了市民们自动聚集起来祭奠的灵棚，悲痛的声音笼罩着整个南京城。当载运遗体的灵船过江时，长江两岸穿着白衣赶来送行的队伍竟连绵100余里。

控制欲望，不索取，戒膨胀，安于平淡，清廉自守，这是海瑞的高洁品质！

佛教认为人生最大的快乐不在获得多少，而是在于对已经拥有的能珍惜几分，在于自己的心不被欲望所占据。知足第一富，能知足感恩的人才是世间最富贵的人。“别人骑马我骑驴，看看眼前我不如，回头一看推车汉，比上不足比下余。”攀比、计较只会带给自己更多的怨愤痛苦。幸福就在一念的肯定，当下的承担；不忮不求、不悲不恼的当下一念，就是至上的幸福。“勿羡他人富，勿悲自己穷，知足心常乐，无求品自高。”佛讲的就是这个道理。

不因物欲起盗心

云何名不盗戒？不盗戒者，普施一切众生财物、外命，是故诸佛说不盗戒，名为甘露，清凉安隐。护持是戒，名生天路，名得道处，名涅槃衣，名解脱命。是故诸佛赞叹不盗，断饿鬼因。

——《受十善戒经》

什么叫盗？凡物虽一芥之微，为我所不应取用者而我取用之，即名为盗。什么叫不盗？凡对于物，虽一芥之微，为我所不应取用者，而我从不取用之，这就叫“不盗”。

偷盗，包括的范围非常广，说到最细小的就是占便宜；一个人能够把占别人便宜的念头断掉，才能修大富贵。希望占别人便宜的那个念头，就是盗心。这个心不善！佛说对一切众生都不能有欺负的念头、占便宜的念头。

从前，浙江杭州的西湖，是中国佛教的圣地，不但佛寺林立，而且在家信佛学佛的人也很多。有一位在家学佛的居士，天性好静，专心修学佛法，他在西湖附近盖了一所茅屋，就在其中静修，每天除了自行料理一餐午饭之外，其余的时间，都在精进修持佛法。

有一天，快近中午的时侯，他走进厨房煮饭，把各种蔬菜混在一起，想煮成一锅罗汉菜，以备数天的伙食。当一切都已准备停当的时侯，忽然发现自己所准备的盐，已经不够用了。在此临急之际，他决定去向邻居借一汤匙盐，以便应急。

可是，当他跑到邻居家去借盐时，邻居家人刚好有事外出，没有人在家。烧蔬菜没有盐又不行，怎么办呢？他心想：盐是本地出产的粗俗物，反正一汤匙盐，价值也不到一毫钱，拿人家一汤匙的盐回去应急，大概没有什么关系吧！于是他就私自走进邻居家的厨房，随便拿了一撮盐。

依照一般世俗观点来看，借一撮盐，是一件小事，所以这位居士根本就没有把借盐的这件事记在心里。因此，也就忘记把一撮盐还给人家。

借一撮盐虽然是件小事，但是“非予而取”，这在佛教因果律上，同样构成了严重的问题。因为佛说“三毒”（贪、嗔、痴）之中，以“贪”为首。凡是一花一草，非予而取者，就是犯了偷盗之罪。

居士借盐这件事，经过一年之后，他有一天在修法中，忽然看见面前有一大堆闪亮的物体，晃来晃去，干扰着他修法，而且从此接连多天都是如此。他仔细观察，发现这个明亮的东西，并非别物，而是像山一般的盐堆。他一再琢磨怎么回事，终于想起向邻居家借盐的往事。他非常惊骇地自语说：“拿人家一汤匙盐，一年未还，利息竟然生了这么多！如果亏欠人家一块钱，一年的利息，可能会生出千万块钱，业债果报真是‘一本万利’啊！”

他急忙准备了很多钱，亲自到产盐区去购买数千包盐，盐钱及运费，都一齐付清，嘱咐产盐的主人，把这如山的盐包，运到他昔日借盐的邻家的后园，说是偿还他的旧债。

盐债还清之后，浮现在他面前的盐山，即时消散无踪。从此以后，他的面前就不再浮现盐山了。这位居士终于彻底了悟因果业报的严重，他经常把亲身体验的这件事告诉大家，使他们有所警惕，他说：“莫道小溪容易过，须防暗石也惊人。佛经上所说的‘因果业报，如影随形’，一点也不会错。我向邻家拿一汤匙盐，忘记送还人家，想不到一年之后，一撮盐竟变成如山之大。如此一本万倍的严重利息，真使我心骇胆裂！好在盐是本地出产粗俗又便宜之物，否则如果是金钱或珍贵之物，那后果就难以设想了！”

不仅对他人的财物不可偷盗侵占，对公家和国家的财物同样不可起盗心。当代净空法师准备每年在澳大利亚多住一段时间。一天，一个会计师来找他，说："法师，我们可以帮忙让你少缴一点税。"

净空法师回答说："不可以，这个念头不好，这个念头是盗心。我们无论在什么地方，都是帮助别人，国家也需要帮助，帮助国家是好事情，让这个国家富强，人民生活能够安乐，这是我们应当要做的。如果每个人都有这个念头，国家吃亏大了。国家有了损害，那是对全民的伤害，而不是对一两个人伤害，你想想看，这个偷盗的行为可大了。所以，国家的这些财物决不能偷盗，偷盗结罪很麻烦。我偷盗一个人的，将来都要还债。还一个人的债，容易办；而国家财富是全国人民纳税来建立的、来设施的，要是偷盗它，不管偷盗多少，债主是一国的人民，我能吃得消吗？要还到哪一辈子才能还得清啊！"

对女色要戒邪淫

世人十分之中，四分由色欲而死，四分虽不由色欲直接而死，因贪色欲亏损，受别种感触间接而死。

——印光大师

佛教的终极目标是离苦得乐、脱离六道轮回。有情生命之所以有六道轮回是因为有生老病死忧悲苦恼。之所以有生老病死忧悲苦恼是因为有贪、嗔、痴。色是贪和痴的结果，所以一定要戒色，才可能越生老病死怖，只有越生老病死怖，才会离苦得乐，脱离六道轮回（人道、畜生道、天道、阿修罗道、恶鬼道、地狱道）。

佛教的戒色主要针对出家人讲的，佛陀制定的戒律中出家人必须断一切淫，而对在家修佛的人的要求就没那么严格，居士五戒中也只提出"不邪淫"，也就是允许在家修佛人的"正淫"（与爱人的房事）。

色者，女色也。食色，性也。虽说贪婪美色是人生来的本性，色不可不近，但不可过近，且不可因贪恋色欲而不能自拔。世人皆说红颜祸水，然而红颜何祸之有，乃是因把持不住自己所为，自乱行为，自以为祸。

《劝忍百箴·色之忍》说："桀之亡，以妹喜；幽之灭，以褒姒。晋之乱，以骊姬；吴之祸，以西施。汉成溺，以飞燕，披香有'祸水'之讥。唐祚中绝于昭仪，天宝召寇于贵妃。陈侯宣淫于夏氏之室，宋督目逆于孔父之妻，败国亡家之事，常与女色以相随。伐性斤斧，皓齿蛾眉；毒药猛兽，越女齐姬。枚生此言，可为世师。噫，可不忍欤！”

色之忍，要求人们修养身心，对于美色要保持一定的距离，不可过近，对美色要始终持一种欣赏的态度。对于人生男女之大欲，适可而止，不要无止境地去贪求。

邪淫的恶报，由于邪淫的对象，各不相同，所以恶报的轻重，大有差别。《华严经》云：“邪淫之罪，能令众生，堕三恶道。若生人中，得二种果报：一者妻不贞良，二者得不如意眷属。”以上所述妻子不贞，以及得不如意眷属，是最轻的邪淫恶报。《地藏经》云：“若遇邪淫者，说雀鸽鸳鸯报。”这种因邪淫而堕畜生，是邪淫恶报之较重者。

唐朝有一个人叫裴章，他的父亲与昙照法师极友善。昙师精于相术，他看裴章的相，天庭饱满，地阁方圆，将来的功名事业，一定很有成就。裴章20岁时，娶妻李氏，新婚的时候，尚能相安无事。可是李氏人很老实呆板，貌又不美，难以博得丈夫的欢心。夫妻之间，毫无感情可言。

过了一年，裴章到太原去做官，把妻留在家中。不久以后，裴章在太原结识了一位少女，年龄比李氏轻，貌也很美，二人就在太原同居，把家中妻子，置之不顾。

李氏孤独地住在裴章家乡的老宅中，既没有接到裴章一封信，更没有获得裴章金钱上的接济。虽然李氏是一位很有修养的女人，却无法抑制内心的痛苦与愤怒，终于忧愤致病，不幸去世。

数年以后，裴章又遇见昙照法师，昙师看了他的相，十分惊讶地说：“多年以前，我看你是显贵之相，怎么现在变了呢？过去你的天庭饱满，现在怎么天庭有倾陷之象呢？过去你的地阁方圆，现在怎么地阁尖削了呢？再看你的手相，掌心有黑气盘绕，恐有不测灾祸，宜谨慎防范。你的相变得这样多，不知做了什么缺德的事？”

裴章听了，自己反省数年来的所作所为，觉得其他的事，尚无有亏良心，只有在太原另结新欢同居，以致家中妻子忧愤致死，大概这就是最缺德的事。

昙照法师叹了一口气说：“你本来有美好的前程，奈何不知珍重，家中有了很好的妻子，却要在外邪淫，你这样自己摧残前途，实在太可惜。”

十天以后，裴章在浴室洗澡时，他的部下进入行刺，刀中腹部，五脏尽出而死。昙照法师曾经说他将有不测灾祸，不幸言中了。

佛教不谈命相，在佛学中，并无星相之术。昙照法师精于看相，只是这位法师个人的事。但所谓“相随心变”，还是有一定科学根据的。人做了善事，可使相貌改善，做了恶事，也可使相变恶，这种现象较为普遍，因为人是有思维的，心理影响生理，继而影响相貌。

印光大师在《寿康宝鉴》一书的序文中，有这样的记载：“前年一商人，正走好运，先日生意，获六七百元，颇得意。次日由其妾处，往其妻处，其妻喜极，时值五月，天甚热，开电扇，备盆澡，取冰水加蜜令饮，唯知解热得凉，不知彼行房事，不可受凉，不一会儿，腹痛而死。是知世之由不知忌讳，冒昧从事，以至死亡者，初不知其有几千万亿也。”由上所述，可知房事不仅不可过度，且应知忌讳，例如房事后不可饮冰受凉，否则亦易致病而死。

因此，印光大师又十分慨叹地说：“光常谓世人十分之中，四分由色欲而死，四分虽不由色欲直接而死，因贪色欲亏损，受别种感触间接而死。其本乎命而死者，不过十分之一二而已。茫茫世界，芸芸人民，十有八九，由色欲死，可不哀哉！”

仕途升迁戒钻营

平民肯种德施惠，便是无位的卿相；仕夫徒贪权市宠，竟成有爵的乞人。

——《菜根谭》

印度帝王阿育王，是孔雀王朝第三任国王。他的祖父旃陀罗笈多创立了孔雀王朝，并击败了入侵的希腊人，他的父亲宾头沙罗巩固了这个国家，并向南扩展了国土，累计攻灭了 16 个国家。

佛家经典说阿育王从小就有佛心佛性，但他早年的行为并未能体现出这一点。他 18 岁时被任命为阿般提省总督，后来在镇压旦叉始罗城叛乱中立下大功，积累了政治资本。公元前 273 年父王宾头沙罗病重，阿育王回国争夺王位，传说他杀死了 99 个兄弟之后才坐稳了宝座。阿育王在即位后专门挑选最凶恶的酷吏去设立“人间地狱”残害百姓，并发动了一系列统一南亚次大陆的战争，曾征服过湿婆国等。规模最大的一次是公元前 261 年远征孟加拉沿海的羯陵伽国的战争，造成了 10 万人被杀、15 万人被掳走的人间惨剧。阿育王被伏尸成山、血流成河的场面所震撼，深感痛悔，从小埋藏在他心中的佛性，曾一度被权欲所遮盖，这时终于被恻隐之心所唤醒。他同佛教高僧多次长谈之后，终于被感召，决心皈依佛门，彻底改变统治策略。

历史上不少谋权者、掌权者，其人性被权力欲吞噬，残暴无情，甚至不惜杀死亲生儿女。权力欲还使不少人失去了自由，例如为了保护位子，而不得不服从多数人的意志，为长期掌握权力而自觉接受一帮既得利益者思想的奴役。

所以说，一个人想当官无可非议，但一定要控制权力欲，不可为了升官不择手段，陷害他人；也不可四处钻营攀附，丢失人格尊严。

实现人生的价值，当官不是惟一的选择。孙中山先生曾说过“要立志干大事，不要立志当大官”。如果把自己的人生目标定在当大官上，那永远也满足不了这个欲望，一朝失官，很容易失意绝望。社会上有一种误解，似乎只有做大官，才能做大事，其实未必这样。虽然当大官是做大事的重要前提，但不是惟一前提，有的人官当了几十年，连一件像样的大事也没干成，而有些平民百姓，无权无势，却做出了惊天动地名垂青史的大事。例如李时珍，一位民医，尝天下草，走万里路，九死一生，百折不挠，终于写出了流传千古的药典《本草纲目》。

佛教主张，当官者应怀慈爱心，因为众生平等，乱用权就是“执妄”。现在，权力的基础正是人缘，也就是说，权力是人民赋予的，掌权者更不可乱用权。

可是，有些人做官是为了追名逐利，光宗耀祖，出人头地，他们的光阴都用在谋权上，只为自家捞好处。就说你要好好地当个清官吧，但官职毕竟有限，而干大事的机会却很多。如果把志向定在当官上，人生之路将会越走越窄。只要努力认真去干，各行各业都有许多事情可以实现你的人生价值。王永民在汉字输入方面干出了大事，袁隆平在杂交水稻领域干出了大事，陈景润在数学研究方面干出了大事，张艺谋在电影导演这一行干出了大事。

《菜根谭》说：“平民肯种德施惠，便是无位的卿相；仕夫徒贪权市宠，竟成有爵的乞人。”无论是谁，只要肯“种德施惠”，乐于奉献，便可能做成“大事”，便是“无位的卿相”，且不受年龄地域时间数量的限制，多多益善。

另外，要想到自己适合不适合当官，也就是说当官要具备一定的领导特质，才能在一个群体中产生影响力、说服力和感召力，否则只会是个焦头烂额的官，尸位素餐的官，平庸无味的官。考量领导的特质的指标至少包括：有良好的视野，能战胜自我（心理调整），善于识才、养才、用才、留才；有驾驭能力、充沛的精力、良好的德行，创新发展的意识；有事业开拓能力，具备榜样作用；有敏锐的眼光、活跃的思维、高尚的人格、健康的体魄、渊博的知识等等。

可见要想当一个真正有作为的领导，是不容易的。你想要的位子得不到，莫强求；强求可能走上邪路，也可能看到别人升官而心怀不满。心理一失衡，什么事都可能发生。所以与其要权、要位子，不如把权力看淡一些，看到为官的责任，调整好自己的心态，活得快乐一点。

人生价值包括两个方面：一是个人对社会的责任和贡献，即个人的社会价值；二是社会对个人的尊重和满足，即个人的自我价值。实现人生价值必须具备一定的客观条件，包括以一定的生产力为基础，一定的社会经济、政治、科学文化条件，生存条件，工作条件及社会各方面的支持等。

不是每个人都适合当领导，不是想当领导就当得了领导，但只要你发挥主观能动性，利用自己的聪明才智，创造必要的主观条件，全面提高个人素质，在自己的岗位上好好干，处理好人际关系，同样会有人生价值。

不能为“名”而累

争名夺利几时休？早起迟眠不自由！骑着驴骡思骏马，官居宰相望王侯。

——《西游记》

人生中最难看透的两个字就是“名”与“利”。相传乾隆皇帝下江南，路过镇江，特登上金山游览，问一老和尚道：“和尚！你看前面大江之中，风帆片片，碧天无际，烟波渺渺，你知道这江上来来往往有多少风帆吗？”那老和尚定一定神，悠悠地答道：“皇上，依贫僧所见，只有两张帆。”乾隆皇帝问道：“是哪两张帆呢？”老和尚说：“就是为名、为利的两张帆。”乾隆皇帝便在那老和尚的肩上一拍，笑道：“好一个为名为利！”

常言道：“树大招风风撼树，人为名高名伤人。”能海法师曾打过这样一个比喻，一个人犹如腌的一坛咸菜，要把它密封严，一旦跑了气，就成了一坛臭粪。出家人有了修持的本事，就要韬光晦迹，秘藏功德，否则就成不了大器。

有一首偈诗写道："未必名高位便增，泥中曳尾羡庄生，青山断发成长往，不识人间有转轮。"

不一定名声大了官位就高，古人说"名高谪爵"，就是说你的名气大了，就要把你的官爵给贬了，不让你做大官，以免以后无法收拾。就历史上的大诗人来说，哪个名声不大，但又有几个做了大官呢？所以说"未必名高位便增"。

皇帝让庄周去做官，庄周说："你看稀泥中爬行的乌龟，虽很艰难，但也很安全。一旦把它弄出来，就会剥掉它的龟壳去打卦。我宁愿当泥中的乌龟，也不愿冒风险去做官。"庄子虽是道家，但他的自我解脱也是佛家称羡的。"青山断发成长往"，这是《传戒仪规》中的一句话。释迦佛从宫中逃出后，就一直向深山中走去，并以剑断发出了家，这一走就再没回头。"不识人间有转轮"，释迦佛弃皇位而不坐，也不管世间还有什么转轮王，他都不感兴趣，因这些都不能解除人生的痛苦。释迦佛能丢开至尊无上的皇位，到深山里修习苦行，还有什么舍不掉的东西呢？还有什么名位可追求呢？

在浮躁的竞争时代，很多人想尽各种办法成名，如骂人成名、脱衣成名等等，而成了名的人往往滋长中心意识，自我感觉优越，天下第一。比如不能听批评意见，忌讳别人揭自己的癞疮疤，等等。这种名人病导致名人喜欢窝里斗。所以，名人当中少有几个是真正心态淡泊、清静、虚涵的。贾平凹曾非常精彩地剖析了名人的社会人文心理，表现出少有的清醒。所谓名人的特有心理状态，往往是被名所累，累之过度，便生出名人的病态心理来。

表面上看，名人尤其是演艺界名人，活得潇洒，而他们实际付出的代价却很大，既有精神上的，也有身体上的。下列大名单不能不令人忧思："影帝"张国荣从楼上划出一道凄美的弧线坠地时只有 47 岁；"俏黄蓉"翁美玲因情自杀时年仅 26 岁；陈百强 1993 年去世，时年 35 岁；黄家驹 1993 年在日本东京逝世，享年 31 岁；陈宝莲 29 岁即离开了尘世；"乐坛教父"罗文离世时 52 岁；"飞人"柯受良因醉酒命丧上海时 50 岁；梅艳芳因癌症逝世，终年 40 岁；台湾著名作家三毛"因病厌世"自杀时年仅 48；1997 年台湾知名歌手张雨生遭遇车祸病逝，年仅 31 岁；洛桑 1995 年因车祸去世，年仅 27 岁；23 岁的"香妃"刘丹"香消玉陨"时 23 岁；李媛媛离世时 41 岁；傅彪辞世时 42 岁；高秀敏离世时 47 岁；著名画家兼导演陈逸飞离开人世时 59 岁；著名作家路遥去世时也只有 43 岁，他的《平凡的世界》获得了第三届茅盾文学奖，他的作品《人生》被改编成电影后，引起轰动；2007 年 5 月 13 日“林妹妹”陈晓旭离世时 42 岁……

人生自古谁无死，正常式的、病因式的、不可预见式的死亡，是谁都无法逃避的自然法则。就以人们常说的寿终正寝为例吧，这是人力难免、死而无憾的。可由于自身的不珍惜、不爱护、不检点，将生命的常青树过早地扼杀在成长期、鲜活时、灿烂阶段，则无疑是人生的最大悲苦，也是对只有一次的生命的廉价而沽。有的人为吃喝玩乐所累，以透支生命的健康为代价；有的人为鞍马劳顿所累，以加大生命盛载的超负荷为筹码；有的人为功名利禄所累，以为之熬得身心憔悴为代价……

所以，我们要树立正确的荣誉观，培养崇高的人生信念和高尚的道德情操，不要妄想成名，成了名后做人要低调，保持平常心，不可被名所累。

口腹适量，不做饕餮之徒

羊羹不及，华元受其谋；鼋羹不均，子家肆其祸。　——皮日休《食箴》

人生来就会吃，小孩子一生出来就会吃奶，无奶就啼哭吵闹，但吃了奶后就安分，不哭叫了。食，是人与生俱来的本能欲望。在梵语中，食为牵引、滋养、持续之义，指养育和维持生命所需要的食物。佛学分食为世间、出世间两大类，四食（四种食物）属世间的各种众生维持生命所必需。《杂阿含经》中佛告诉比丘：“有四食资众生，令得住世，摄受长养。”

什么叫“四食”？一为“段食”，又作抟食、揣食、见取食，意谓分段（一口一口吃或一顿一顿吃）而食。此食又有精细之分，粗者如米面鱼肉之类，细者酥、油、水、饮料等。段食以香、味、触三种尘为体，唯是欲界众生所必须。《成唯识论》卷四说段食“以变坏为相”，意思是说食物须被破坏或经化学变化方起作用。段食的实质是吸取物质性的营养以进行新陈代谢。

二为“触食”，又作更乐食、温食、细滑食，以感官摄受的使人感到快乐喜悦的各种信息，如衣着、抚摩、拥抱、洗浴、按摩、音乐、香味，观赏可意的风景、书画等艺术品，欣赏美人的仪态等。《增一阿含》卷二一：“衣裳、伞盖、杂香华熏，火及香油，与妇人集聚，诸余身体所更乐者，是谓更乐食。”

触食的实质是吃感觉。

三为“思食”，又作意思食、意食、念食，以第六意识的思念为体。其实质是吃意念。《成唯识论》卷四：“三意思食，希望为相，谓有漏思与欲俱转，希可爱境，能为食事。”谓思念可爱的、悦意的境和事，能起食物滋养生命的作用。

四为“识食”，以心识的活动为维持生命不可或缺的食粮。

在佛家看来，食就是帮助欲，欲就是帮助“无明”（迷妄），所以要节制食欲。对于贪吃所造成的祸害，历史上记载很多。古人说：“禹恶旨酒，仪狄见疏。周诰刚制，群饮必诛。窟室夜饮，杀郑大夫。勿夸鲸吸，甘为酒徒。布烂覆瓿，箴规凛然；糟肉堪久，狂夫之言。司马受阳谷之爱，适以为害；灌夫骂田蚡之坐，自贻其祸。噫，可不忍欤！”

禹在位时，有个叫仪狄的会酿酒，禹喝了之后感到很甜，说：“后世必有以酒亡其国者。”于是就疏远了仪狄。《尚书》记载，周成王告诫康叔说：“你对酒要严加控制，如果有人聚众饮酒，你应拘捕归案，我要全部处斩。”

《易经》说：“舍弃自己如同灵龟般的智慧，却观望别人手中的食物，此卦凶。”所以卦象说：“君子以慎言语、节饮食，观我朵颐，亦不足贵。”明代许名奎说：“看重口腹之欲会使人卑贱，会使人失去智慧，难道不该忍一忍吗？”

《左传》宣公二年，宋国和郑国交战，宋将华元宰羊慰劳士卒，却忘了给车夫羊斟吃，羊斟暗自生气，且说：“吃羊的事，你作主，驾车的事，我作主。”正式交战后，羊斟驾车直接把华元送到郑国的军队而被俘。宣公四年，楚人送了鳖给郑灵公，吃鳖时郑灵公未给子公吃，子公生气，用手指蘸鳖汤尝了一下，就拂袖而去，郑灵公大怒，预谋杀子公，而子公却先下手杀了郑灵公。郑国伯有嗜酒如命，并有地窖专供夜里饮酒，后被人打死。

春秋时楚恭王和晋厉公在鄢陵打仗，此时楚司马子反口干想喝水，佣人谷阳拿着酒进献司马，司马以酒当水，结果醉卧不起，贻误军情，招致斩首。西汉灌夫因饮酒过量，在丞相田蚡的婚礼上耍酒疯，大骂田蚡和程不识，结果遭到弹劾，连帮他辩解的窦婴也一同被杀。

晋朝刘毅，十分贫穷，在一个丰盛的宴席上，刘毅向庾悦要一块烤鹅吃，庾悦说：“今年又没有得到鹅，哪里有剩肉给你吃！”刘毅遭到羞辱，使记恨在心。

晋朝罗友大大咧咧，小时候人们视为痴呆。有一次他听说人家要祭祠，就早早地跑到别人家去讨饭，结果去得太早，尚未开门，躲在门边一直到天亮讨到饭才离开，且毫无羞愧之色。

晋朝孔群,生性嗜酒。王导劝诫说:“你常喝酒,难道没看见过盖酒坛的布，时间长了就会腐烂吗?”孔群回答说:“你没有见肉，用酒糟腌了保存时间更长吗?”此一问一答，自然使人明白什么是箴言，什么是狂言。

对此，许名奎感叹道:“酒能害身杀身，面对酒的诱惑，要千万忍耐啊!”可见，自古以来人们因食欲毁名败节损身的人实在太多，所以先哲发了不少醒世箴言。

佛教更是看出“食欲无厌之害”，所以提出一套饮食规矩，即:“饮食知量者，此中分四:一、不太多，二、不太少，三、相宜，四、如量。又应对治耽著饕餮。复次，应观食事所生过患:一、正饮食时观可厌恶，二、观食已消化所生过患，三、观追求成办所生之过患，四、观防护之过患，五、观亲属因食成怨，六、观食欲无厌之害，七、被食所缚之苦，八、观因食而起恶行苦果之怖。次正观而食之义者，应作五观:一、计功多少，量彼来处；二、忖已德行，全缺应供；三、防心离过，贪等为宗；四、正事良药，为疗形枯；五、为成道业，应供此食。”

现在，高血压、高脂肪、高血糖的“三高”人群，被称为患了“富贵病”，也就是指这些人生活条件好，不加节制地饮食，结果吃出身体毛病来。所以，不控制食欲对身体非常有害。我国汉传佛教饮食文化的核心内容为素食。现代医学证明，少吃荤多吃素，尤其是多吃蔬菜，是有利于健康的。

第十章
慈悲创造和谐

佛教“慈悲”，告诫人们要保护动物和植物，怜悯与自己同类的人。人善待自然，自然就会以和谐的面目回报人类；人类破坏大自然，自然便与人类对立，结果必然是人类自取灭亡。因此，环境保护的根源在于人类本身，人与人的和谐也在人的本身。

慈悲是无私真爱

同体哀伤者且约出假。见众生苦同于己苦，名为同体。非谓无缘同实体也。

——《止观辅行传弘决》

佛教讲“同体大悲”：“一切众生与己身同体，而生起拔苦与乐、平等绝对之悲心。亦即初地以上之菩萨，摄众生于自体，以众生之苦为己苦，生起哀伤之心。”意思是说，佛的法身与众生的法身是共同的，自己和他人，没有分别，视他人的痛苦就是自己的痛苦。

一个僧人问赵州和尚：“久闻赵州石桥的大名，可到这里一看，只见到一座小桥。”

赵州和尚说道：“你只见木桥，没看到石桥。”

“那么赵州石桥是什么呢？”

赵州和尚回答道：“这座桥既可过驴也可过马。”

石桥遭驴踏马践，在默默显示着大悲之心。赵州和尚从石桥中看到了菩萨的慈悲之心，主动轮回于六道之中，让众生践踏而无怨无悔，勤勉无止。佛教之中的“大悲阐提”指的就是上述情形。阐提是无佛性的意思。本来指那些信奉小乘佛教而不能成佛的教徒，而在大乘佛教中，大慈大悲的菩萨立誓在拯救一切众生之前决不成佛，愿意到异类中去行佛道。赵州和尚在另外一次被提及同样的问题时，没有回答渡驴渡马，而只回答道：“过来，过来！你自己主动地从石桥上走过来吧！”讲的也同样是大悲阐提。到驴马等物中去行道济世吧，这才是一个真正的禅者首先应该做的事情。

慈悲为怀，关爱他人，这是佛家的根本。梁启超说：“感情方面，佛专教人以同情心之扩大，所谓‘万法以慈悲为本’。慈谓与人同喜，悲谓与人同忧。佛以破除假我故，实现物我同体的境界。对于一切众生，恰如慈母对于爱子，热恋者对于其恋人，所有苦乐，悉同身受。佛以为这种纯洁的爱他心必须尽量发挥，才算得佛的真信徒。”

日本盘圭禅师的一名弟子行窃时被当场抓获，其他弟子纷纷要求盘圭禅师把此人逐出佛门，但盘圭没有理会。不久之后，那名弟子恶习难改，再次偷窃又被抓获，众徒再度请求盘圭进行惩治，盘圭依然不予发落。众徒十分不满，联合写了份陈情书，表示若不将窃贼开除，他们就集体离开。盘圭读了陈情书，把弟子全部召来，对他们说：“你们都是明智的人，知道什么是对，什么是不对，只要你们高兴，到什么地方去学都可以。但是你们这位兄弟连是非都还分不清，如果我不教他，谁来教他？我要把他留在这里，即使你们全部离开。”

禅师的话让偷窃者感动不已，一股热泪夺眶而出，心灵得到了涤净，从此他再也不去偷窃了。

因为“众生同体”，所以他人的错误，也是自己的错误，帮助对方就是帮助自己，不弃不毁，这才是无私真爱，像大海一样博大的胸襟！

从这个故事，我们可以得到如此启示：教育，需要呼唤爱的回归，需要一个充满爱的心灵去震撼另一个心灵。教育，从本质上说是一种充满人文情怀的、一个生命对另一个生命的无私关爱。真爱是慈悲的核心。真爱是宽容、是耐心、是感化、是等待，是一种无声的教育。

佛教认为，智和愚，善和恶，都是截然对立的东西，但是，对这截然对立的东西却不能用截然相反的态度去对待，因为对智愚和善恶的爱憎分明的立场往往会落于俗见，给具体问题的处理带来负面影响。

用愤怒的态度对待犯错误的人，只会增强对方的敌意，也会损伤自己的心。在有权力责罚而不责罚的时候，在有能力报复而不报复的时候，宽恕成为一种无声的教育，往往产生好的效果。

仙崖禅师居住的禅院里，有一位学僧心猿意马，时常在晚上偷偷地爬过院墙到外面游玩。一次，仙崖禅师夜里巡查时，发现墙角有一张高脚的凳子，马上意识到有人溜到外面去了。仙崖禅师并没惊动任何人，悄悄地把凳子移开了。他没有离开墙角，站在刚才放凳子地方，默默地等候学僧回来。

时间一分一秒地过去，差不多等到夜深的时候，那个在外面玩了一圈归来的学僧，爬上了墙头，他哪里料到墙下的凳子已经被移走，结果，他一脚踩在仙崖禅师的头上，随即跳下来。他觉得凳子有些软，不由得仔细一看，竟然是禅师，慌得不知如何是好。

这时，仙崖禅师却毫不介意地说："夜深露重，小心身体，不要着凉，赶快回去多穿一件衣服吧。"

这件事，整个禅院的其他僧人都没有知道，仙崖禅师也从来没有提起过此事，但从此以后，全禅院100多位学僧，再也没有人出去夜游了。

真爱无声，"同体大悲"！正如释迦牟尼所说，"一慈众生，如母爱子；二悲世间，欲令解脱道意；三心常欢喜；四为能护念，一切不犯。是为慈心者也。"

对残疾人大慈大悲

起大慈悲，爱同一子。今既继惑入空，同体哀伤倍复隆重，先人后己，与拔弥笃。

——《摩诃止观》

佛教主张"慈悲喜舍"，即以智慧和慈悲之光，照耀和温暖整个世界生命，给伤残病痛者施予慈爱之热流。对待残疾的人，应该像慈悲的母亲对儿子那样来对他。

圣天论师在《四百论》中说："如母于病儿，特别觉痛爱，如是诸菩萨，特意愍恶者。"月称论师在《四百论》的讲义中讲了个故事：

以前有一个女人，她有六个孩子，前五个生活都能自理，有一定的谋生技能，但第六个孩子品行恶劣，经常做些非法恶业，因此母亲对小儿子特别关心，成天想尽办法关照他。世上也有这样的现象，比如一个母亲有三四个孩子，其他的孩子都有工作，别人对他们态度也很好。但有一个孩子性格恶劣，大家不喜欢他，而且是残疾人，这样的话，母亲会对他特别好，他纵然发脾气对她作各种伤害，母亲还是照样关爱他。大乘修行人对恶劣者也是如此。

月称论师说："一切大悲尊，视众虽平等，尤于愚劣者，却更生悲愍。"意思是说，诸佛菩萨大悲尊者虽然对众生一视同仁，皆以平等的菩提心来对待，但对愚痴野蛮的可怜众生，尤其要关心照顾。

"慈悲为本，方便为门"！残疾人是社会弱势中的弱势，需要人们更多的帮助和关怀。对此，李维汉、胡子昂、季方、华罗庚、赵朴初、黄鼎臣、吴作人、张邦英、黄家驷、吴阶平等德高望重的老先生和社会知名人士积极倡议，并经国务院批准，于1984年3月15日在北京成立中国残疾人福利基金会，宗旨和任务是弘扬人道主义，动员社会力量，辅助国家发展残疾人事业，促进残疾人平等参与社会生活，共享社会精神文明和物质文明成果，宣传残疾人事业，呼吁社会理解、尊重、关心、帮助残疾人，鼓励残疾人自尊、自信、自强、自立。

李嘉诚先生为残疾人事业捐了不少善款。中国残疾人福利基金会一经成立，李嘉诚就捐款200万元港币；1991年他与属下集团捐给中国残疾人联合会1亿港元。1999年李嘉诚在致汕头大学/香港中文大学联合国际眼科中心成立的祝词中写道："至今我仍认为，这是多年来捐款中其中一项最深具意义的事情。"

李嘉诚从不间断与中国残联领导晤谈，了解残疾人状况，屡屡提及"助无助者"。他说："人在无助的时候，帮一下，是最有益的。"他的捐款作为"种子钱"，每用1元，带动各方面拿出7倍以上的配套资金，用到残疾人最急需的项目上，取得了很好的效果。李嘉诚对中国残联领导说："每一个铜板都是辛辛苦苦得来的，你们使用资金的效益这么高，令人佩服！你们所做的，是一项高尚的事业。"

李嘉诚与两个儿子谈到，内地残疾人的困难令他动情，中国残联使用捐款的效益令他动心。李嘉诚对复明工作情有独钟，他说："眼居五官之首，是心灵之窗。在残疾人中，盲人最为困难。"1991年，他特别期望能在5年把内地400多万白内障患者全部治好。

经过三个月紧张工作，中国残联深入调查，精心测算，并与有关部门反复研讨，结论是：受组织工作和医务力量的限制，5年内难以治愈全部白内障患者；况且，盲人只是残疾人中的一部分，其他各类残疾人也急待救助。当时鉴于中国残疾人事业刚刚起步，百业待举，急需制定实施一个均衡的、务实的整体计划，却苦于缺少资金。为使捐款发挥更大的作用，中国残联期望将李嘉诚的捐款作为更多领域发展的启动资金，成为一颗给各类残疾人带来更多利益的大种子。为此，中国残联着手草拟残疾人事业5年计划纲要，并致函李嘉诚先生，希望与他的代表磋商。

李嘉诚委派次子李泽楷来北京，全面了解内地残疾人状况、工作的要点、难点及正在拟订的计划纲要草案。李泽楷凝神倾听，仔细阅读，频频点头。几天后，李嘉诚致函邓朴方："贵会最能了解残疾人士之需要，所做之决策亦能令残疾人士无论心理及生理之健康均得到最大之帮助，本人及属下公司均乐意配合……"

1991年12月29日，国务院正式批准颁发了《中国残疾人事业"八五"计划纲要》及与其配套的16个业务领域实施方案，中国残疾人事业首次有了与国民经济和社会发展计划同步的系统发展计划。李嘉诚选择其中最急需资金的8个项目投入了他的1亿元。从中央到地方，各级政府也为此投入了十几亿资金；同时，社会各界热心关注，踊跃赞助。

李嘉诚播下的这粒种子，在中国大地上结出了丰硕的果实，不仅促进残疾人事业由小到大、从点到面，走上系统发展的轨道，而且使众多残疾人实实在在的受益。

佛学大师赵朴初生前在医院挥毫为李嘉诚题词："拳拳爱心"。很少题词的李嘉诚，在甘肃省残疾人康复中心一挥而就："发扬人性中光明与高贵的一面，为无助者提供无偿服务。"随后，残疾人也送上他们的礼物——在众多残疾人的签名之上，托出一行大字："您的爱改变了我们的一生！"

怜悯和帮助苦难者

譬如父母见子遇患，心生苦恼，愍之愁毒，初无舍离；菩萨摩诃萨住是地中亦复如是，见诸众生为烦恼病之所缠切，心生愁恼，忧念如子，身诸毛孔，

血皆流出，是故此地名为一子。 ——《大般涅槃经》

慈悲，不是以我为中心而出发的，而是建立于一切众生的“平等相”上面的。从物质方面讲，一切众生皆同一体，绝无差别；从精神上讲，一切众生同具心识，而且精神更无界限可分，尤足表明其为平等一体，所以佛教中又称慈为平等慈、无缘慈，悲为同体悲。

如见众生需要什么，我就随分随力给他什么，使他获得满足而快乐。当我施舍于众生时，切不可存我为能施、彼为所施之想，于二者之间，亦不存施舍多少财物想，如此则不起我慢、不求名誉、不望报答、不缘一切相，这才是所谓无缘慈、平等慈。

如见众生有何痛苦，当作同体想，彼所受苦，即我所受，无有彼我分别，遂兴大悲心，随分随力，除彼痛苦。当我救度众生时，亦不可存我相人相，不求名誉报答，不住一切相，这才是所谓同体大悲。

从前有一个非常出名的吝啬的人，他从来没有想过要给别人东西，看见苦难者，也从不生怜悯心，慈悲心。佛陀得知后，决定去教化他，于是到了他住的城镇去开示。佛陀告诉大家慈悲助人的功德：“一个人这辈子之所以富有，比别人长得高、长得帅，所有一切美好的事物，都跟上辈子的布施有关。”

这个吝啬的人听了佛陀的教示之后很感动，可是他仍然不愿帮助苦难者，不过，他为此深感烦恼，便跑去找佛陀，说：“世尊呀！我很想向穷人伸出援助之手，但是做不到。”

佛陀从地上抓了一把草，把草放在吝啬者的右手，然后要他张开左手，佛陀说：“你把右手想成是自己，把左手想成是别人，然后把这把草交给别人。”

吝啬的人一想到要把这把草给别人，就呆住了，想得满头大汗，仍然舍不得给出去，最后，他突然开悟：“原来左手也是我自己的手。”就赶紧把草给出去，自己也为此深感欣慰。第二次他只花了约一分钟时间，就把草给了出去。后来，他很简单地就把草给了出去。

佛陀于是说：“现在你把草放在左手，把右手张开，将草交给别人。”

第一次，吝啬的人也是想了半天才给出去，第二次他很容易就交出去。

最后，佛陀对他说：“你现在把这把草给别人。”

吝啬的人便把这把草给了别人。经过不断的练习，这个有钱人便把财物布施给别人，最后把身体也布施给了别人，结果证得了菩提。

这个故事告诉人们，慈悲之心是可以训练的，从现在开始，去帮助别人，而不仅仅停留在口头的“同情”上。

刘质平在中国现当代音乐教育史上贡献卓著，他曾是个非常苦难的人，1915年秋因病休学，心情特别苦闷。李叔同写了封信去安慰，鼓励他道：“人生多艰，‘不如意事常八九’，吾人于此，当镇定精神，勉于苦中寻乐；若处处拘泥，徒劳脑力，无济于事，适自苦耳。吾弟卧病多暇，可取古人修养格言读之，胸中必另有一番境界。”

刘质平留学日本期间，李叔同在信中仍殷切告诫他为人处事的准则。当他因弹奏贝多芬钢琴曲时产生畏难情绪，又担心报考正规音乐学校落榜时，李叔同又侧重心志地开导：“愈学愈难，是君之进步，何反以是为忧！试验时宜应试，取与不取，听之可也。但如君现在忧虑过度，自寻苦恼，或因是致疾，中途辍学，是真对不起鄙人矣。从前牛山充入学试验，落第四次，中山晋平落第二次，彼何尝因是灰心？”

1917年，刘质平考入东京音乐学校。可是他又为学费而苦恼起来。李叔同曾为他申请过官费，虽未成功，却体现了一片爱生之情。在刘质平家中宣布中止资助时，李叔同毅然决定解囊相助，并给学生立下了规矩：“一、此款系以我辈之交谊，赠君用之，并非借贷与君。因不佞向不喜与人通借贷也。故此款君受之，将来不必偿还。二、赠款事只有吾二人知，不可与第三人谈及。家族如追问，可云有人如此而已，万不可提出姓名。三、赠款期限，以君之家族不给学费时起，至毕业时止。但如有前述之变故，则不能赠款（如减薪水太多，则赠款亦须减少）。四、君须听从不佞之意见，不可违背。不佞并无他意，但愿君按部就班用功，无太过不及。注意卫生，俾可学成有获，不致半途中止也……”

李叔同资助刘质平继续留学，并未因他1918年决意出家而置之不顾。他估计至刘质平毕业还需日金千余元，就准备借款，他说：“余虽修道念切，然决不忍致君事度外。此款倘可借到，余再入山；如不能借到，余仍就职至君毕业时止。君以后安心求学，勿再过虑。至要至要！”

李叔同对刘质平，像慈父一样。刘质平感动地说：“先师与余，名为师生，情深父子。”

对老人多些体贴照顾

老者，谓彼众生，头白齿落，盛壮日衰。身曲脚戾，体重气上，拄均而行。肌缩皮缓，皱如麻子。诸根毁熟，颜色丑恶。是名为老。

——《中阿含·分别圣谛经》

大乘佛法是建立在孝道的基础上，《戒经》说："一切男子是我父，一切女人是我母。"佛法是师道，是以孝道为基础，没有孝道就谈不上师道。一个人如果是不孝敬父母，而会恭敬老师，这在理上是讲不过去的；这种情形必然别有企图——存心巴结老师，必是不怀好意。孝顺父母又尊重老师，才是理所当然，人人应该如此。

生命由盛变衰是自然规律，人老了往往疾病缠身，佛经中称之为"老苦"，即衰老时身心所受的苦恼。如《中阿含·分别圣谛经》所说的："老者，谓彼众生，头白齿落，盛壮日衰。身曲脚戾，体重气上，拄均而行。肌缩皮缓，皱如麻子。诸根毁熟，颜色丑恶。是名为老。"体力之衰竭，给生活带来不便，因此，佛陀在最后的涅槃会上语重心长地说："世间一切，皆是无常、败坏、不安之相。"没有人能够避免老死相催，也没有人不曾见过老死的无奈和哀苦。

佛陀是十分尊重老人的，有一天，佛陀出外游化，有一位80岁的老翁来到僧团要求出家修行，根据留在寺庙里的佛弟子观察，此人几辈子都没有种下善根，没有善根的人是不能出家学佛修行的，所以就拒绝了他。老人很伤感地流着眼泪回去了，在回家的路上，恰好遇到佛陀游化归来。佛陀问他为何如此伤心哭泣？老人诚恳地说出了自己的心思。佛陀很同情这位老人，也很尊重他的选择，就亲自答应他，帮助他出家修行。佛陀是珍爱真理的人，真理能够使任何人得到解脱，但要人们能够真正发起接受真理的诚心。

在《杂宝藏经》卷一记载了"弃老国"的故事，提倡"一切国土，还听养老。……其有不孝父母，不敬师长，当加大罪"。佛教寺院也常常设有"安养堂"，又叫"安老"，就是指禅院中，老僧与隐居者所安住的寮舍。于此安住的人，如果年龄到了七八十岁，则可免一切勤行作务而供给粥饭。专门让年老而身体衰弱的僧人所住之处，也称为安老。另外，年龄虽老而能发道心，于僧堂中修行者，亦称为安老。这是教团中对于老人的特别关怀。

我们应该怎么关怀老人呢？一般包括这几个方面：

第一，子女应该注重孝顺，赡养自己的老人。年老体衰行动不便，所以不可让他们参加体力劳作，使之安养年迈之躯体。对于生活起居不便的老人，还要好好伺候，极力照顾关怀。

第二，在精神上给予充分的尊重，生命的尊严就在死亡面前也不会逊色，帮助老人们消除过去生活的阴影，创造一个温馨、祥和、平静，而又充满尊严的氛围，打消他们因为“老态龙钟”而产生的自卑心和恐惧感。

第三，有些老年人容易脾气暴躁，抱怨亲人和社会，有时候很难听得进后辈的善言慰劝，这就需要寻访他们能够信任的人来开导他，或者恭请有智慧的长者来关怀其身心的健康和安稳。这样或许能够使其对生命产生新的认识，体悟获得新生的感觉，非常珍贵！

第四，最好能够在父母老年的时候，提醒他们死亡的真相和有生必有死的事实，对于死亡的过程以及心灵的转换，都有一个理性的认识和坦然的准备，这样就可以在迈向死亡的路上，有了明确的目标，具备美好的向往和归宿，这对于老人来说是最为重要的安慰了。

这一点有别于道家的认识——死亡是自然法则，所以要坦然地接受。而佛教把生命放在超大的空间进行考量，提出“生死轮回”。

第五，对于很多老人来说，最好的关怀是儿女静静地聆听他们唠叨，倾听他们数十年的风雨沧桑，静听他们的悔恨怨言和得意笑声。但要在聆听的时候，怀着无比的崇敬与爱戴，尽量让他们的思路在无形当中转入洒脱的境界。

总之，知识分子类的老人，需要的是活泼的赞美和尊重；一般老人，需要的是真诚的谅解和鼓励。如果你能够尽心尽力的关怀老人，那么老人的临终也将会得到殊胜庄严的好相，死亡也会是一种温馨的礼物了。

对临终者予以关怀

非于生死之外别有佛法，非于佛法外别有生死。

——憨山《梦游集》

释迦牟尼佛出家寻道是为了解决“生死大事”。明朝憨山大师在《梦游集》中说：“从上古人出家本为生死大事，即佛祖出世，亦特为开示此事而已，非于生死之外别有佛法，非于佛法外别有生死。”

《杂譬喻经》记载，过去有一老母，唯有一子，得病后命终，老母守在坟场儿子尸旁，哀伤不已，心想：我只有一个儿子，以备防老，如今舍我而死，我活着有什么用？于是便想要跟儿子死在一起，四五天不饮不食。

佛陀知道后，带了500位比丘来到坟场。老母远远看见佛来了，连忙上前向佛作礼。佛陀告诉老母：“为何待在坟场？”

老母回答道：“我只有一个儿子，可舍我先去，我太爱我的儿子了，所以想和他死在一起。”

佛陀告诉老母：“想要你的儿子活过来，是吗？”

老母高兴地说：“很想，世尊。”

佛陀说：“到一户没有人死过的人家，要个好香火来，我当咒愿令你儿子重生。”

于是老母便去取香火，每到一家都这样问：“你家以前有没有死过人？”对方回答道：“有，祖先都死了。”老母问了数十户人家，回答都一样，于是未取到火，便回到佛陀身边，说：“世尊，我走遍数十户人家求火，没有一家不死人，所以空手而还。”

佛陀告诉老母：“天地开辟以来，没有生而不死之人，你为何迷惑，想要随儿子一起死？”

这个故事，佛陀在讲有生必有死的道理。纵然佛陀在世，也不能令必死之人重生，唯有修行解脱，才能永生不死。

世界上每个人的生存状态不同，所遭遇的人生事件也不一样，唯一相同的是——都面临着生死之关，这给人生带来了最大的恐惧和最深重的痛苦。所以佛教以慈悲为怀，对临终者之“灵”与精神层面予以关怀和照顾。近代中国著名高僧太虚法师以“人间佛教”的精神开展了佛教革新的运动，他说：“人间佛教，是表明并非教人离开人类去做神做鬼、或者皆出家到寺院山林里去做和尚的佛教，乃是以佛教的道理来改良社会，使人类进步，把世界改善的佛教。”他强调佛教要服务社会，促使人类进步，凸显了佛教的社会性。

当代的星云禅师也大力倡导人间佛教，他说：“追本溯源，人间佛教就是佛陀之教，是佛陀专为人而说法的宗教，人间佛教重在对整个世间的教化。”

《佛医经》说："人身中本有四病：一者地，二者水，三者火，四者风。风增气起，火增热起，水增寒起，土增力盛。本从是四病，起四百四病。"如果此等诸病辗转相钻，四百四病同时俱作，其人必会极寒、极热、极饥、极饱、极饮、极渴，时节失所，卧起无常。

佛法中对于病人的关怀，是慈悲而广大的。据经典记载，佛陀曾经帮助一位眼睛看不见的比丘穿针和缝衣服，也曾为一个重病的弟子擦洗身体，帮他打扫卫生，喂他服药。这些看似简单的小事，却透露出佛陀的完美人格，爱心和慈悲，以及佛陀一贯主张的"心佛众生三无差别"的平等观。

在尊严和真诚的感召下，人的病痛会相应的减轻。一个人如果做好了死亡的充分准备，战胜了病痛的畏惧和恐慌，死亡也就只是水到渠成的生命经历而已。也就是说，对病危者的临终关怀，重要的是帮助其树立超然的态度，以审视死亡，那么病危者就不会害怕死亡了。

佛教主张临终关怀，就是因为现实人生具有老、病、死之悲哀。既然生命是完美的，就应该没有悲哀和痛苦，既然人们不能够从悲哀痛苦中解脱出来，已经觉悟的解脱者也就应该对他们进行正面的关怀。临终者的福德因缘和对其自身的信心，是走向解脱之道的内在主因。由于觉者圆满的智慧和无我的慈悲，能够给正在受苦受难的临终者以温馨而喜悦的力量，使之开放自己而获得彻底的自在，因此说正面的临终关怀，是临终者解脱痛苦和觉悟真理的重要助缘。

佛教最早的临终关怀机构，是设在印度祇洹精舍之"无常院"，目的在使病患能兴起往生极乐世界之想，此乃根据弥陀净土法门之思想而来。世界临终关怀机构很多，许多医院设立了"安宁病房"，提供临终病人的安宁疗护，尊重病人的意愿与权益，帮助遭受病魔摧残的苦难心灵，找到慰藉，安顿身心。凡此，都是对生命的终极关怀的慈悲表现。

热爱和平，反对暴力

杀心不除，尘不可出。

——《楞严经》

佛教反对暴力，反对战争，反对任何形式的暗杀和恐怖主义行为。《智度论》

说："诸余罪中，杀罪最重。"任何形式的暴力，不论以什么为借口，都是绝对与佛的教诫相违背的。

在佛教史上，佛教徒们常常遭受到异教或政治的迫害，除了从容殉教，从未有过暴力的反抗。佛陀应用慈悲的力量，化解暴行。例如：当提婆达多放出醉酒的大象冲向佛陀时，佛陀以他的慈悲降服了大象，使大象驯服地跪在他的面前。动物尚且能被慈悲感化，更何况人呢？又有一次，佛陀明知鸯哥摩罗是个杀人不眨眼的大盗，但特地去找他，把他感化了。佛说："只有慈爱，才能解除仇恨，这是永桓的哲理。"

释迦族的迦毗罗卫国受到舍卫国琉璃王的侵灭之时，迦毗罗卫的统治者是佛陀的堂弟摩诃男，是虔诚的佛教徒。以当时释迦族人的武功来说，不但可以抵抗一阵，还可以打败琉璃王，但他们不愿他人的流血，也不愿自己流血，所以没有抵抗，便把城门打开，向琉璃王投降了。可是，琉璃王并不因释迦族的投降而赦免释迦族人的生命。

在这情形之下，摩诃男便向琉璃王要求，让他潜到水底去，当他未出水面之前，任由释迦族人逃亡，待他出水之后，再把未及逃走的释迦族人集体屠杀。琉璃王答应了。但是，摩诃男潜入水底之后，再也不出来了。琉璃王眼看释迦族人都要逃光了，急忙派人下水察看，发现摩诃男把自己的头发紧紧地系在水底的树根上，他早已淹死了。为了所信的宗教，为了守持不杀生的和平主义，释迦族人宁可投降被杀；为了挽救族人的生命，摩诃男宁可自沉水底而壮烈的牺牲。琉璃王也终于大大的感动了，停止了他的屠杀计划。

这则故事，充分说明佛教是主张慈悲，反对暴力，热爱和平的宗教。

战争非常残忍，是对生灵的涂炭。例如，从李自成起义到吴三桂灭亡，混战 54 年，明末人口为 1 亿，到清世祖时全国人口只剩下 1400 万人，损失人口 8000 多万。1644 年阴历八月初九张献忠攻陷成都，下令屠城三日。三日过了，停止大杀，仍然每日小杀百余人以树威。欧洲传教士利类斯和安文思二人所著《圣教入川记》记载，张献忠每日杀一二百，为时一年又五个月，累计杀人 10 万。满清军队攻破扬州城，扬州顿成地狱，死者达 80 余万。1937 年 12 月 13 日，日军进占南京城，在华中方面军司令官松井石根和第 6 师团师团长谷寿夫等法西斯分子的指挥下，对中国手无寸铁的同胞进行了长达 6 周惨绝人寰的大规模屠杀。日军集体大屠杀 28 案，19 万人，零散屠杀 858 案，15 万人。南京大屠杀，中国军民被枪杀和活埋者达 30 多万人。

血腥屠杀，灭绝人性！这与佛教慈悲主义背道而驰。《杂阿含经》中说：“战胜增怨敌，败苦卧不安，胜败二俱舍，卧觉寂静乐。”这是佛陀热爱和平、反对战争的慈悲心声。

所谓慈悲，能给予他人乃至一切众生之乐称为“慈”，能拔济他人乃至一切众生之苦称为“悲”。在慈悲主义的实践下，不会见到可憎可恨的人，只有见到可怜可悯的人。所以，在佛教徒的观念中，宁可牺牲了自己的生命，贡献出自己的生命，来感化强暴，来赢取和平，也不愿以牙还牙、以暴抑暴地从事战争。

佛教试图通过对人类心灵的改造来防止与制止战争。“诸恶莫作，众善奉行，自净其意”！戒杀是佛教戒律中最根本的五戒（不杀生、不偷盗、不邪淫、不妄语、不饮酒）之一，并且居于五戒之首。“若自杀，若教他杀，见杀随喜”，都是有违佛教戒律的。

“一切男子为吾父，所有女类是我母”，作为爱好和平、慈悲济世的佛教，倡导尊重地球上每一个生命和生灵。这一点，无论在历史上，还是在现实中，都有积极的意义。

传播和弘扬佛教的慈悲平等、缘起无我的和平理念，对于净化人们的心灵，和谐群体生存的环境，制止和消除人类的暴力行为，都具有正面价值的导向作用。

第十一章
发愿实现目标

发愿，发起誓愿之意。又作发大愿、发愿心、发志愿、发无上愿。发愿，是发自内心的真切愿望。我们所做的一切努力都要围绕相应目标进行。只有确立了人生目标，所作所为才会有针对性。

发上等愿，结中等缘

发上等愿，结中等缘，享下等福；择高处立，就平处坐，向宽处行。

——荣毅仁座右铭

人的意识决定行为。佛教关注发心、修行两个方面。发心，是发菩提心。所谓发菩提心，就是发大誓愿，如四种宏愿："众生无边誓愿度，烦恼无尽誓愿断；法门无量誓愿学，佛道无上誓愿成。"四宏誓愿说穿了，主要思想就是"先度众生，后成佛"。

有一天，三个佛徒要下凡人间，来请示佛祖如来。如来问第一个人："你到了人世间，准备怎样度过自己的一生？"这个人想了想，回答道："我要充分利用生命去创造。"

如来又问第二个人："到了人世间，你准备怎样度过你的一生？"第二个人想了想，回答说："我要充分利用生命去享受。"

如来又问第三个人："到了人世间，你准备怎样度过你的一生？"第三个人想了想，回答说："我既要创造人生又要享受人生。"

如来给第一个人打了50分，给第二个人打了50分，给第三个人打了100分，他认为第三个人才是最完美的人，他甚至决定多派一些像"第三个人"这样的佛徒下凡。

第一个人在人世间表现出了不平常的奉献感和拯救感。他为许许多多的人作出了许许多多的贡献。对自己帮助过的人，他从无所求。他为真理而奋斗，屡遭误解也毫无怨言。慢慢地，他成了德高望重的人，他的善行被人广为传颂，他的名字被人们默默敬仰。他离开人间，所有人都依依不舍，人们从四面八方赶来为他送行。直至若干年后，他还一直被人们深深怀念着。

第二个人来到人世间，表现出了不平常的占有欲和破坏欲。为了达到目的他不择手段，甚至无恶不作。慢慢地，他拥有了无数的财富，生活奢华，一掷千金，妻妾成群。后来，他因作恶太多而得到了应有的惩罚。正义之剑把他驱逐人间的时候，他得到的是鄙视和唾骂。若干年后，他还一直被人们深深痛恨着。

第三个人来到人世间，没有任何不平常的表现。他建立了自己的家庭，过着忙碌而充实的生活。若干年后，没有人记得他的生存。

人们为第一个人打了100分，为第二个人打了0分，为第三个人打了50分。这个分数，才是他们的最终得分。

所以，佛教提倡发愿要发上等愿，胸怀天下，度人度己。

我国近代民族资本家荣德生就是这样一位智者。作为父亲，他"发上等愿"对儿子荣毅仁的一生影响很大。荣德生经营棉纱和面粉业，20世纪30年代已成巨富。当时上海的青帮和特务勾结绑架他，勒索巨款。荣德生拒绝，便遭毒刑拷打，终难忍受，只得如数交出，才获释放。荣德生经历此番劫难，深感人生太苦，过去过穷日子很苦，如今发了财连性命都难保，更苦，因此打算自杀了结。一位学佛的朋友用佛法劝他说，财富名义上属于你，实际上是大家共有。财之所聚，即怨之所聚。荣德生恍然大悟，从此积极从事慈善救济，广结善缘。他设立"百桥公司"，发愿无偿兴建100座桥梁，为社会造福，其他善举不胜枚举。他的事业从此蒸蒸日上，家财更加富裕，他并被人们誉为大慈善家。

后来，荣毅仁把父亲喜欢的一幅对联——"发上等愿，结中等缘，享下等福；择高处立，就平处坐，向宽处行"——作为自己的座右铭。

中信公司刚成立时，在崇文门旅馆办公，夏天太热，荣毅仁自己掏钱为大家买饮料消暑，不用公款报销，早期进公司的人对此仍然记忆犹新。后来他买了几套住房，让没房的公司单身青年住，还一分钱不收。他说话无锡口音很重，偶尔给他当翻译的人犯怵，怕听不懂出错曲解了他的意思，他每次都很耐心地重复，让翻译人员感到不再紧张，翻译实在听不懂的话，他索性由身边人重说一遍。

可以说，中信集团公司做大做强，与荣氏几代人“发上等愿”且努力实践有很大的关系！

“发上等愿”，对应的是“择高处立”，就是要胸怀远大的理想和抱负。志不立，则天下无可成之事，而且往往是一个人追求的目标越高，他的才能和智慧就发展得越快，对社会的贡献也就越大。所以，我们应有“精卫衔微木，将以填沧海”的精神。杜甫“安得广厦千万间，大庇天下俱欢颜”，周恩来“为中华崛起而读书”，鲁迅“我以我血荐轩辕”等等都属于发上等愿。

所谓“结中等缘”和“就平处坐”，就是要脚踏实地，积极稳妥。不为有功之功，固功莫大；不为有名之名，固名莫厚。高潮的过后，很可能就是低谷。所以凡事执著，不刻意，不带有功德回报的想法。

“享下等福”和“向宽处行”，就是要在生活上严格要求自己，在做事时留有余地。有而不知足，失其所以有；欲而不知止，失其所以欲。这也正如诸葛亮所言：“静以修身，俭以养德。非淡泊无以明志，非宁静无以致远。”

发圆满愿，远离烦恼

从于今日，立深誓愿，远离恶法，誓不更造；勤修圣道，誓不退惰；誓成正觉；誓度众生。阿弥陀佛，以慈悲愿力，当证知我，当哀愍我，当加被我。

——莲池大师

在大乘佛教中，菩萨发心先为众生，后为自己，所谓“不为自己求安乐，但愿众生得离苦”，这与宋朝范仲淹所说“先天下之忧而忧，后天下之乐而乐”不谋而合。阿弥陀佛在菩萨位时，所发四十八大愿，愿愿为了一切众生利益。后来的高僧大德同样发愿“利益众生”，以求圆满。

有一次信徒请教赵州禅师说："禅师像你这样有修行、有慈悲心的大善知识，请问你有没有烦恼？"

"不瞒你说，我有许多的烦恼。"赵州禅师回答。

"禅师！你这么一位有悲愿的高僧，为什么还有那么多烦恼呢？"信徒纳闷再问。

"因为你有许多烦恼，所以我也有许多的烦恼。如果我没有烦恼的话，那么我们彼此之间又如何去交流呢？"

"禅师！像你这么慈悲修行菩萨道的人，将来会不会堕入地狱呢？"信徒又追问。

"当然会入地狱呀！"

"像师父这样的大菩萨，为什么还会入地狱呢？"

"如果我不入地狱，将来你们这些地狱种子的众生靠谁来拯救呢？"赵州禅师无限慈悲地回答。

赵州禅师"但愿众生得离苦，不为自己求安乐"，"我不入地狱，谁入地狱，地狱不空，誓不成佛"，还有近代慈航法师"若有一人未度，切莫自己逃了"，这些都是不计一己幸福的利人精神。

愿望是人生的目标，我们所做的一切努力都要围绕这个目标进行。只有树立了人生目标，自己所作所为才会有针对性。比如要买房子，为实现这一目标，就会努力地赚钱、存钱；反之，如果缺乏目标，钱一到手就会随手花掉，即便有再多的钱也无法积攒下来。

假如有两个孩子向父亲要很多钱，父亲会不会不问一声就给他们呢？不会的。父亲一定会问，你们要钱做什么？第一个孩子说："我身上放很多钱。随时要用就有了呀！"第二个孩子说："我要将钱存在银行，生利息，用利息钱学技能，等技能学好了，再用那些钱来开店。"这位父亲会把钱给哪个儿子？当然是给第二个儿子。为什么？因为第一个儿子可能会乱花。而第二个儿子有理想，并且可能实现。发愿的重要性，就在这里。

有一个公司老板对禅师说："师父，我以前发愿不圆满，现在我会发愿了！"禅师问他："你如何发愿不圆满？现在你如何发愿？"老板回答："以前，我总是发愿订单要多一点，结果，虽然订单很多，可是常常工厂就有一些麻烦事，而造成不圆满。"

禅师问："什么事？"

老板说："公司有时机器坏，有时工人罢工。结果，货赶不出来，钱也没有赚到。所以，我认为是因为发愿不圆满所致。"

禅师就叫他重新发愿：一切都顺利就好，机器顺利，工人上班顺利，订单顺利，家人一切顺利。结果，真的一切都顺利，就算有事，也都是正常的事，都是可以解决的。为什么会这样呢？因为发了圆满的愿后，老板的心态改变了，行为也就改变了，他视眼前困难为"正常"，然后合理地解决，自然就心平气和地待人，得到了工人们的理解与支持。

因此，学习发愿，发善愿，发大愿，发圆满愿，同时不可以随口乱发愿，否则会产生负面的果报。在现实生活中，主动帮助他人办点事，这种精神当然是可贵的。但是，办事要量力而行，承诺要掌握分寸。因为，诺言能否兑现不仅有一个自己努力的程度问题，还有一个客观条件的因素。有些在正常情况下是可以办到的事，后来由于客观条件起了变化，一时办不到，这种情况是有的，这就要求我们在他人面前，不要轻率地许诺。有的事，明知办不到，就应向对方说清楚，要相信对方是通情达理的，是会原谅的，千万不要打肿脸充胖子，在人家面前逞能。轻率许诺，不但得不到信任，而且反而会失信于人。

明朝湖南人蔡槐庭，在嘉兴做官，爱护百姓，廉洁奉公。他还对佛学颇有研究，一有空闲时就念念《金刚经》。他生活很简单，室内没有什么值钱的东西。他的身体比较衰弱，曾生过大病，因无钱医治，差不多要死了。当时，他发愿，如能不死，就毕生诵《金刚经》。后来，他的病慢慢好了，他也考取了功名。做官后，他发愿带着《金刚经》来，带着《金刚经》去，意思是空手来空手去，清清白白做官，不贪污受贿剥削人民。因为有这种愿望，并时时自我暗示与鞭策，所以他始终勤勤恳恳地工作，并保护老百姓的利益。他生活俭朴，没有过高的欲望，又敢于与土豪劣绅斗争，并且也敢于抵制上级的索贿，这样，他在社会上获得了很好的声誉。

过去，中国读书人爱发愿立志："不为良相，必为良医。"意思是，不做一个救人救世的帝王将相，就做一个能救人病苦的好医生。这是中国知识分子读书所发的第一大愿。宋朝范仲淹就将此语奉为一生读书立志的圭臬，所以他医学研究很精深，不过一辈子没有用上，后来出将入相，成为良相。

发愿之后须实行

发愿者誓也，如许人物，若不分券，物则不定。施众生善，若不要心，或恐退悔，加之以誓，又无誓愿如牛无御，不知所趣，愿来持行，将至行在。

——《摩诃止观》

发愿就是立志向上、向善，自我期许。有人发愿，但同时做与愿心相违的事；有人发愿，没有做与愿心相违的事，但是也没有加强进修道德，例如自己不做坏事，但没能制止别人做坏事，这样善缘没有具足，所以也是所愿不能成就；有人发了愿，没造相违的事，做过造福于他人的事，可由于事后他后悔了，结果造成所愿不成。正所谓："布施而后悔，得富屋穷人报，享受不到。"

北宋镇江润州金山瑞新禅师认为比发愿更重要的是实践力行。一天，暴雨刚过，道路上一片泥泞，一个老太婆到寺庙进香，一不小心跌进了泥坑，浑身占满了黄泥，香火钱也掉进了泥里。她不起身，只是在泥里捞个不停。一位慈悲的富人刚好坐轿从此经过，看见了这个情景，想去扶她，又怕弄脏了自己的衣服，于是便让手下人去把老太太从泥潭里扶出来，还送了一些香火钱给她。老太太十分感激，连忙道谢。

一个僧人看到老太太满身污泥，连忙避开，说道："佛门圣地，岂能玷污？还是把这一身污泥弄干净了再来吧！"

瑞新禅师看到了这一幕，径直走到老太太身边，扶她走进大殿，笑着对那个僧人说："旷大劫来无处所，若论生灭尽成非。肉身本是无常的飞灰，从无始来，向无始去，生灭都是空幻一场。"

僧人听他这样说便问道："周遍十方心，不在一切处。难道连成佛的心也不存在了吗？"

瑞新禅师指指远处的富人，嘴角浮起一抹苦笑："不能舍、不能破，还在泥里转！"

那个僧人听了禅师的话，顿时感到无比惭愧，垂下了目光。

瑞新禅师回去后便训示弟子们："金银珠宝是驴屎马粪，亲身躬行才是真佛法。身躯都不能舍弃，还谈什么出家？"

所以，发愿之后，重在努力躬行，否则就虚伪不实！

玄奘是中国佛教史上著名的翻译家。幼年时代，玄奘11岁时，诵习《维摩诘经》和《法华经》，13岁参加度僧考试，他虽年幼，但被破格录取。他见一些年幼的沙弥玩耍，很不以为然。他说："夫出家者，为无为法，岂复恒为儿戏？可谓徒丧百年！"不久，玄奘听景法师讲《涅槃经》，又跟严法师学习《摄大乘论》。他讲得头头是道，受到听众的赞许。

隋大业末年，兵乱饥荒，他不能再在洛阳住下去了，于是随其兄长捷到长安，住庄严寺。当时不少有名望的佛教学者，因战乱移居四川成都，玄奘也跟着前往。此时他还是沙弥，尚未受比丘戒。到成都之后，玄奘将全部精力放在学业上，从宝暹又学《摄大乘论》，从道基学《杂心论》，从惠振学《八犍度论》。经过数年的努力，精通诸部佛经，因而名振遐迩。

唐贞观元年，李世民当上皇帝，国内政治一片祥和，玄奘来到长安，又从诸名家研究《俱舍论》、《涅槃经》和《摄大乘论》，他学而不厌，名声大振。经过多年的学习和研究，他发现同一经论，各家所说不同，尤其是《十地经论》和《摄大乘论》两家存关法相的说法不一致，因而产生了赴印度求法的思想，想从佛学发源地印度学习汇通三乘学说的《瑜伽师地论》。可是，当时唐朝的政权，建立还不久，国门封锁，谁也不能随便出国。玄奘赴印度求法的巨大愿望，在当时是很难实现的，因此他就只好等待时机。

唐贞观三年，长安地区闹饥荒，朝廷允许京城人民离开长安外出谋食，玄奘就利用这个机会西行，先到兰州，后去姑臧（今甘肃武威）转敦煌。他在兰州时，听经的群众中，有西域商人，他们得知玄奘有西行求法的愿望，便将此消息传遍了西域各国。后来玄奘在商人的帮助下，潜行出境，到达伊吾和高昌等国，沿途得到各国王的帮助，顺利地进入了北印度。从此他便边走边学，经过千辛万苦，于贞观七年到达中印度的那烂陀寺。

到达印度后，拜在著名的那烂陀寺百岁高僧戒贤法师门下，刻苦参研佛法，数年间精通了经藏、律藏、论藏，因此被尊称为"三藏法师"。他也因此招来了印度一些僧人的嫉妒。一天，一名外道自以为学问高深，无人可及，于是在那烂陀寺门前贴出50条疑难经义，自称如果任何人能够破解其中一条，他就立即将自己的头颅砍下。寺中众僧闭门不出，任凭他大叫大骂。到了第四天早上，玄奘走到寺院门前，扯下经义，不屑一看，遂讲解经义。外道面如死灰，为了履行誓言，只得拔剑准备自刎。玄奘大度，制止住他，遂让他做自己的仆人。

不久，玄奘由于要准备与小乘宗师般若鞠多的辩论，研究小乘经典，百思不得其解，听说那外道会讲解，于是便请他为自己讲解。外道惊异地说："我是仆人，怎敢给主人讲经？"玄奘回答："那部典籍我没有学过，既然你精通，我就应该向你求教。"待到那外道讲解完毕后，玄奘感激他，将他放走。经此一事，全寺众僧无不敬佩玄奘的渊博和大度。

玄奘经过多年的努力，终于实现了自己的愿望，接触了印度佛学，并且翻译大量珍贵的经书，为佛教在中国的传播做出了重要贡献。

现实生活中，人人都可以发愿。有了愿望就有了为之奋斗的目标。

发有能力实现的愿

一度者令度，二未解者令解，三未安者令安，四未涅槃者令得涅槃……此四通言弘誓愿者，广普之缘，谓之为弘；自制其心，名之曰誓；志求满足，故云愿也。

——《法界次第初门》

"发上等愿"与"发有能力实现的愿"并不矛盾。怎么讲呢？上等愿是胸怀大千世界，博爱众生的宏愿，而人生的征途，一步步行进，需要阶段性的规划与目标，它必须认真考量设定。

13世纪，日本最大的禅宗佛教曹洞宗的创始人道元希玄，写了一本著名的训诫——《厨师教诲》。在这本书中，他描述了他如何经历极其危险的海上航行到中国去寻找真正的大师。当他幸免于台风和海盗的袭击，最终抵达目的地时，他被迫留在船上，等待中国官吏检查他的官方文件。

有一天，一位上了年纪的中国禅僧来到船上。这个禅僧是其禅庙的厨师头领。他告诉道元希玄，因为第二天将是一节日——春季的第一天，他想做点特别的饭菜招待所有的禅僧。他步行十几里来到这里，是为了看看是否能够买些道元希玄从日本带来的有名的香菇，以便能够加进他准备第二天招待大家的面汤里。

这个禅僧给道元希玄留下了极其深刻的印象。他邀请禅僧留下来吃晚饭并住宿一夜，但禅僧却坚持说他必须立即返回寺庙去。

“我敢肯定。”道元希玄说，“您不在，其他禅僧也会准备饭菜的。”

禅僧回答道：“我被指定负责饭菜，我怎么能让其他人去做呢？”

“为什么像您这样一位令人尊敬的长者，要浪费时间去做一个厨师头领的粗活呢？”道元希玄继续问道，“为什么您不把时间用来坐禅或学习其他大师的教诲呢？”

这位禅宗厨师头领突然笑了起来，仿佛道元希玄说了一件十分滑稽可笑的事情。他说：“我亲爱的外国朋友，很明显你并不懂得禅宗实践究竟包括哪些内容。可能的话，请到我的寺庙里来，我们可以进一步聊一聊。”

接着，禅僧收拾起他的香菇，启程返回远离当地的寺庙去了。

道元希玄最终的确去拜访了这位禅宗厨师头领，并在其寺庙里与他一起研习禅学。此外，道元希玄还跟其他许多禅师学习过禅。当最终返回日本后，道元希玄成了一个著名的禅师。他永运忘不了自己从中国禅宗厨师那里学到的训诫。道元希玄说，无论具备什么配料——哪怕只有大米和水，禅宗厨师的愿望和职责是，尽可能地做出最精美、最豪华的佳肴。禅宗厨师将尽可能地利用他所具有的配料，而从不抱怨他所没有的配料，或以之为借口。

很多人胸怀大志，说自己生下来就是要做大事情的，要成为大人物，建立不世之功业。他们的口头禅是着眼于“远大目标”，但是过于重视远大的目标往往会忽视过程，而过程是由平常一件件小事组成的。有的时候不过分追求“远大目标”，着眼于实际的目标，反而能够有所收获。

民国企业家、报业家和慈善家胡文虎先生，每次“发愿”，都切合实际，力行完成，从而在南洋享有广泛的声誉。胡文虎以虎标万金油等成药致富，号称“万金油大王”。他没有受过高深教育，却独资创办了十多家中、英文报纸，一度享有“报业巨子”的称号。他发家后，发愿：“以大众之财，还诸大众。”从而热心于兴办慈善事业和赞助文化教育事业。

胡文虎本着“畛域不分，一视同仁”的原则，对各帮所办的华文学校，采取“凡有请求，辄不悛拒”的态度，都酌情加以赞助。他在海外兴学，主要集中在新加坡，最著名的是1935年独资创办新加坡民众义务学校。该校分上午、下午、夜校、女子部等四部，学生1600多名，为当时南洋唯一设备完善的义务学校，惠及广大华侨贫寒子弟。

1938年春，胡文虎大力支持新加坡中正中学的创办，并出任该校董事长，为新加坡华文教育的发展作出了重大贡献。胡文虎对南洋女校、崇正学校、养正学校、静方女校、南华女校以及美以美会女校、圣约瑟实业学校等，或捐设备，或助经费。另外，北马槟榔屿的钟灵中学、马六甲的培风学校以及霹雳、麻坡等地的学校，也得到他的捐助。

胡文虎在国内先后捐助过上海大厦大学、广东中山大学、岭南大学、福州福建学院、厦门大学以及广州仲恺农工学校、上海两江女子体育专门学校、汕头市立第一中学、市立女子中学、私立迴澜中学、海口琼崖中学、厦门大同中学、厦门中学、双十中学、中华中学、群惠中学等院校。在上述院校中，建有诸如“虎豹堂”、“虎豹楼”、“虎豹图书馆”、“虎豹体育馆”、“文虎科学馆”以及“虎豹亭”之类纪念性建筑物。

一个个愿望的实现，对自己是不断的激励和鞭策，更有信心发更大的愿，也更有能力朝更大的目标迈进。

但愿别人得到好处

一切善愿，悉皆成就。——《地藏菩萨本愿经》

有一次，佛陀请阿难到摩耶利家向他要一点新鲜的牛乳，那时摩耶利与他500多名弟子正要进宫面见国王，一出门就遇见阿难。摩耶利问：“阿难尊者这么早来这里，有什么事情吗？”

阿难回答说：“佛陀身体有点不舒服，派我来向您要一点牛奶。”

摩耶利沉默不答，心中暗想：如果我不答应，别人会说我吝啬，但是如果我答应了，我的弟子一定会说我偏心于佛教徒。

就在正觉得为难的时候，他忽然想到一个办法：“我指引一头凶恶的母牛，让阿难自己去取牛乳，他如果得不到牛乳，我就可以趁机羞辱他。要是他被这头凶恶的母牛所伤，我也不用担负杀人的罪名，反而可以令信众放弃对佛教的支持，使婆罗门教得到敬仰礼遇。就算他顺利取到牛乳，众人也不会认为我吝啬。”

摩耶利打定主意，然后对阿难说：“我的牛在早晨都已经全部赶去吃草了，现在只剩下一头母牛在土坑里，你自己去挤吧！要挤多少随便你。”

摩耶利的五百弟子知道老师有意要为难阿难，都非常兴奋，并窃窃私语地议论着：“佛陀曾经说过自己天上天下，唯我独尊，生老病死都可以解脱，佛陀怎么会生病呢？”

这时维摩诘尊者正要到佛陀的住所，中途经过摩耶利的门前，见到阿难，便问他为何早晨拿著钵来到这里，要求取什么物品？阿难回答：“佛陀染上风寒，身体有点不舒服，要喝牛乳才会治愈，所以叫我来这里拿。”

维摩诘对阿难说：“你不要这样说！佛陀修行圆满，身体非常健壮，各种恶缘都断尽了，留下的都是许多苦行功德，还会有什么病？你住口，快走吧！不要学其他教派毁谤佛陀。阿难啊！你应当知道，佛陀是法身，不是凡夫俗子的肉身可以相比拟的，你快快回去，不要再多话了。”

阿难听到尊者这样说，感到非常惭愧恐惧，正想要走，佛陀却用神通力在空中对阿难说：“阿难！尊者说的没错，但是我要借这件取牛乳疗伤的因缘，方便为大众说法。你应该体会我超度世间众生的美意，前往取得牛乳，不要再感到羞耻惭愧了。”

于是，阿难信心坚定地来到土坑，摩耶利的家人、弟子及附近的居民，全部跟着阿难到土坑去，看看他怎么取凶恶母牛的牛乳。

阿难心想：世尊设立门派教化，就门规法制而言，佛门弟子不应该自己用手去挤牛乳。正想着的时候，发现一位少年站在母牛旁边，阿难高兴地对那少年说：“年经的婆罗门教士啊！麻烦你替我去挤牛乳。”

少年低声回答：“我不是婆罗门教徒，是第二忉利天上的天帝，我听说佛陀要取牛乳，知道没有人代替他取，所以到这里相助。”

阿难说：“天帝的地位尊贵，怎么能接近这么腥臭不洁的母牛呢？”

天帝回答：“我虽然豪华尊贵，却远不及佛陀尊贵，佛陀数次度化众生尚且不觉得厌烦，何况我已是居于天帝的位置。”说完，他从容地持着钵，走到凶恶的母牛身边。这时候母牛就像是一头温驯的羊，安静得不敢动弹，围观民众看到这种情形，没有不吃惊的，大家交头接耳地议论着：“这头牛的性情凶暴蛮横，平时没人敢接近，今天是什么原因让它这么温柔？”

“啊！一定是这位比丘阿难道行高深，感化了这头牛。”

“对呀！对呀！佛陀的弟子都这么厉害了，更何况是佛陀。我们这些人平常不相信佛的教化，实在是件错误的事。”

后来，阿难提着牛乳回到佛陀的住处，向佛陀询问这头牛的因缘。

佛陀告诉阿难：“这头母牛有个儿子，他们前几世家财万贯，可惜性情吝啬，不肯布施，也不相信佛经的训示及各种戒律规定。平时专门放高利贷，日夜都在盘算着如何获取暴利，骗取敲诈别人的钱财。因为这样的业报，堕入畜生道十六世了。今天听闻我的名号，心中欢喜，生出善良的念头，奉献乳汁给佛，希望以此善缘，快快得到解脱。他们死后都会住生善道。”

佛陀又对阿难说：“牛尚且能够发愿，布施乳汁用来种下日后的因缘，以便得到超度解脱，直到成佛，何况六根具全的人呢？我们应该发愿布施，才能获得无量的福报。”

可见，生怕别人得到好处，怎么可能有真诚的发愿呢？怎么会热情地帮助他人呢？司马迁说：“故君子富，好行其德；小人富，以适其力。渊深而鱼生之，山深而兽往之，人富而仁义附焉。富者得执益彰，失执则客无所之，以而不乐。”

聪明的人拥有了财富，懂得提升自己的善愿，积善行德。晋商乔致庸与同行共存，赢得了很多人的敬佩和信任，因而乔家老店能够百年不衰，在同行业里得到了其他商家的尊敬和信赖。作为商人，乔致庸没有唯利是图，他有自己的理想，他要通过“货通天下、汇通天下”的商业梦想来实现“以商兴家、以商兴邦”。

当乔致庸见到外乡讨饭的穷人时，他不惜倾其全部积蓄搭建粥棚，让数万饥饿的百姓渡过难关。逢年过节时，乔家也不忘给左邻右舍送年货，济贫弱。正是怀着这种奉献回报社会的态度，乔家的生意才得以广泛的认可，并迅速发展壮大。在高粱霸盘事件中，乔致庸本可以置达盛昌邱家于死地，但乔致庸意识到，晋商之间需要的是团结合作，齐心协力，追求“多赢”。于是他接受马荀的建议和邱家化干戈为玉帛。事实证明，在乔家后来的发展进程中，达盛昌确实给予了许多帮助。这就是“以愿还愿”，在彼此善愿的作用下，使更多的人受惠。

为他人祈福光明

若人奉施灯明，能有十种功德：一者照世如灯；二者随所生处，肉眼不坏；三者得天眼通；四者于善恶法，得善智慧；五者减除大暗；六者得智慧明；七者流转世间，常离暗处；八者具大福报；九者命终生天；十者速证涅槃。

——《佛为首迦长者说业报差别经》

发愿的动机是实现某种理想，它的逻辑是——为别人祈福，从而为自己带来福祉。人人发这样的愿，社会环境自然就会非常好。生活中，我们要多为他人着想，像夜空中的一盏灯，为人们带来光明。

灯,在佛教里是个很有喻意的因缘之物。传说佛在舍卫国祇树给孤独园时，有一个贫穷而孤独的女人名叫难陀，以乞讨为生。难陀经常看到国王、臣民不论大小都供养佛和僧众，心想：“因我前世罪业深重，今生才这样贫贱，虽然遇到了福田，却没有资财可供养。”想到这些，难陀不觉悲上心头，自责悔恨，感伤不已。难陀希望能得到少许的钱物供养佛，结果乞讨了一整天，只得到了一个钱。她就拿着钱到油店，想用来买油。店主问她：“拿一个钱买油，只能买到一点点，你做什么用呢？”难陀把心中的想法都告诉了他。店主心生怜悯，给了她双倍的油，足够做一盏灯。

难陀非常高兴，来到精舍，她把灯放在佛前的众灯之中，并发愿：“我今贫穷，除了这盏小灯，我没有什么可供养佛的，但我希望以此供养的功德，将来能够得到智慧之灯，灭除众生的无明黑暗，引导他们觉悟。”

一夜过去了,其它的灯都熄灭了,只有贫女所供养的灯还在燃烧。第二天，正是目犍连尊者值日，他看天色已经拂晓，便来到殿中收拾灯盏，看见难陀供养的这盏灯明亮地燃着，而且灯油和灯芯都没有丝毫减损，同新点燃的灯一样。他心想：“白天点灯没什么用，不如先把灯熄灭，到晚上再点。”于是，目犍连举手扇灯，可灯依旧燃烧，没有熄灭。他又用衣服扇，灯还是明亮如故。这时，佛陀看到目犍连的举动，便对他说道：“这盏油灯不是你能熄灭的，就算用四大海的水灌注或是强风狂吹，也无法熄灭，因为这是发大菩提心之人所布施。”

佛陀说完此话，正好难陀再次来礼拜佛陀，佛陀便对她说：“你将于来世得以成佛，佛号为灯光。”难陀得到佛陀的授记后，内心非常欢喜，并且立刻向佛陀请求出家，佛陀也允许她的请求，让她成为僧团的一员。

佛教认为点灯供养佛菩萨可获得很大的利益，因而燃灯供佛求福报的仪式也一直流传至今。回到现实生活，这个故事揭示了这样的道理：你在关键的时刻帮人一把,别人也会在重要时候助你一臂。初看起来这似乎是等价交换，然而，不管你是一个什么样的人，都不可能孤独一人打拼天下，尤其是要使自己的人生局面推广开来，更离不开与各种各样的人打交道。要想让别人将来帮助你，你就必须先关心别人、感动别人。佛教的发愿体现在“急人之难、解人于倒悬之中”的实际行动中。

再来看一个真实的故事：

在一个暴风骤雨的夜晚，一对上了年纪的夫妇来到一家旅店。他们的行李非常简陋，身无长物。年老的男人对旅店伙计说：“对不起，我们跑遍了其它的旅店，里面全客满了。我们想在贵处借住一晚，行吗？”

年轻的伙计解释说：“这两天，有三个会议同时在这个地方召开，所以附近的旅店会家家客满。不过，天气这么糟糕，你们二位年纪大，没个落脚处也不方便。”

伙计一边说一边把两位老人往里边请：“我们的旅店也客满了，要是你们不介意的话，你们就睡我的床吧！”

“那你怎么办呢？”那对夫妇异口同声地问。

“我身体很好，在桌子上趴一会或者在地上搭个铺都不碍事的。”

第二天早上，老人付房钱时，伙计坚持不要，说：“我自己的床铺不是用来赢利的，我怎么能要你们的钱呢？”

“年轻人，你可以成为美国第一流旅馆的经理。过些日子兴许我要给你盖个大旅馆。”

伙计听了，只当是一个玩笑，畅怀大笑起来。

两年过去了。一天，年轻人收到了一封信，信里附着一张到纽约的双程机票，约请他回访两年前在那个雨夜借宿的客人。

年轻人来到了车水马龙的纽约，老人把他带到第五大街和第三十四街的交汇处，指着一幢高楼说：“年轻人，这就是我们为你盖的旅馆，你愿意做这个旅馆的经理吗？”年轻人一愣，然后愉快地答应了。

后来，年轻人成为纽约首屈一指的奥斯多利亚大饭店的经理，他叫乔治·波尔特。那位老人则是威廉·奥斯多先生。

第十二章

保持内心清净

清净，是清洁纯净的意思。也可指人心境洁净，不受外扰。佛教则赋予清净更深一层的涵义，即远离恶行与烦恼。做到外在的清净不难，但要达到内心的清净就不易了。

不受他人言论左右

清净者，谓意乐清净，戒行清净，证清净。意乐清净者，谓于佛宝等、远离疑惑。不希世事，谓作吉祥。戒行清净者，谓能圆满所有学处。证清净者，谓能证得世出世清净故。

——《佛说无量寿经》

佛说人身上有二种内在烦恼的“势力”，一是无明，一是爱结。什么叫“无明”？自心暗钝、污染，失去光明智能，不能照了一切事物，叫“无明”，也叫“痴”。无明是无始以来，一念昏迷不觉所引起，叫根本无明；由此引起种种贪、嗔、痴等见思烦恼，叫枝末无明。“爱结”，指贪爱之结，由于贪爱像绳索一样缚人，所以给人带来烦恼。

《楞严经》：“净极光通达。”心净，净到极处就放光明，那个心起作用就无所不知、无所不能，人的性德完全恢复了。

唐朝，有个学僧请示著名的慧忠国师，说：“古德云：‘青青翠竹尽是法身，郁郁黄花无非般若。’不信的人认为是邪说，有信仰者认为是不可思议，但不知如何理解才正确？”

慧忠国师回答道：“此是文殊普贤等之境界，非诸凡夫小乘们所能信受，故《华严经》云：佛身充满法界，普现一切群生前，随缘赴感靡不周，而常处此菩提座。翠竹既不出于法界，岂非法身？又《般若经》云：色无边，故般若亦无边，黄花既不越于色，岂非般若？故经本不定法，法本无多子。”

学僧听后，仍不明白，再问道：“此中消息，信者为是？不信者为是？”

慧忠国师答道：“信者为俗谛，不信者为真谛。”

学僧大惊道：“不信者讥为邪见，禅师怎可说为真谛？”

“不信者自不信，真谛自真谛。因其真谛，故凡夫斥为邪见。邪见者，何能语真谛？”慧忠国师作了总结。

学僧方悟究竟真理，不易信也。

“万法唯心”和“因缘生法”是佛教思想的两个要点。佛认为“一切由心造”、“三界唯心”，什么都离不开“心”，离开心就没有“法”。人心即是佛心。

有一个故事说：尊者米拉日巴兄妹两人，父母在世时，算得上是富贵人家的孩子，因此，过着幸福美满的生活。随着岁月的流逝，父亲离开了人间，他们不再拥有自家积累的财产，亲戚们成了他们的仇人，一家人受尽了苦难。在经历了一连串的痛苦折磨之后，米拉日巴不得不离开家乡，与亲爱的母亲生离死别。

多年后，米拉日巴怀着见一次母亲的愿望回到了家乡，可是母亲已经去世，妹妹也流落他乡。剩下的只有茅草丛生的残墙，愈加令人感到悲伤。后来，他到了山上修行，一直也没有见到妹妹。

再后来，妹妹找到了哥哥，见哥哥身上长满了绿毛，眼睛凹陷，瘦骨嶙峋，手脚都像是快要断了似的，心里充满无限悲伤，哭泣着说：“哥哥，阿妈是想念着你而悲惨去世的，除了我以外，她的身边没有一个人。后来，我无法在家里继续呆下去，只好到处漂泊流浪。我不知道哥哥你是死是活，我想要是哥哥你没有死的话，你肯定活得会比较好。可是，我见到的你怎么是这副样子呢？而我的情况就是你眼里所见到的。像我们兄妹俩这么苦的人恐怕在这个世界上再也没有了！”说完，呼喊着父母的名字大哭起来。

这时，米拉日巴却唱了起来：“见其住所如兽穴，他人观之心恐慌；见其饭菜如狗食，他人观之胃呕光；见其身体如骷髅，仇敌观之泪满眶；见其内心如佛陀，如来观之生欢喜……”

这首歌，米拉日巴虽是唱给妹妹听的，但同时告诉世人，他的心清净，面对痛苦的感受与一般人不同，他不会受别人的态度乃至言论影响。

在现实生活中，我们做事，内心的清净，同样重要。别人说什么就信什么，心就会迷失，要么无所适从，要么迷信错误。对别人的话要分析，哪怕对方是权威，也可以不信。

1914 年，刘海粟在自己创办的上海美专破天荒地开设了人体写生课，最初只聘到男孩为模特儿。1917 年，上海美专举办展览会，陈列人体习作，某女校校长看后谩骂："刘海粟是艺术叛徒，教育界之蟊贼！"一时舆论界纷纷扬扬，群起而攻之。对此，刘海粟干脆以"艺术叛徒"来自号自励。

1920 年 7 月 20 日，刘海粟聘到女模陈晓君，裸体少女第一次出现在画室。然而，世俗的非议铺天盖地打向刘海粟，有人说："上海出了三大文妖，一是提倡性知识的张竞生，二是唱毛毛雨的黎锦晖，三是提倡一丝不挂的刘海粟。"1925 年 8 月，刘海粟听说江苏省教育会要禁止模特儿写生，立马给江苏省教育会写了公开信，为模特儿申辩。上海市议员姜怀素读了刘海粟的信后，在《申报》上写了呈请当局严惩刘海粟的文章，刘海粟立即写文章反驳。不料，上海总商会会长兼正俗社董事长朱葆三又向他发难了，在报纸上发表了给刘海粟的公开信，骂刘海粟"禽兽不如"。

军阀孙传芳也恼怒刘海粟的行为，下了通缉刘海粟的密令，又电告上海交涉员许秋风和领事团，交涉封闭地处法租界的美专，缉拿刘海粟。急得刘海粟之师康有为一天三次去找他，劝他离开上海。刘海粟坚守美专不离寸步。法国总领事认为刘海粟无罪，尽管许秋风一再交涉，并不逮捕刘海粟，领事馆为了让孙传芳下台阶，只好在报上登了一条消息，说孙传芳严令各地禁止模特儿，前次刘海粟强辩，有犯尊严，业已自动停止模特儿。

刘海粟对军阀的行为非常不满，发出"我反抗！我反抗！我们的学校绝不停办！我刘海粟为艺术而生，也愿为艺术而死！我宁死也要坚持真理，绝不为威武所屈"的坚定誓言，表明自己艺术追求和不向世俗妥协的决心。刘海粟后来之所以能成为一代艺术宗师，中国新兴美术的奠基人，虽然与蔡元培等人的支持有关，但更与他"清净心"不受"舆论非议"的左右有关。

不受他人行为影响

心恼故众生恼，心净故众生净。 ——《杂阿含经》

佛教重视“清净心”的修炼，是因为发现人们的痛苦多半源于“迷惑”。怎样才不受迷惑呢？禅宗里有个故事说，一个孩子去放牛，开始时牛是野牛，所以孩子每天都要跟在牛的后面，时时地抓着牛的绳子，稍一疏忽它就跑得无影无踪。孩子天天都训练这头牛，吹一下哨子，就拉一下绳子，久而久之，牛变得越来越温顺。到最后，孩子甚至可以骑在牛背上走，当他自己去睡觉时，牛也不会跑掉了。

人的心念像野牛一样，需要自己来驯服，使之清净。惠能说：“知见一切法，心不染着，是为无念；用即遍一切处，亦不着一切处。”到底什么意思呢？“无念”是说对什么事都无心——“于心无事，于事无心”，此是内境；同时还要修好外境——“于心无境，于境无心”，心不为环境繁杂的信息影响。“无念”，也就是对于一切环境，保持清净无污染。

禅宗的“清净心”不是指肉体的心，而是一种哲学理念。它所包容的是一种自由和无限，也就是说，从“本心”出发，达到超越经验的内心自悟，最终达到存在的本源，获取对宇宙与人生的总体性根本认识，这种境界，即禅宗的“梵我合一”。所谓“梵我合一”，亦即“我心就是一切”的世界观。以此而论，在追求无限与自由这种境界的意义上，佛禅有共同的旨趣。

苏东坡曾在江北瓜州地方任职，和江南金山寺只一江之隔，他和金山寺的住持佛印禅师，经常谈禅论道。一天，苏东坡觉得自己修持有得，于是作诗一首，派遣书僮过江，送给佛印禅师看。他的诗是这样写的：“稽首天中天，毫光照大千；八风吹不动，端坐紫金莲。”

什么叫“八风”？“八风”指人们生活上所遇到的称、讥、毁、誉、利、衰、苦、乐等八种境界，能影响人的情绪，所以形容为“风”。

禅师从书僮手中接看之后，拿笔批了两个字，就叫书僮带回去。苏东坡以为禅师一定会赞赏自己修行参禅的境界，急忙打开诗，看禅师的批语，一看，只见上面写着“放屁”两个字，不禁无名火起，于是乘船过江找禅师理论。

船快到金山寺时，佛印禅师早站在江边等待苏东坡。苏东坡一见禅师就气呼呼地说：“禅师！我们是至交道友，我的诗，我的修行，你不赞赏也就罢了，怎可骂人呢？”

禅师若无其事地说：“骂你什么呀？”

苏东坡把诗上批的“放屁”两字拿给禅师看。

禅师呵呵大笑说：“哦！你不是说‘八风吹不动’吗？怎么‘一屁就打过江’了呢？”

苏东坡惭愧不已。

真正“八风吹不动”的是月船禅师。他是一位善于绘画的高手，可是他每次作画前，必坚持购画者先行付款，否则决不动笔。对他这种作风，社会人士经常有微词批评。

有一天，一位女士请月船禅师作一幅画。月船禅师问：“你能付多少酬劳？”

女士回答道：“你要多少就付多少！但你得到我家去当众挥毫。”

月船禅师允诺之后跟着女士前去。原来女士家中正在宴客。女士对客人说道：“这位画家只知要钱，他的画虽画得很好，但心地肮脏；金钱污染了它的善心。出于这种污秽心灵的作品是不宜挂在客厅的，它只能装饰我的一条裙子。”说着便将自己穿的一条裙子脱下，要月船禅师在它上面作画。

月船禅师问道：“你出多少钱？”

女士答道：“哦，随便你要多少。”

月船开了一个特别昂贵的价格，然后依照那位女士要求画了一幅画，画毕立即离开。很多人怀疑，月船禅师为什么只要有钱就好？受到任何侮辱都无所谓，他心里到底是何想法？

原来，在月船禅师居住的地方常发生灾荒，富人不肯出钱救助穷人，因此他建了一座仓库，贮存稻谷以供赈济之需。又因他的师父生前发愿建寺一座，但不幸其志未成而身亡，月船禅师要完成其志愿。他清净无私，所以不怕别人误解和污辱。

在生活中，一个人做事难免会受他人影响，如果不能清净，那么就可能因做了某种好事得不到别人理解而改变自己。所以，按自己的想法去做，无须解释，心是清净的就行，用结果证明自己是清白的，友善的。

1935 年，常书鸿先生在巴黎塞纳河畔一个旧书摊上，偶然看到一部名为《敦煌图录》的画册，里面约有 400 幅有关敦煌石窟的塑像照片，他十分惊奇，方知在中国还有这样一座艺术宝库存在，竟然在国外引起轰动，而中国人却不知。

常书鸿内心感到震撼，决定回国到敦煌艺术宝库去现场研究。这时，不少朋友都劝他不要做此想法，放弃优越的生活条件和工作环境，到环境艰苦的敦煌去研究，是一种不理智的选择，必然付出重大代价。常书鸿一直挂念着莫高窟的保护工作，向往着早日能实现梦想，他毅然踏上了回国的征程。功夫不负有心人，在国民党元老于右任先生的建议下，经多方努力，促成了设立敦煌艺术研究所的设想。

1943 年 5 月，张大千等人离开敦煌时，常书鸿来送行，张大千对常书鸿说："我们先走了，而你却要在这里无穷无尽地研究保管下去，这是一个遥遥无期的徒刑呀！"这时，朋友们纷纷对常书鸿说，还是回去吧，回去照样可以做敦煌学研究，何必守在敦煌这地方。常书鸿笑了一下，摇了摇了头。

常书鸿留了下来，他带领剩下的几个研究人员住破庙马厩，在满眼风沙的塞外，修筑围墙，开展保护和研究工作。两年之后，他妻子经一次次劝说无效后离开了他，先是不辞而别，然后登报离婚。常书鸿无疑受了打击，但他仍然选择了坚守。

常书鸿面临的是重重困难，生活条件非常艰苦，按他自己的话说："从我们到达莫高窟的第一天起，我们就感到有种遭遗弃的服'徒刑'的感觉压在心头，而这种压力正在与日俱增。"由此可知，敦煌莫高窟的生活条件有多艰苦。尽管如此，他和他的学生仍然坚持着，无论困难有多大，其信念一点也没改变。

常书鸿把他的一生奉献给了敦煌艺术。在他辛勤工作的几十年中，组织大家修复壁画，搜集整理流散文物，撰写了一批有较高学术价值的论文，临摹了大量的壁画精品，并多次举办大型展览，出版画册，向更多的人介绍敦煌艺术，为保护和研究莫高窟做出了卓越的贡献。常书鸿成就了敦煌学，他在清净的坚守中获得了快乐。

获得内心真正安乐的人们，无论怎样做，对他们来说都是欢乐的。即便他们缺吃少穿，没有可亲可爱的亲友，也许甚至饱受饥渴与寒风刺骨的折磨，但他们内心仍然是喜洋洋乐融融的。此时，是真正达到了"乐中最殊胜，内心即安祥"的境界。

不被自己欺骗

何期自性，本自清净；何期自性，本不生灭；何期自性，本自具足；何期自性，本无动摇；何期自性，能生万法。——《六祖坛经》

一个人不欺骗他人、不被他人欺骗，已经不容易，但相对说来不欺骗自己则更为困难，所以禅宗视“不骗自己”，为人格至上。

古灵禅赞禅师悟道以后，有一天，看到他的弟子在窗下看经，正好有一只蜂子飞投纸窗钻不出来。古灵便趁机说：“世界如许广阔，不肯出，钻他故纸驴年去（驴年,是代表永远没有这一年的意思。因地支十二生肖里没有驴）。”

古灵禅赞又说偈道：“空门不肯出，投窗也大痴。百年钻故纸，何日出头时。”他的弟子，因此启发而终于大彻大悟。后人对于这个学案，又写了一首诗偈说：“蝇爱寻光纸上钻，不能透过几多难。忽然撞着来时路，始信平生被眼瞒。”

人在社会上历炼久了，便可知道有许多人间世事，被自己耳目所欺骗，被主观情感所蒙蔽，非常之多。既然自己的耳目所见所闻也不可信为真实，那么只有用心体会，才较为切实得当。

人是容易被自己欺骗的。我们来看一个故事：

一群印第安人问他们的首领，今年冬天会很冷吗？首领不能确定，只能告诉族人，今年冬天可能会比较冷。于是族人们都去准备过冬的柴火。为了进一步加以确定，首领专程跑到城里，给国家气象局打电话，问他们今年冬天会很冷吗？气象官员告诉他，是的，今年冬天将很冷。

于是，首领回到部落召集大家，告诉人们今年冬天会很冷，让大家准备充足的过冬柴火。一个礼拜后，首领不太放心，又进城向气象局打电话问天气，得到的回答是，今年冬天肯定会很冷。首领这次回到部落后马上通知大家收集更多的柴火。

又过了一个礼拜，首领再次去打电话加以确认，电话里声音告诉他，今年冬天将非常非常的寒冷。首领立即赶回部落，号召大家，竭尽全力，采集一切可采集的柴火，以对付大寒冬。

最后，首领又来到城里，给国家气象局打电话。气象官很明确地告诉他："是的，今年冬天将会异常寒冷，我们有充足的理由这么说，因为我们做了充分的调查研究，发现印地安人正在疯狂地采集柴火……"

读了这个故事后，你认为是谁欺骗了谁？

一个人不会承认、也不愿自己欺骗自己，可在某种心理因素作用下，往往就会发生自己欺骗自己的现象，例如，亚瑟·盖兹博士在《教育心理学》中说："整个人类都渴望同情，小孩子急于展示他们的伤口，有的甚至把小伤口弄大，为的是获得充分的同情。大人们为了同样的目的，展示他们的伤痕，叙述他们的意外、病痛乃至外科手术的细节。从某种观点来看，为真实或想象的不幸而'自怜'，实际上是一种世界性的现象。"

渴望同情的心理，不仅让孩子自我欺骗，还使一些女人在面对爱情时自我欺骗，使一些穷人面对富人时自我欺骗。

人自己欺骗自己，佛教把其归因于"心"不能清净。《忠心经》说："天下人心，如流水中有草木，各有流行，不相顾望。前者亦不顾后，后者亦不顾前，草木流行，各自如故。人心亦如是，一念来，一念去，亦如草木前后不相顾望。"这是拿流水作比喻。心不静，就像流动的水，念头不断，人会被自己一个接一个念头与妄相支配。《圆觉经》说："根清净故，色尘清净；色清净故，声尘清净；香、味、触法，亦复如是。善男子！六尘清净故，地大清净；地清净故，水大清净；火大，风大，亦复如是。"

中国在抗日战争期间，汪精卫为了捞政治私利，欺骗自己，不承认自己是卖国贼，只当自己是"曲线救国"，做了很了不起的事。派出伪军助纣为虐，帮日本杀中国人，是救国吗？汪伪汉奸运动的"道德依据"，是他们奋力高举的旗帜。如果人们相信汪精卫等人当"汉奸"是为了"救国"，就完全是迷惑于他们标榜的"信念"，这就未免太天真了。汪精卫等人所谓"道义的事功化"，首先是一种"自欺"之谈。他们以民族和大众利益为代价，从日寇铁蹄下"救出自己"，于是要与日本人合作，而他们又没有勇气正视自己真实的动机，又决不肯自认为是在"堕落"，是在"变节"，是在"背叛"国家民族，于是便用"曲线救国"这类理论来欺骗自己。

可见，有些所谓的精明人，他们自己欺骗自己，是在不安分的念头下，用漂亮的理论进行包装，好像能骗过众人的眼光，实则自欺欺人。所以佛说，一个人如果不骗自己，基本上就成"佛"了。我们应该非常真诚地过一种美满的人生，非常真诚地去获得快乐，非常真诚地去寻求真谛，非常真诚地改变自我以达到不断成长的目的。总之，不欺骗自己，当下就解脱，当下就超越一切。

清楚行动的方向

当知愚人智人，佛性本无差别，只缘迷悟不同，所以有愚有智。

——《六祖坛经》

《观众生品》记载，维摩诘室有一天女，见诸天人闻法，便以天花洒向舍利弗菩萨和其弟子们的身上。花落到舍利弗身上，纷纷堕落；落到弟子们身上，便粘住了。弟子们运起种种神通去花，却始终不能去掉。

天女问舍利弗为什么要去花。舍利弗说此花“不如法”。花的本身无所谓如法、不如法，舍利弗说它“不如法”，是他已断了一切分别想，进入不二法门，也就是内心没有烦恼习气的污杂，所以花落到身上，不再粘着。而弟子们因烦恼之结未曾断尽，内心仍有污染，所以天花着身而不能去。

禅宗故事说，从前有个师弟在路上碰到师兄迎面而来，就问：“师兄，您往哪里去啊？”师兄说：“风往哪里去，我就往哪里去。”师弟答不上来，回去问师傅。师傅说：“下次你就问他，风停了你往哪里去啊？”第二天，师弟碰见师兄迎面而来，又问：“师兄，你往哪里去？”师兄回答：“脚往哪里去，我就往哪里去。”师弟还是答不上来，又问师傅。师傅说：“下次你就接着问他，脚累了，你往哪里去。”第三天，师弟碰见师兄，胸有成竹地问道：“师兄，你往哪里去啊？”师兄笑了笑，扬起手中的篮子，说：“我买菜去。”师弟无言以对。

这个故事的意思是说，别人到哪里去，可以不关心，关键要知道自己的人生目标和行动方向。

现实生活中，有些人看到周围许多人比自己生活得好，再看看自己，产生落差感，继而困惑。为什么别人总是比我成功？为什么只有我一个人总是在原地踏步？再问问自己：给自己定下了合理的目标吗？追求有没有偏离方向？还有一种人，总是觉得别人比自己活得开心，或者羡慕别人的家庭、职业等等。于是这山望着那山高。人有理想与追求是好的,但要了解自己的情况,考量性格、能力、社会资源等等条件是否适合自己去做想做的角色。

惠能认为，愚人智人佛性本无差别，只因迷悟不同，所以才有愚人智人不同。简单地讲,人的聪明与否,取决于心性的清浊。清者看道路也是明亮的,浊者看道路也是模糊的。一个人能看清方向，算得上内心清净，就应该往前走而不再犹豫。

唐朝隐峰禅师是马祖道一禅师的弟子，他们都是著名的禅师。他们虽为师徒，却经常在一起参禅悟道，相互学习。相比之下，马祖禅师禅道高一些，但隐峰禅师也毫不逊色。

有一次，隐峰禅师推着车子搬运经书，正好碰到马祖禅师坐在藤椅上伸着脚休息。由于道路太窄，隐峰禅师请求马祖禅师把脚缩回去，让一下路，没想到马祖禅师却无理地说:“我向来只伸不缩。”

隐峰禅师听到这话，也不甘示弱地说:“那我向来只进不退。”

二人争执不下，谁也不肯让步。

隐峰禅师毕竟有事在身，再这样下去非误事不可。于是他不顾一切推车向前，结果辗伤了马祖禅师的脚，疼得马祖直咧嘴。

马祖回到寺里，便立刻召集众人登堂讲法，手里还拿着一把锋利的斧头。见禅师怒不可遏的样子，弟子们感到一场暴风雨即将来临。马祖禅师说:“刚才是谁辗伤了我的脚？快快站出来，我要砍掉他的脑袋！”

众人面面相觑，议论纷纷。

这时，隐峰禅师快步走上前去，毫不犹豫地伸出了脖子。马祖禅师见他毫不畏惧，却又放下了斧头，心平气和地说道:“你对自己的前途毫不犹豫，大千世界可任你行走。”

隐峰禅师听到这话就缩回脖子，向马祖禅师顶礼跪拜，然后弯腰退下。马祖禅师看到这里，再次称赞道:“能进能退，乃真正法器。”

众人听后，均若有所悟。

人生何时该进何时该退，有时候怎么也说不清楚，有时候却再简单不过了：我们进于平日累积的成果，而退于我们不曾努力累积的！所以重要的不是和别人比成就，而是不要对自己所做的事产生犹豫。努力去做自己想做的，最后该得到的不会少你一分，不该得到的也不会多你一分。

乱说坏话自污身心

唯除五逆，诽谤正法。 ——《无量寿经》

佛教以“正”为崇高之证果，正心、正意、正语等等，都离不开一个“正”字。身心能“正”则可获得“清净”。什么叫“正语”？远离妄言、两舌、恶口、绮语，常作真实、和悦、柔软、审思之语，是谓正语。

妄言就是乱说，两舌就是搬弄是非，恶口就是诽谤抨击，绮语就是说漂亮的假话。谁摊上这些便是罪过，用现在的话说，人性品质不太好。

佛书解释“诽谤”：诽者，诋毁也；谤者，言人之恶而过其实也。“唯除五逆，诽谤正法”，诽谤罪与害父、害母、害阿罗汉、破僧、出佛身血等“五逆”一样严重。“犯此道者，身坏命终，必堕无间地狱，一大劫中，受无间苦。”这是因果报应的处罚。而在现今法制社会，诽谤他人是犯法的，受害者可以起诉以维护自己的名声利益。

有关诽谤、恶口的故事在佛书和禅公案中有很多，我们来看一则：从前舍卫城中有一个富翁，名叫师质，信奉佛教。有一天，他准备了美好的饮食，虔诚地供养佛陀和僧众。佛陀受过供养，又开示一番，就领着众僧回到精舍（住处）。归来的途中，佛和僧众在河边的大树底下休息的时候，从树上跳下一只猿猴，求借佛陀的钵具。佛陀借给了它。猿猴接过佛钵后，速去速来，并且在钵中又盛满了甜蜜，双手恭敬地奉给佛陀。佛陀接受后，又把它分施给众僧，令猿猴多得福报。猿猴看了，欢喜跳跃。过了不久，猿猴死了，转世为人，生于师质的家中。出生的时候，家里所有的食具，都满装蜜糖。师质夫妇觉得奇异，就此给他取名，叫做蜜胜。

光阴如箭，岁月奔驰，一转眼，过了多年，蜜胜已长大了，他厌烦尘俗，要求父母，允许他出家。父母高兴地答应了。得到父母的赞许后，蜜胜到祇园精舍，投佛出家。因为他前世的善因，很快地正了果。

有一次，他和同修比丘们出外度化他人的途中，感到热渴异常，大家都想有一杯饮料。这时蜜胜比丘，将空钵向空中一掷，然后，双手去接时，钵中已盛满着佳蜜，送给众僧解渴。回到精舍时，有一位比丘，就向佛陀请教道：

"蜜胜比丘，过去修的是什么福？为什么能在任何时间，任何地方，都能够方便求得蜜糖？"

佛陀答道："你们记得在很久以前，有一只猿猴，求借钵具，装了佳蜜，来供养佛和僧众吗？由于他的喜心施舍，死后就转生为人；由于他的诚心，供佛佳蜜，所以今生随时随地都能够得到蜜。"

比丘又问道："佛陀！蜜胜的前世，又是什么因缘，才堕生为猿猴呢？"

这时佛陀的四周，已围绕着很多弟子，佛陀看了看他们后，才说道："蜜胜会堕为猿猴，那已是500生以前的事，也就是迦叶如来在世的时候，有一位青年比丘，在偶然间，看见另一位比丘，跳过一条小溪，就笑他的姿态，如猿猴一样，因此犯了恶语的罪。所以他堕落为猿猴，后来他知道自己的错，曾向那比丘求忏悔，免堕地狱受苦，并因此胜缘，猿猴能遇佛得度，今生也很快地证了罗汉果。"

佛陀讲完以后，比丘们都知道了，一句恶言，就能招来苦报，因此，大家再也不敢有戏言和恶口，因为因果是不会饶过人的。

历史上李林甫是一个最爱"诽谤"与"恶口"的人。他在唐玄宗面前说："像牛仙客这样的人，才是宰相的人选；张九龄是个书呆子，不识大体。"唐玄宗听信了李林甫的诽谤，撤了张九龄的职，让李林甫当宰相。

李林甫一当上宰相，第一件事就是把唐玄宗和百官隔绝，不许大家在玄宗面前提意见。有一次，他把谏官召集起来，公开宣布说："现在皇上圣明，做臣下的只要按皇上意旨办事，用不到大家七嘴八舌。你们没看到仪仗马吗？它们吃的饲料相当于三品官的待遇，但是哪一匹马要是叫了一声，就被拉出去不用，后悔也来不及了。"

有一个谏官不听李林甫的话，上奏本给唐玄宗提建议。第二天，他就接到命令，被降职到外地去做县令。大家知道这是李林甫使了"恶口"，以后谁也不敢向玄宗提意见了。

李林甫知道自己在朝廷中的名声不好，可他又不改掉毛病，凡是大臣中能力比他强的，他就千方百计地把他们排挤掉。他要排挤一个人，表面上不动声色，笑脸相待，却在背地里暗箭伤人。

有一次，唐玄宗在勤政楼上隔着帘子眺望，兵部侍郎卢绚骑马经过楼下。唐玄宗看到卢绚风度很好，随口赞赏几句。第二天，李林甫得知这件事，就把卢绚降职为华州刺史。卢绚到任不久，又被诬说他身体不好，不称职，再一次降了职。

李林甫当了十九年宰相，一个个有才能的正直的大臣全都遭到排斥，一批批钻营拍马的小人都受到重用提拔。就在这个时期，唐朝的政治从兴旺转向衰败，“开元之治”的繁荣景象消失，接着出现的就是“天宝之乱”。

那么，佛徒在现实中遇到别人的诽谤，怎么办呢？《四二章经》说：“恶人闻善，故来扰乱者，汝自禁息，当无嗔责，彼来恶者，而自恶之。”意思是说，存恶意的人，听到你改过行善，他恐怕少了一个行恶的伴，所以特意来打扰你，叫你的心纷乱，不能再继续改过行善。这时候，你要努力制止你自己，叫自己息灭一种“对付存恶意来扰乱者”的念头，不要生气，更不要责骂他。因为那个存恶意的人，恶仍存在于他身上，而不存在于你身上。他如说出恶语，恶语会再回到恶人自己的身上，而伤不到你。如果你生气，又责骂他，这样，就会激起他的更大的恶意。你生气责骂，恰恰显出自己的不对，并且你自己造成了自己的恶。对此，我们还是来看一个故事吧：

有一次一个外道对佛陀大声辱骂，非常无礼，然而佛陀始终保持沉默，不加反驳。事后一位弟子就忍不住问佛陀：“刚才有人骂您，您为什么不理睬，不回一句话呢？”

佛陀反问弟子说：“如果有人送礼给你，而你不愿接受，那么这些礼物要怎样处理呢？”

弟子说：“这时送礼的人就会把礼物带回去。”

佛陀说：“对！如果有人骂你，你保持静默，不加反驳，那么这些骂人的话无疑就由骂人者自行收回。因此有时候沉默乃是最好的抗议。”

这段话，对于我们平常人处理诽谤，也有一定的帮助。

嫉妒会自损心智

其嫉妒者，自求名利，不欲他有，于有之人而生憎恚，是为嫉妒。

——《佛说大乘造像功德经》

人在嫉妒的心理作用下，容易被事物所迷惑而不能清净。

明朝的蕅益大师在在皈依佛门前，做了一些坏事，他后来一边修佛拜忏、苦行、利益众生，终于修成了“清净相”了。所谓“清净相”就是——身、口、意三个方面的行为表现都好，从而获得“善相”。身方面的邪淫、杀生、偷盗，口方面的两舌、妄语、绮语、恶口，意方面的贪爱、嗔恚、愚痴等等都是夺走人清净相的东西。

一个人在嫉妒心理控制下，五官相貌是会受影响的，甚者是扭曲的。内心的不平静，反应到面部，难有清姿平和之色。《佛说大乘造像功德经》中释迦牟尼说：“其嫉妒者，自求名利，不欲他有，于有之人而生憎恚，是为嫉妒。”意思是说，嫉妒者自己想获得名利，而不愿意他人也拥有，对于已经拥有的人生愤恨心。所以佛告诉弟子，对于嫉妒的心理情绪一定要注意戒除，因为它包含着贪嗔痴，无一不缺，果报迅速明显，不能轻视。大凡起了嫉妒心，无论有什么威德神通，禅定神足，都会全部退失。作为凡人，同样不可让嫉妒心占据自己，因为它是非常有害的东西。

孙膑曾与庞涓一起师从鬼谷子学习兵法。孙膑勤奋加上天资聪明，很快便获得了丰富的军事学知识。魏惠王与孙膑会谈了一次后，就感觉他智慧非凡，是国家栋梁之材，决定重用，想让他任三军副总司令，和庞涓共同执掌兵权。

庞涓心里有些不自在，就对魏惠王说：“孙膑是我的兄长，他的才能在我之上，怎么好做我的副手呢？我看倒不如先给他一个虚一些的职位，等到他真的立了战功，再进行提拔，到那个时候，我甚至都可以把总司令的位置让出来，心甘情愿做他的副手。”

魏惠王觉得庞涓的话有道理，就让孙膑做了三军顾问。三军顾问虽然没有实际上的兵权，但是地位也是相当高的，所以孙膑很感谢老同学庞涓，专门安排了一次答谢宴会。

有一天，孙膑正读书，突然屋外传来一阵吵嚷声，他还没有弄清是怎么回事，就已被闯进屋子的兵士捆绑起来，推推搡搡带到一个地方。一个被庞涓指使的人，宣布孙膑犯有私通齐国之罪，奉魏惠王之命对他施以膑足、黥脸之刑。孙膑被这突如其来的事情惊呆了，随即意识到这是庞涓在陷害自己，因为前不久，庞涓出于“同情”，让孙膑写了一封信到老家齐国，这封信便成了他私通齐国的罪证。孙膑于是高声为自己辩白。然而，一切都晚了，那些如狼似虎的兵士七手八脚扒去孙膑的衣裤，拔刀剜去了孙膑的两个膝盖骨，并在他的脸上刺上犯罪的标志。孙膑倒卧在血泊之中。

在庞涓看来，受刑后的孙膑成了一个残疾人，他纵有天大的本事，也难以和自己较量了。庞涓派人时时刻刻监视着孙膑。孙膑又恨又气，可老这样也不行，总得想个脱身之法才是。不久，孙膑疯了，他一会儿哭，一会儿笑，叫闹个不停。送饭的人拿来吃的，他竟连碗带饭扔出好远。庞涓听说了这些，并不相信孙膑会疯，便叫人把他扔到猪圈去，又偷偷派人观察。孙膑披头散发地倒在猪圈里，弄得满身是猪粪，甚至把粪塞到嘴里大嚼起来。庞涓认为孙膑是真疯了，从此看管逐渐松懈下来。孙膑装疯产生了作用，他暗中加紧了寻找逃离虎口的机会，最终逃出了魏国。接下来发生的事，就是庞涓于马陵的一棵树下死于孙膑率领的齐军乱箭之中。

六祖惠能说："世人心邪，愚迷造罪，口善心恶，贪嗔嫉妒，谄佞我慢，侵人害物。"

嫉妒是一剂毒药，在毒害别人的时候，更把自己毒害了。嫉妒是一种自寻烦恼，是不快活的根源。

一个自信的人，有实力的人，有才气的人，一般说来是不会也不应该嫉妒别人的。超不过别人了，才会生出嫉妒心来，有了嫉妒心之后，就会说出一些欠考虑的话，做出一些不明智的举动。结果呢，反而更被别人小瞧！古今往来，在任何一个领域里，永远的第一是不现实不客观的，新陈代谢，后来者超越先驱者这是必然规律，正所谓"后来者居上"！当别人做出成绩时，你应当为之高兴才对，这才显出一个人的度量，一个人的胸襟。

还有一种人，自己超不过人家，背后搞些小动作，中伤人家，那就是人品有问题了，等而下之，不值一提。

不受虚荣心的折磨

自性若迷，福何可救。

——《六祖坛经》

清净心是真心。清净就是一丝一毫不染着。什么是染着？我们动一个念头，就被这个念头染着了。起心动念，皆是染着。佛教导弟子，对于一切环境，六根接触清清楚楚、明明白白，决不起心动念、分别执著，这个心便是清净心。稍稍动一念就迷了，那一念就叫做根本无明。"无明不觉生三细，境界为缘长六粗"，麻烦了，愈陷愈深。

某高校女子公寓宿舍居住的关某某发现2000元现金被盗，于是报了案。民警经过调查发现：与关某同宿舍的高某平时特别爱慕虚荣，就算自己身上没钱，为了购置一套心仪的品牌时装，她也不惜向同学借钱。

果然，是高某做了案。“警察叔叔，你们放了我吧，我把钱还上还不行吗？明天我还要上T型台上表演，我不想错过这个机会。”高某苦苦哀求。谁能想到，这样一个“失足少女”曾是某选美赛事的冠军，当时的她，笑靥如花，风头正健，很多人都看好她在娱乐界的发展。可她却因贪慕虚荣，为购买名牌时装，做了“艳贼”。

人活在世上，需要荣誉感。但有不少人为了虚荣心却把自己弄得心理失衡，备受折磨，甚至把自己的命搭了进去。

现实生活中，一些被虚荣心控制的人，总是希望自己高人一等，越这样越是心理不平衡，于是只好生活在虚幻之中，活在自己虚有的面子中。

这样的人，看不起自己，看不起现状，哪能够自爱，自尊，哪能够喜欢自己，肯定自己？他们真正喜欢的是那个虚幻的自己。如果不能依照自己的“本来面目”去生活，无异就是否定自己，而导致生活的溃败及精神上的困扰与烦恼。

虚荣心是追求表面上光彩，极力掩盖自己不足的心理表现和夸张行为。虚荣心强的人喜欢高声喧哗，喜欢哗众取宠，喜欢有人追随在他们身边。虚荣的人往往自己欺骗自己，不想认识自己的本来面目，更不愿意让别人知道自己脆弱和无奈的一面。对现实往往采取回避的态度，从内心深处深知自己不如人，所以抓住一件小事来炫耀。一旦虚荣心得不到满足，就会加剧人的自卑情结的形成。

虚荣的人往往刻意注重打扮穿着，处处摆阔，希望借漂亮的服装修饰赢得别人的艳羡。明明不宽裕，却把大量的开支花费在“行头”上，打肿脸充胖子。他们是时尚的追随者和时髦的追逐者，是高档生活、高档消费的支持者，被名牌和流行牵着鼻子走。

虚荣的人，容易轻浮；轻浮的人，容易受骗；受骗的人，容易受伤；受伤的人，容易沉沦；许多沉沦的人，就始于虚荣。

虚荣的人喜欢以貌取人，以名气取人，对比自己地位高、名气大的人卑躬屈膝；对比自己地位低、名气小的人不屑一顾。

冒险，尤其是冒不必要的险，也是虚荣的人试图引起他人注意时常用的手段。如一个人以惊人的速度驾车，或招摇过市，大呼小叫，其目的就是想通过显示自己的技术和大无畏的精神，来引人注目。

往往是虚荣增强一分，自我认识的程度就减弱一分，前进的阻力也就加大一分。多少人因虚荣心的作祟，迷失自我，上当受骗。虚荣的男人成了虚荣女人的“钱袋”；虚荣的女人成了虚荣男人的“门面”。

克服虚荣心首先要有平常心。以平常心态对待生活、学习和工作就能消除不必要的心理压力，摆脱虚荣心的干扰，遇到某些不尽如人意的地方，只要调整好自己的心态，保持平常心，就能克服虚荣心。其次，正确接受自我，敢于暴露自己的不足。再次，要追求真实的自我。用真知实学来充实自己，用真诚待人来完善自己，要向世人展示一个真实的自己，惟有真实的自己，才是美的，才不会产生虚荣。

佛教所谓“心净”，就是心灵的自在、解脱，心地的坦荡、光明。“心净”是与“心垢”相对而言的。烦恼为心之垢秽，叫作心垢。《无量寿经》说：“开神悦体，荡除心垢。”

不要把世俗的名利看得太重——这是克服、解脱虚荣心的要点。记住这句话：“宠辱不惊，看庭前花开花落；去留无意，望天上云来云往。”人生在世应该宠辱不惊，就像平静的海面，任凭风吹浪打，也是波澜不惊。得志时不会得意忘形，乐极生悲；失意时不会萎靡颓丧，一蹶不振。

每一个人都应该肯定自己，接纳并实现自己的人生，这才活得亲切、喜悦、幸福。如果一味在人群中追求虚名，沽名钓誉，无非是一场造作和虚幻，到头来就像火里的冰一样，是空而不实的。

每一个人都要培养自己实践的智慧，要活在自己真实的生活之中，敢于面对现实，放弃虚幻的空想，真正进入生活，了解自己，接纳自己，实现自己，这样才会有脚踏实地的人生，才是幸福的人生。

心安才能免受干扰

云何应住，云何降服其心。佛言：善哉善哉，须菩提，如汝所说，如来善护念诸菩萨，善付嘱诸菩萨，汝今谛听，当为汝说。善男子善女人发阿耨多罗三藐三菩提心，应如是住，如是降服其心。——《金刚经》

如果认为修佛、学禅就是到深山古寺里闭目打坐，就是逃避现实生活，这是一个误解。有一首唐诗，描述了一高僧在大热天打坐的心理与生理的体验：“三伏闭门披一衲，兼无松竹荫房廊。安禅未必需山水，灭却心头火自凉。”

可见，参禅悟道并不一定要到深山幽林中去打坐，只要灭却心头火自凉。这个火呢，不是别的，就是世俗的烦恼欲望。《维摩诘经》说：“火中生莲花，是可谓稀有。”你跑到深山古寺眼不见心为净，这样你的本事不算真本事，你一天到晚在万丈红尘之中，你能够百花丛中过，却是片叶不沾身，这样的修行才是绝顶的高人。

佛法的安心之道，是求心不求境，不去改变外境，而只向内对治烦恼的根源。这样既能去除压力源头的非理性情绪，又能增长承受压力的心智。而依于缘起的义理，这就是“四谛”中“离苦得乐”之道的真谛，也就是“诸恶莫作，众善奉行，自净其意，是诸佛教”的“戒、定、慧”的学问。

对于如何理解“安心”禅，我们先来看一则故事：

神光慧可禅师翻山越岭来到嵩山少林寺，拜谒达摩祖师，要求开示，并请求成为他的入室弟子。达摩面壁参禅，不理不睬。神光于是在门外伫候，时值风雪漫天，过了很久，雪深及膝。达摩看神光确实求法虔诚，才开口问他：“你久立雪中，所求何事？”

神光道：“惟愿和尚开甘露门，广度群品。”

达摩说：“诸佛无上妙道，旷劫精勤，难行能行，难忍能忍，尚不能至，汝公以轻心慢心，欲冀真乘，徒劳勤苦。”神光听此教诲勉励，立即在达摩座前用刀砍断手臂。

达摩说：“诸佛求道为法忘形，你今断臂，求又何在？”

神光答道：“弟子心未安，请祖师为我安心！”

达摩喝道：“把心拿来，我为你安！”

神光愕然地说：“我找不到心呀！”

达摩微笑说道：“我已经为你将心安好了。”

神光慧可终于豁然大悟。一个人如果能够保持一颗平实不乱的真心，佛性当下就会开显。佛法的“安心之道”，不是等到压力出现于身前，情绪激动，乃至事后追悔才想办法调适，而是在于“积之在平日”的“庄敬自强”，逐渐调整自我生活形态，逐渐增强心智；如此遇事才有“处变不惊”的定力，而终能“用之在俄顷”，发挥“慎谋能断”的智慧。

例如，诸葛亮如果平日不好好修炼“安心”功夫，“空城计”能成功吗?他因错用马谡而失掉战略要地——街亭，魏将司马懿乘势引大军十五万蜂拥而来。当时，诸葛亮身边没有大将，只有一班文官，他带领的五千士兵，有一半运粮草去了，只剩 2500 名士兵在城里。听到司马懿带兵前来的消息，人们大惊失色，不知如何是好。诸葛亮登城楼观望后，对众人说：“大家不要惊慌，我略用计策，便可教司马懿退兵。”

诸葛亮神情自若地传令军士：“将城中所有战旗尽数放倒，所有兵士坚守城池，凡有擅自出入和大声喧哗者，一律斩首！”又命令将四方城门打开，每一城门处派二十个士兵扮作百姓，洒水扫街，装作若无其事的样子。一切安排就绪后，诸葛亮头带方巾，身披鹤氅，带两名小童，持琴登城，他边弹琴边饮酒，一副安然悠闲的神态。

魏军先锋部队见状，不知虚实，急忙策马回报司马懿。司马懿听报随后来到城下，远远见到城上诸葛亮悠闲自得边饮边弹，二位小童站立身后，琴声悠悠不绝于耳。再看四处城门大开，每一城门处都有一二十名百姓，在细心地洒水扫路，对魏军视而不见。见状，司马懿心中大疑。他对诸葛亮有很深的了解，认为素来谨慎行事的诸葛亮从不弄险，今天见他如此安然，城中秩序井然，十五万大军压城犹如不见，其中必有埋伏。司马懿越想越怕，急忙传令撤兵。

诸葛亮见魏军远去，遂拍掌大笑，结果尽在意料之中。城中兵士见千钧一发之险，顷刻间化作乌有，不由得惊喜交加。诸葛亮含笑对余悸未尽的兵士们说：“司马懿素来知我谨慎，不曾轻易弄险，而今见我稳坐城头，安然饮酒抚琴，城门大开，百姓自若不慌，想必我定有奇兵伏于城中，所以不战而退了。”

现实生活中，一个人事业的成败与他是否“安心”有很大关系。心不安，遇事就会乱方寸，挫折就会悲观失望；心不安，到新的环境就会不适应，老想着过去。所以，“安心工作”、“安心学习”便成了人们之间的嘱咐，它也确实是人们所需要的。

第十三章

用诚心忏悔

佛教的忏悔，是佛法中一个重要的修行法门，不仅有详细的理论阐释，更有一套完整的实践方法。忏是发露过去所做的旧恶，悔是知错以后不会再做，忏悔就是向我们的冤亲债主道歉，请求他们原谅。必须以至诚心忏悔，心不够至诚，忏悔的业不消。

忏悔的态度要诚恳

但向心中除罪缘，各自性中真忏悔；忽悟大乘真忏悔，除邪行正即无罪。

——《六祖坛经》

忏悔，是一个人的良知觉醒，是灵魂深处的拷问。一个不懂得忏悔的人，是精神堕落的表现。我们这个时代缺乏忏悔意识。忏悔是一种力量，是为了唤醒沉睡的心灵。

佛教认为，一个人犯罪之后，必须坦诚地吐露所犯的罪行，恳切悔过，决志不复再犯，否则，这一罪恶的阴影，势将永藏心底，也就成为他日感受报应的种子。不仅要“忏其前愆”，以前所造的过错要忏除，也要“悔其后过”，让以后的过错不再产生，一般人只知“忏其前愆”，而不知“悔其后过”，以致前罪还没消灭，后过又产生了。

在古印度有位无著菩萨和世亲菩萨，他俩是兄弟。世亲菩萨学习小乘教义，而无著菩萨却是学习大乘教义。世亲菩萨非常聪明，他哥哥总想度他信大乘法，乃想出一个方便法门，故意装病，请他弟弟来探病。弟弟来后，哥哥说："弟弟，我现在快死了，你能否诵一遍大乘经典？"

弟弟本不愿意，但为满足哥哥最后的要求，便翻看大乘经典，他把《法华经》、《楞严经》和《大方广佛华严经》这三部大乘经典念过后，豁然明白，知道自己以前多么不对：讪骂大乘佛教，毁谤大乘经典，说大乘经典是假的。他知道自己错了，非常后悔，心里懊丧地自责："我以前尽骂大乘佛教，我造了这么多的罪业，一定要下地狱啦！我这舌头真是坏透了。"想着就拿刀要把自己的舌头割下来。

哥哥便说："何用割舌呢？现在你改变你的说法，可用你的舌头来赞叹大乘。"

世亲菩萨听后觉得很有道理，他的勇气很大，真的完全改变了，所以自此以后他的言论都是赞叹大乘的。他从前写了很多骂大乘佛教的书，他都通通烧毁了。现在，只遗留下来他赞叹大乘佛教的论文。世亲菩萨通过忏悔成为后来的一代祖师，受到后人的尊重敬仰。

当一个人出现了"后过"，就代表忏悔得不够真诚彻底，如果要能真正地将前罪忏除掉，就必须要能真正地"悔其后过"，也就是，相同的过错，绝不重复。当一个人可以"不二过"时，就可以说，他已经完全忏除前过了。

而要能够除过，不论是"前过"或"后过"，都必须坦承自己的过错，看清楚自己的过错是什么。所以，忏悔，就意味着卸除所有心灵的武装或伪装，不管是意识或潜意识里，任何"合理化"的伪装。

忏悔不诚恳，无法有真正的忏悔，因为诚恳意味着坦白、不曲诈、不迂回、不推诿，是一种完全的"真心"，是一种"当下承担"！真心是道场，《楞严经》云："地不真，果招纡曲。"忏悔是一种完全对自己的坦白，将自己的过错或心灵的污秽，赤裸裸地、不加任何隐瞒地坦露出来。

能够诚恳的人，能够坦诚面对自己的内心，来"认清"真正的自己，并借此而达到"醒悟"和"清洗"的目的。

一家媒体专门开设《忏悔录》栏目，刊发贪污违法官员的悔过书，初衷是想剖析贪官们腐败的轨迹，探寻腐败案件发生的原因，对领导干部能起到一些警示教育的作用。可是不少人在落马后都会一把鼻涕一把泪地忏悔，甚至"痛心疾首"地写下"万言悔过书"，也有的人在法庭审理的"最后关头"

以法庭最后陈述等形式，表达其悔恨之情。这种“到了黄河才死心”的忏悔，到底是真心悔过还是作秀式的表演?

当然，这其中不乏犯罪后真心认罪悔罪的，但也有忏而不悔的，他们的直接目的是想尽量给组织或法官留下一个忏悔改过的好印象，以便得到酌情从轻或减轻处理。

要有忏悔的勇气

若失本心，即当忏悔；忏悔之法，是为清凉。——弘一法师

忏悔是在自己做错事之后，知错改过的表示，也是一种不甘堕落、要求上进的心志。忏悔在佛教的宗教生活中，具有极其重要的地位。佛教徒皈依佛门之前，必须首先忏悔往业，然后方可为僧团所接纳。出家修行后，若有过犯，应随犯随悔。

明朝末年的蕅益大师从小只读圣贤书，慨然以千古护教（儒教）自居，并要大兴孔孟思想，灭尽佛教与道家的学说。到了17岁时，蕅益大师在一次偶然机会中，阅读了莲池大师所著的《自知录》及《竹窗随笔》，大为感动，并痛哭流涕，深知过去多年来批佛言论是错误的，于是在佛前起深心的忏悔，将以前所写的驳佛谤佛的论作全部烧掉，且终生献身佛教，而成为明朝末年佛教四位大师之一。

“罪业本空由心造，心若灭时罪亦亡；心亡罪灭两俱空，是则名为真忏悔。”人非圣贤，孰能无过？其实，犯错误并不可怕，可怕的是不知道自己在犯错误，可怕的是明知是错却不肯承认错误，可怕的是不肯改正错误。

忏悔者没有胆怯，因为他们对生命真诚，对自己负责。忏悔是一种高尚而又坚强的勇气，把自己毫不留情地层层剥开，坦坦荡荡地把胸襟敞开，毫不容情地自我反省和自我解剖，把生命提升至天心月圆、水月相融的境界。

忏悔不仅是流露自己内心的歉疚和羞愧，更是展示生命的纯洁与无染。把尘埃与浮华一同拂去，显示真我的光芒，这是一个痛苦而又伟大的过程。所以忏悔不但是一种勇气，更是认识罪业的良心，是去恶向善的方法，是净化身心的力量。

卢梭《忏悔录》可贵之处在于他敢于公开承认自己“有可憎的缺点”。卢梭既没有隐瞒丝毫坏事，也没有增添任何好事，他说：“当时我是卑鄙龌龊的，就写我的卑鄙龌龊；当时我是善良忠厚、道德高尚的，就写我的善良忠厚和道德高尚。”卢梭确实写了自己干的坏事和卑鄙的想法等，这可是够难的，因为最真的真相是让人难堪和恐惧的，尤其是面对自己的不好的一面，真的需要巨大勇气。

傅雷先生说：“真正的光明决不是永没有黑暗的时间，只是永不被黑暗所掩蔽罢了。真正的英雄决不是永没有卑下的情操，只是永不被卑下的情操所屈服罢了。”不被卑下情操所屈服虽然难，但不屈不挠者却也是众多的。要把自己卑下的情操暴露在阳光之下认真检视，其气概可谓惊天地。

忏悔包含着一个人对自己过去的过错乃至罪过做出正确判断后应有的情感。这种情感非常珍贵，因为忏悔需要直面自己不堪回首的过去的勇气，还因为它要求忏悔者具有高度的社会责任感，自己不愿重蹈覆辙，同时提醒他人不要步自己的后尘。

国学大师季羡林先生在《牛棚杂忆》中说，他之所以不辞劳苦写这本书，是因为他“日日盼，月月盼，年年盼”，应给子孙后代有个交代的大事至今无人去做。他希望经过“文革”岁月的人们，特别是那些“文革”时期大小事件的参与者，无论是良善的受难者，还是呼风唤雨的施难者，从那场千古未有的浩劫中吸取教训。他对后一类人即“文革”中的“造反派”的缄默不语发问道：“为什么不把自己折磨人的心理状态和折磨过程也站出来表露一下写成文章或一本书呢？……如果这一类人——据估计，人数是不少的——也写点什么东西的话，拿来与被折磨者和被害者写的东西对照一读，对我们的人民的教育意义，特别是我们后世子孙的教育意义，会是极大极大的。我并不要求他们检讨和忏悔，这些都不是本质的东西，我只期待他们秉笔直书。这样做，他们可以说是为我们民族立了大功，只会得到褒扬，不会受到谴责。”

季先生不愧为中华民族善良知识分子的优秀代表，他悲天悯人，用心良苦。同时他作为“文革”受难者，经受了炼狱的磨难，深知灵魂遭受折磨的苦痛，所以他认为那些“文革”中的施难者只要把心灵中充满阴暗的“文革”经历写下来，以惩诫后人不要犯同样的错误就可以了，不怕经受检讨和忏悔的痛苦。

为人为己忏悔

既忏悔已，与善知识发四弘誓愿，各须用心正听：自心众生无边誓愿度，自心烦恼无边誓愿断，自性法门无尽誓愿学，自性无上佛道誓愿成。

——《六祖坛经》

忏悔是佛教为沉溺于“五浊”的人开的一剂驱除心理恶魔、实现心理健康的良药。什么叫“五浊”？在凶恶的环境中，人的健康受到影响，是为“劫浊”；人心不正，邪见增盛，不知修行善道，是为“见浊”；追逐欲望，引发贪、嗔、痴、慢、疑等烦恼而扰乱身心，是为“烦恼浊”；不知孝顺父母，不懂修善去恶，不畏恶业果报，以致福报渐衰，苦报渐增，是为“众生浊”；做多了坏事，寿命缩短，是为“命浊”。

对于染了“五浊”中的任何一浊的人，都得忏悔。只有日日忏悔，日日改进，性情胸襟自然开阔，生活品质自然提升，才能够获得心灵的清净。

有一位信徒问天童普交禅师：“修忏悔法门是为自己忏悔，还是为他人忏悔呢？若是为自己忏悔，自己的罪性从何而来？若是为他人忏懈，他人非我，我怎能为他忏悔？”

普交禅师思索良久，无法回答，便四处云游参访，寻求解答。一日来到泐潭禅师处，脚刚踏进门，泐潭就“啊”地大叫了一声，普交禅师不明就里，正要开口表明来意，泐潭的禅杖已迎头挥了过来，普交莫名其妙，只有暂时避开。

过了几天，泐潭找到普交，对他说：“我有古德公案，想与你商量。”普交惊疑未定，一声惊诧“啊？”还来不及说话，泐潭又“啊”地大叫了一声，回音在普交的胸腔中震荡不绝，宛如普交自己的发声。普交禅师一刹那间豁然开悟，不禁哈哈大笑。泐潭看普交已悟，十分高兴，执着他的手追问：“你会佛法吗？”四目相投之下，普交禅师也笑着“啊”了一声，把泐潭的手甩开去。

泐潭知道普交已经洞明“人我一如，自他无二”的忏悔法门，当下也哈哈大笑起来。

佛教提倡超度众生，所以从大的方面看，忏悔是为人为己两不分。从实际层面看，佛门之外的人们多是为自己的过错忏悔。那么除了佛界人士，谁来为大众、百姓忏悔呢？或者说用自己的忏悔，为大众、百姓带来福报呢？显然就是有政治地位与社会地位的人。

明代的袁黄，后改号了凡。江苏吴县人，明万历十四年进士，后来任过知县、拾遗等职。他在官场上瞎混，也就是只顾自家享受，不管百姓疾苦。有一次，袁黄在南京栖霞山遇见了云谷禅师，两人对坐一室，谈了三天三夜。云谷禅师向他阐述道理："从前种种，譬如昨日死；从后种种，譬如今日生。此义理再生之身。《尚书·太甲》不也这么说吗：'天作孽，犹可违；自作孽，不可活。'你今后若能扩充德性，力行善事，多积阴德，就是你自己修得的福泽。"

袁了凡听了云谷禅师的一番开导，豁然开朗，于是在佛像面前忏悔了以前种种罪过，并发愿做三千件善事，以报天地祖宗之德。并改号了凡，意思就是了悟立命之说，不愿落入凡夫俗子的窠臼。从此以后，袁了凡小心谨慎，战战兢兢，不再像以前那么放任。他不断行善事，作官也处处为百姓着想。他小时候算命的说他 53 岁有厄运，但他写《了凡四训》这本书的时候已经 69 岁了。可见，佛教认为，有权有势者的忏悔为己为人都有益。

现在看来，一个人站在一定的高度，才可能"人我一如，自他无二"。鲁迅先生是民国社会难得一个把忏悔上升到理性层面的人。鲁迅具有中国人中少有的忏悔意识。他的批判是从国民性层面上升到了人性层面，从伦理层面上升到了宗教层面，从耻感上升到了罪感的层面，超越了传统的道德反思而切入到了人的灵魂深层。在缺乏忏悔精神的情况下，这种忏悔意识来自哪里？这跟鲁迅的人道主义意识及对精神和灵魂的重视有关，跟他自身心灵的敏感和丰富有关，跟他内心的天赋良知有关，也跟他对自我深层人性和阴暗面的探索和挖掘有关。

鲁迅通过对自我的罪的反思来警醒读者的心灵，使人们因受到触动产生罪感而反思自身人性恶，并进而产生忏悔和赎罪意识。他这种对于自我内心的返观、审视和灵魂的忏悔，日本著名的鲁迅研究专家竹内好称之为"回心"，这是以个体的忏悔，审视群体，引发对国家民族历史和文化伦理的反思。

避免悔过再犯错

凡夫愚迷，只知忏其前衍，不知悔其后过。以不悔故，前衍不灭，后过又生。前衍既不灭，后过复又生，何名忏悔？　　——《六祖坛经》

曾经统一印度的阿育王，有一次，发心供养出家人。其中有一个小沙弥，也来参加应供。阿育王就为难了，因为在印度，即使贵为一国之尊的国王，见到出家人，也要五体投地恭敬顶礼。阿育王顶礼了许多大法师之后，面对这样幼小的小沙弥，实在无法下拜，但是不顶礼呢，又担心对三宝（佛宝、法宝、僧宝。佛宝，是指已经成就圆满佛道的一切诸佛。法宝，即诸佛的教法。僧宝，即依诸佛教法如实修行的出家沙门）不恭敬，会受到严厉的批评责备。在左右为难之下，他只好把小沙弥叫到没有人的地方，勉强屈身向他顶礼，嘱咐他说："我是一国之主，不能随便向人礼拜，尤其是你这么个小孩子。刚才我向你顶礼的事，千万不要告诉别人！"

小沙弥听了阿育王的话，默默放下受供的钵，突然纵身一跃，跳进了钵中，随着钵缘游走；又跳出钵外，向阿育王一笑。这样进进出出、出出进进，神通无碍，把个阿育王看得目瞪口呆，心中暗暗吃惊："这个小沙弥真是神通广大呀！"

小沙弥定住身后，慢慢走到阿育王面前，合十说："大王，刚才这件事情，您千万不要告诉别人啊！"说得阿育王羞愧万分，赶快忏悔："唉，我的心地不够光明虔诚，本不该轻视小沙弥！"从此阿育王对于一切出家人，不分老少贤愚，都恭敬而不起慢心了。

可见，佛陀内心忏悔，是警告自己，以后不犯同样的错误。

《迁善录》上记载：宋朝的大夫蒋瑗有10个儿子，个个都有毛病：一个驼背、一个跛脚、一个手脚不能伸直、一个两只脚都失去作用、一个疯癫、一个愚痴、一个耳聋、一个瞎眼、一个哑巴、一个死在监狱中。

子皋看到了这种情况，就问蒋瑗："您做了什么事情，为啥会遇到这么大的灾祸呢？"

蒋瑗说："我平生并没有做什么大坏事，只不过经常嫉妒比我高明的人，而喜欢对我巴结的人。听到别人做了善事就加以怀疑，听到别人做了恶事则深信不疑。看见别人得到好处,好像自己损失了什么似的；遇见别人有了损失，好像自己得到了好处一般。”

子皋感叹地说：“您的心术这么坏，应该满门全灭才对，恶报岂止这些罢了。”

蒋瑗听了他的话，突然感到畏惧。

子皋又说：“如果您能够改过向善，则必可转祸为福，从现在开始，还不算太晚！”

蒋瑗从那时候起，就痛改前非，广修善行，过了数年以后，他9个儿子的毛病都逐渐痊愈了。

这个故事虽然讲的仍然是“因果报应”的佛教命题。但是，忏悔的确是自我反省和自我检束，是自觉心的警惕和自尊心的洗涤，要求从此之后再不复犯。这对生活以及人生是有好处的。一个人只要能有改过自新的决心，哪怕坐牢，心想往事已过，不复再犯，那么心地便会从罪恶感中得到解救，恢复平静，坐牢之苦也就降低。这是忏悔的有效功能。

有一位年轻的慈善家，毫无讳言地说自己曾是一位小偷。那年他刚17岁，在老家小城参与了盗窃电动自行车的活动，他被当场抓获，移送到了派出所，民警讯问得知，他还在读技校。他面对民警流下了愧疚的泪水，说自己是第一次做坏事，以后不再犯，他一再表示愿意当面向被盗者赔礼道歉。

民警见惯了被抓后哭说“下不为例”的犯罪嫌疑人，但还是相信了他，给他一次改过自新的机会。民警通过了解，得知他是因结交朋友不慎造成失足的，他的父母平时忙于生计疏忽管教，其实他根本不缺钱用。民警本着“教育、挽救和感化”的宗旨，约见了失主梅婷女士。起初梅婷女士不解，民警耐心宣传对未成年人保护的法律，说他一时糊涂而失足，如不拉他一把，可能会影响将来成长。梅婷女士明白了其中道理，同意和解。第二天下午，梅婷女士和他来到检察院，他拿出认真写成的“致歉书”，双手送到梅婷女士手上。梅婷女士接过致歉书说道：“今后要好好做人啊，阿姨也就不会记仇了。”从此，他严格约束自己，并且常常去帮助他人。他进入社会后，一边做事业，一边搞公益慈善。当有人问他，为什么与当年的朋友完全走了两条不同的人生道路，他回答道：“是那次忏悔改变了我。我在忏悔时，感到有一股力量从灵魂中升起，我的眼前充满光明……”

忏悔的目的，是自净其心不复再犯，如果常常犯罪，常常忏悔，又常常再犯，那么忏悔，便失去了应有的功用。

忏悔是对灵魂的一种交待

从前所有恶业憍诳等罪，悉皆忏悔。——《六祖坛经》

佛教的忏悔是洗刷染污了的心，使之恢复清净。《三昧水忏》说："人之居世，谁能无过？学人失念尚起烦恼，罗汉结习动身口业，岂况凡夫而当无过？但智者先觉，促能改悔，愚者覆藏，遂使滋蔓。"所以，我们做了对不起他人或对不起自己良心的事后，能够补救的方法是忏悔，勇于承认自己的过错。做了对不起他人的事，就要去向他忏悔，请他原谅；对不起自己的良心时，就自己责备自己，以后不再犯错了。

忏悔，是修行中不可少的方法；忏悔，也是生活中每个人必要的行为。有了忏悔，我们才能免除做错事之后，心中所产生的罪恶感；有了忏悔，做错犯罪的人，才能够改过向新，不致于长此堕落下去。所以，佛教注重忏悔，的确是有它的道理存在。

著名作家巴金先生于1986年出了一部书《随想录》，代表了知识分子的忏悔精神。

1966年8月10日下午，巴金在上海作协机关参加批判作协领导人叶以群的大会。当时，巴金"坐在大厅里什么也不敢想，只是跟着人们举手，跟着人们连声高呼'打倒叶以群！'我注意的是不要让人们看出我的紧张，不要让人们想起以群是我的朋友。"

叶以群跳楼身亡，他是巴金的冤死的朋友中的第一个。20年后巴金为了找寻这位朋友死亡的记录而翻看自己的日记时，却只看见记流水账的寥寥数语。当时他动着笔，不加思考，也毫不迟疑，更没有设身处地地想一想亡友一家人的处境。巴金在书中深深谴责道："越看越觉得不是滋味，也越是瞧不起自己……"

1966年8月24日夜，老舍在北京西城太平湖投水自杀。此前一天，他被红卫兵押到北京文庙"斗争"，遭毒打数小时。巴金能记得的，只是老舍死前一个多月两人在北京开会见面时，老舍对他讲的“请告诉朋友们，我没有问题”。所以巴金说：“老舍死去，使我们活着的人惭愧……我们不能保护一个老舍，怎样向后人交代呢？没有把老舍的死弄清楚，我们怎样向后人交代呢？”

《随想录》中几次提到巴金和日本作家谈及老舍的死。日本作家关注老舍，称他的投湖自尽为“玉碎”。巴金说：“当中国作家由于种种原因保持沉默的时候，日本作家井上靖先生、水上勉先生和开高健先生却先后站出来为他们的中国朋友鸣冤叫屈，用淡淡的几笔勾画出一个正直善良的作家的形象，替老舍先生恢复了名誉。……我从日本作家那里学到了交朋友，爱护朋友的道理。”

傅雷和夫人 1966 年 9 月 2 日夜写下遗书：“……委托数事如下：代付九月份房租 55.29 元（附现款）；旧挂表（钢）一只，旧小女表一只，赠保姆周菊娣；600 元存单一纸给周菊娣，作过渡时期生活费。她是劳动人民，一生孤苦，我们不愿她无故受累；姑母傅仪寄存我们家之饰物，与我们自有的同时被红卫兵取去没收，只能以存单三纸（共 370 元）又小额储蓄三张，作为赔偿；旧自用奥米茄自动男手表一只，又旧男手表一只，本拟给敏儿与 ×××，但恐妨碍他们的政治立场，故请自由处理；现钞 53.30 元，作为我们火葬费。……使你为我们受累，实在不安，但也别无他人可托，谅之谅之！”第二天早晨，夫妻俩在上海寓所双双自缢。

对此，巴金写道：“‘士可杀，不可辱！’今天读傅雷的遗书我还感到一股显示出人的尊严的正气。我常用正直、善良的形容词称赞我的一些朋友，它们差不多成了我的口头禅，但是用在每一位亡友的身上，它们放射出一种独特的光芒。”在傅雷身上，巴金看到中国知识分子的正直、善良的心灵，找到了“真正的我们的文化传统”。

巴金怀念他的“马大哥”马宗融时，寄托的正是他扪心自问怀疑丢失掉中国知识分子的正直风骨和朋友的情怀。马宗融“朋友多，对人真诚，为了朋友不怕得罪任何人”，在他身上巴金看出了“交友之道”。虽然巴金“不想在这里多谈个人的感情”，但他记得，马大哥是对他最好的一位朋友，“他相信我，要是听见人讲我的坏话，他会跟人打架”。

1947 年马宗融所在学校当局纵容军警开进校园逮捕学生，他十分不满，在校务会议上站出来慷慨直言，拍案怒斥。巴金说：“这是他的本色，他常说，为了维护真理，顾不得个人的安危！他自己是这样做到了的。我看见中国知识分子的正气在他的身上闪闪发光。”然而巴金承认，自己不曾学到他的长处，“文革”中先是习惯把长官的话当做真理，后来又诚心奉行“明哲保身”的古训。回想起来，巴金说了四个字：“愧对亡友”。

巴金把《随想录》当做自己这一生的收支总账，“翻看它们，我不会忘记我应当偿还的大小债务”。他甚至描述了这样一个“严肃的、嘶哑的”声音，反复说道：“债是赖不掉的！”这既是对道德的敬畏，也是对历史的敬畏。“良心的责备比什么都痛苦”，这是巴金道德的忏悔之语。

接受别人的忏悔

云何名悔？云何悔已而得安隐？既生悔已，断不善法。云何生悔？若见他人造作不善，身口意业，他作身业，而呵毁之，应生悔心，不共同住。

——《正法念处经》

佛教相信忏悔的功能，客体接受忏悔行为是对忏悔者的肯定，为人们带来忏悔的心念和信心。所以，倡导忏悔不仅仅是针对主体个人而言，还需要整个社会环境对忏悔者的理解、同情，善意地认可、接受人们的忏悔，这样才能真正形成忏悔精神。

在佛看来，不忏悔不可，不接受别人的忏悔也成为过失。如北凉昙无谶译《菩萨戒本》中说：“若菩萨他人来犯，如法忏谢，以嫌恨心，欲恼彼故，不受其忏，是名为犯众多犯，是犯污染起。”

佛教的“忏悔”虽是一种宗教行为，在观念上它却有着超宗教意义的合理内核，这就是它充分肯定了“悔恨”这种心理情结，具有可以促使人们改恶向善的积极导向。而这一点正是中国传统“悔”观念中所缺乏的，也是佛教教义中所包含的心理理论的缜密之处。

在现实生活中，接受悔改错误的人，是社会得以清明的一个重要人文精神的体现。犯罪坐牢的人最怕释放后不被社会和家人接受。在某种意义上说，“牢改”是在特定的地方进行“忏悔教育”，而社会、家人接受其忏悔才能真正达到“人心改造”的功效。

有一个女孩在5岁那年，父亲出车祸去世了。三年后，母亲迫于生计带着她改了嫁。继父是一个老实巴交的人，不善言辞，但心地很善良。在女孩10岁时，母亲因患子宫癌也离开了她。临终前，母亲拉着继父的手，希望他把女儿抚养大。继父泪如雨下，哽咽着说："你不要担心，我一定把金桃拉扯成人。"

女孩到了15岁，在一个闷热的午后，继父到地里干活去了，她烧了一大盆水在屋里洗澡。没想到继父却在这时匆匆回来了，不由分说地抱起她冲进了他的房间，任凭她如何挣扎、哭喊、哀求都无济于事。人世间最丑恶的一幕发生了。

过后，继父跪在床前，一个劲地打自己耳光，请求女孩原谅他。此刻，女孩的心里充满了仇恨：我要让他受到惩罚，我要把他送进监狱。当天，继父就被抓进了派出所。继父被判处有期徒刑8年。他曾在监狱里给女孩写过一封信，满篇都是悔恨和痛责之词。女孩把信撕得粉碎，她这辈子都不愿意再见到这个人了。

后来女孩和一个男人结婚了。男人发现她非处女之身，一场短暂的婚姻只维系了三个月。离婚后，女孩来到城市一家工厂打工。这时，她遇到了一位高中男同学。男同学以他的执著和真诚最终打动了女孩的心。一年后，女孩与第二个男人回到家乡，结了婚。

一天夜里，一个不速之客打破了这种平静，他就是女孩继父。一见到他，女孩不禁怒从心起，高声骂道："你来干什么？我不想见到你，你给我滚！"继父尴尬地站在院子里，老泪纵横地说："我已经是快入土的人了，什么也不想，就想听你说一句原谅我的话。"女孩不由得心里一酸，想到曾经的痛苦和悲伤，脱口而出："原谅？办不到，我这辈子都不会原谅你！"

继父失望地走了。痛苦之中女孩也想起了自己的童年：记得有天晚上，自己发高烧，继父背着她往县城医院里跑，一路上不停地叫着她的名字。二三十里地，他是一口气跑完的。

之后，继父又来了好几次。有一次，他带来的是女孩母亲的一张照片，照片用白纸包着，白纸已经发黄，他说："这是你母亲留下来的唯一一张照片，我本是留给自己的，现在我也没有脸面看她，还是给你吧。"

看着母亲的照片，想起母亲去世后，继父怎样呵护幼小的她，在那样艰难的日子里，他把她视作自己的亲生女儿，拒绝再婚，供她读书。好几个月来，她都被童年的甜蜜和现实的残酷折磨着，原来她并没有忘却继父的爱。

继父已经好长时间没有出现在女孩家的院子里了。这时，继父的哥哥让人带信给她，说继父病了，而且病得不轻。因为得不到她的原谅，他连药也懒得吃了。他现在唯一的希望就是她能去看看他。

这时，丈夫劝她说："去看看他吧，好歹他对你也有养育之恩啊。生活在仇恨之中，一点儿也感觉不到人生的乐趣，你到底是在惩罚他呢还是在惩罚你自己？"女孩便去了。

见到她，继父从床上滚落下来，"扑通"一声跪在了她面前，哭诉着说："你原谅我了？你原谅我了吗？"女孩赶忙扶起他，哭着说："是的，爸，我原谅你了。"

回到家，女孩忍受着精神上和感情上的双重折磨。继父的凄凉晚景让她心生怜悯，可她又难以从内心原谅他的过去。终于，在丈夫的支持下，他们把继父接到家里来，一起生活。然而平静下来后，女孩和继父很快又陷入了难堪的沉默。她敏感地察觉到继父已经从心底里抗拒她这个继女对他的赡养。

一天中午回家，女孩闻到了一股刺鼻的农药味，继父躺在地上口吐白沫。她也不知哪儿来的力气，一下子便把继父背上了肩。由于抢救及时，醒过来的继父对她说的第一句话竟是："你救我这条老命干什么呢？从坐牢那天起，我这辈子就只剩下了一件事，那就是求得你的原谅。现在你已经原谅我了，我活着又有多大意思呢？"

继父的颓丧和等死的心态，迫使女孩做出了给继父找一个老伴的决定。终于，她结识了一个50多岁的阿姨，她介绍了继父的一切。阿姨静静地听着，眼眶里装满泪水，然后答应了女孩，嫁给她的继父。

从这个故事中，我们不能不为女孩接受继父忏悔的事迹而感动。《正法念处经》说："云何名悔？云何悔已而得安隐？既生悔已，断不善法。云何生悔？若见他人造作不善，身口意业，他作身业，而呵毁之，应生悔心，不共同住。若有因缘，自起不善，觉观之心，随生即舍，不生忆念，不味不著，内心生惭愧。"

意思是说，"悔而安"，就因为生"悔"以后，能够断绝不善的行为。并且提出看见别人"造作不善"，也"应生悔心"，不与他同安于不善。至于自己有了不善的行为，也应凭"观觉之心""随生即舍，不生忆念，不味不著"，且"内心生惭愧"。

不在忏悔中摧残自己

若人罪能悔，悔已莫复忧，如是心安乐，不应常念著。

——《大智度论》

佛教的“忏悔”观念，不只是突出强调了“悔”的积极心理导向，也体现了对“悔”情结多元发展趋向的全面认识。佛教反对“掉悔”。“掉”是“掉举”的省称，意谓使心浮躁不静的作用，所谓“掉悔”就是沉溺于“悔”之中不能自拔，而使心性不得安宁。

所以《大智度论》有偈劝导道：“若人罪能悔，悔已莫复忧，如是心安乐，不应常念著。”佛教明确“忏悔”本身不是目的，只是为了使人解脱罪业，改正过失，从而达到心性纯净无悔的境地。如南朝陈代的真谛所译《四谛论》中就提出：“破戒人死，名有悔死，持戒人死，是无悔死。”

有个男人，本来与老婆感情和睦，但后来他却与另一位女子保持着婚外情关系，并为此感到忏悔内疚，长久地忐忑不安。虽如此，他已经停止与情人幽会，可长期受忏悔心理折磨。这种忏悔情绪毫无意义，它不能改善婚姻生活的质量。他实际上面临着两种选择：要么长期为忏悔心理所困扰并付出身心代价，要么就认真审视自己的婚姻生活并设法改变这种状况。

忏悔带来的负疚感包括羞耻感、自责心理、自卑心理、无地自容。许多人不同程度地受到内疚情绪的影响，而致使精神抑郁。从精神分析的角度看，内疚是导致抑郁的主要情绪根源，它实际上是指向自我的愤怒与不满，也是抑郁症患者惯常的症状表现，因而，极端抑郁的人往往有自杀倾向，他们有一种对自我的极端自责和否定。

生活中基本上存在两种负疚感：一种是健康的，另一种是不健康的。健康的负疚感就像是功能完好的“心灵报警器”，它提示我们，我们犯了错，有心或无意，伤害了别人。它会提醒我们不再重蹈覆辙。而不健康的负疚感则可以说是一种习惯性行为，当事者可能并没有做错事，没有必要为之所苦。

《左氏博议》说：“至难者，悔心也；至难持者，亦悔心也。……是悔也，未发则忧其难发，既发则忧其难持。悔心初发，自申自愧，自怨自咎，戚然焦然，不能一日安。苟无以持之，则自厌者，苟且弛然，必入于自肆矣；自愧者退缩羞赧，必入于自弃矣；自怨者郁积缴绕，必入于自怼矣；自咎者忧愤感激，必入于自残矣。是悔固可以生善，亦可以生不善也。”

所谓“持”，就是在悔恨之心发生之后，要正确地对待和把握，否则的话，就可能因令人悔恨的行为已经发生，索性破罐子破摔而自我放纵，或是从此丧失进取的信心，或是陷于痛苦中不能自拔，或是走向自我摧残。

悔是一种缺憾，也许缺憾才是最美的。虽然悔有这么多，并生出无数的感人故事来。但沉沦于悔，终究是不能换来成功，换来幸福的。你哭天抢地也好，你痛苦流涕也罢，都没有用，这样的悔只能使自己痛苦，别人跟着难受。因此，后悔要理性，不能因悔而生出再悔之事来。

南宋陆游与唐婉，是真心相爱的幸福的一对，然而他们却被陆母无情地拆散了。十年之后，陆唐二人在沈园相会。此时已另嫁他人的唐婉和又娶新人的陆游百感交集，执手凝噎。他们后悔吗？当然后悔。但是没有办法，封建礼教，母命难违。陆游与唐婉过去没有为真挚的爱情而努力抗争，现在只能为逝去的岁月而后悔流泪。怎么表达悔的心情呢？于是二人各在墙壁上题词一首，聊表相思之苦。陆游先写，词牌为《钗头凤》，有这么几句：“红酥手，黄縢酒，满城春色宫墙柳。东风恶，欢情薄，一怀愁绪，几年离索。错，错，错！春如旧，人空瘦，泪痕红浥鲛绡透。桃花落，闲池阁，山盟虽在，锦书难托。莫，莫，莫！”

唐婉看后泪水哗哗，跟着和了一首《钗头凤》：“世清薄，人情恶，雨送黄昏花易落。晓风干，泪痕残。欲笺心事，独语斜阑。难，难，难！人成各，今非昨，病魂常似秋千索。角声寒，夜阑珊。怕人寻问，咽泪装欢。瞒，瞒，瞒！”沈园相会后不久，唐婉就抑郁愁怨而终了。

尽管陆唐之间的悲剧，是特殊社会造成的，然而即使是当今开放时代，仍不乏因失败的爱情、婚姻打击而沉沦于“悔”、不可自拔的人，经受着精神的折磨和心灵的煎熬。

面对忏悔，我们不能沉沦，而是应该奋争。要在忏悔中站起来，直面困难，抛弃忧伤；要勇敢，要坚强，做到知悔而后勇，这才是真正悟道的智者。也只有这样，才能洗涤好自己的心灵，轻松地拥抱美好的明天。

第十四章

真心看待真实

所谓“真心”就是佛家所说的“真如之心”。它的外现是“意之根”，所谓的灵魂就是指它而言。“意之根”的外现是“意识”，也就是想一想的“想”。“意之根”、“意识”统称为“假心”，也叫做“意识心”。

一切发自内心

世法梦幻，唯出世大事，乃为真实。——吴伟业《赠愿云师》

佛教众多经典都提到了“真实”二字，阐述了“真实”的内涵与意义。《无量寿经》有三句经文提到“真实”概念，即“开化显示真实之际”，“惠以真实之利”，“住真实慧”。

真是不假，实是不虚，再简单地讲，真是真如，实是实见。由真心所起的妙用就是慧，故谓之真实慧、见闻觉知之第一念是真心，随之而起的分别执苦是妄心。

从佛教徒的拈香礼佛五体投地的仪态上，可以看出至诚恳切心，寺院里僧众的上殿念诵，钟磬鱼鼓的音乐使人不由得不感到庄严肃穆。还有斋堂里的规矩，讲经法会上的秩序，可说形成了一种真实向善的环境氛围，即使是平常的普通人，一到这些场合，身临其境，也会肃然起敬。

宋朝的大儒程颢、程颐父子参观了寺院仪规以后，发出这样的感叹：“三代礼乐，尽于此矣！”佛教的戒律建立在“真”字的基础上，否则再严的戒律也不起作用。佛徒起心动念不能稍涉邪私，一有过失，就要在佛前至诚忏悔。佛教重事实，亦重理论，使人做了，懂得为什么要这样做。

佛教徒的至诚恳切的态度，实由四种佛理的成分和合而成，一是信心，二是真心，三是柔和心，四是恭敬心。

所谓信心者，就是信一切众生平等，一切法平等，故能对人不爱不恶，不羡不嫌，不妒不憎，不谄不骄。

所谓真心者，与人论事，全凭事实，不诳、不曲、不杂偏见、邪见、私见。

所谓柔和心者，常观对方有何所需，有何所疑，有何恐惧，我当助其不足，解其疑虑，安其身心，出柔和语，使其欢喜。

所谓恭敬心者，视对方为恩人，为“善知识”（能教导众生远离恶法和修行善法的人），为父母兄姊，所以应该恭敬，而不是为了个人利益。由这四种心，集中表现为诚恳的态度，去对待他人，则发生四种效果：得人信任、使人亲近、令人欢喜、受人礼敬。

宋神宗在位期间，司马光声言闭门著书，吩咐家人将他的坐骑卖掉。家人与一位老者谈妥五十钱，第二天成交。司马光听了家人的汇报后说：“咱们家的马有病，我怎么忘了交代？明天你要对买主说清楚，这马有肺病。”家人说：“做买卖，哪有全说实话的？”司马光道：“话可不能这么说，让人家用一匹好马的钱买一匹病马，这不是骗人吗？这样的事咱不能干。”左邻右舍知道这件事后，纷纷称赞司马光为人诚实。

真实诚信是一种美德，坚持诚信的人即使暂时吃亏，但却会终生受益；不讲信誉的人可以侥幸得到一时之利，但早晚会付出代价的。真实的反面是虚妄、虚假。《心经》说，大智慧可达到解脱的彼岸，能除一切苦，真实不虚。

有一家非常有名的公司以“真实”为公司文化，形成了良好的气氛。对人、对事都真实，不隐瞒，不弄假。在这种环境下工作，没有人不感到身心舒畅。公司招聘雇员，条件很苛刻，前往应聘者都是具有高学历的精英。一次，当第一位应聘者走进房间时，主考官立即露出兴奋之色，热情地说：“你不是哈佛大学某某专业的研究生吗？我比你高一届，你不记得我了？”

应聘的中国青年心里一震，首先想到的是：“他认错人了。”在这个时候，承认自己有哈佛的学历对应聘绝对有好处。但这个青年认为，诚实比什么都重要。于是，他冷静而客气地说：“先生，我想你可能认错人了。我没有到美国哈佛大学学习过。我只有中国大学的学历。”说话的同时，他已做好了不被录用的心理准备。

没想到，主考官又一次露出惊喜之色，他说：“你很诚实，刚才就是我们考试的第一关。现在我们进行第二关的业务水平测试……”

最终，这位青年被录取了。如果他在应聘的过程中耍小聪明，不说真话，那么他连第一关都过不了，更别谈其他了。

树立诚实做人的良好品质，是关系到人一生的事，是关系到自己的人格、品质和习惯的事。坚持诚信做人，对自己没有任何坏处。一个人如果没有最起码的信誉，他就无法在社会上立足，更不要说发展了，没有人愿意和不诚实的人来往，交朋友。一个人在欺骗别人的同时，无不在毁灭自己！

佛所说的真实，是有标准的。一要发自内心，自己心里不生一刹那之希求欲望、贪恋、羡慕等；二要自然而然，不用功夫而能自然生起真诚的境界，如果不能自然生起强有力的“出离心”（诸恶莫作），就无法理性地看待世间的安乐，作必要的舍弃、远离；三要坚定不变，也就是说，真实要自始至终，不能是一时一事的冲动。昼夜唯有精勤不懈地寻求真理，以致真正地排除虚伪的心念，方可算是真实无伪。

来不得半点虚假

若能自有真，离假即心真；自心不离假，无真何处真。——《六祖坛经》

佛教推崇有觉悟的人，因为这种人知道自己本来面目。他自性真实，没有“二心”，所以做什么事都投入，如入佛门便全身心皈依佛法，求自家的上进，不会势利地寻找好处；于修行中不断反省自心障碍的根源，下狠心铲除。相反，一个不真实的人，自己沾染上了坏习气不知道，还说自己如何高尚。

佛法的真髓在于真实对待自己（自己的内在自性），并且尽己之力保持勇气。当真实和行于真实的勇气与观照相会，行者才算真正开始修持佛法。在生起这些真实和勇气的特质之前，仍然容易受害于自己的虚伪和造作。

禅说：“说出的谎言像放出的鸽子，它会飞回自己家中。”意思就是自作自受。

从前，有一个农夫卖了一磅黄油给面包师，面包师回家后把那块黄油称了称，发现分量不够。他很生气，于是把农夫带到了法庭。法官问农夫，有没有用秤称过。农夫回答："我家里没有秤。"法官感到奇怪，问道："那你怎么称黄油呢？"农夫回答："我有一件我自己做的称东西的工具。我一直在这个面包师那里买面包，我给他的一磅黄油，正是他给我一磅面包的重量，错不了的，每次买面包回来，我都用自己的秤称过。"显然，是面包师的不真实（欺诈），造成了农夫的"不真实"，而反过来影响了面包师的利益。

诚实与不诚实都会成为习惯。有些不诚实的人说谎面不改色，还有的人说谎太多了，以至于分不清是非真假，可是，他们在欺骗谁呢？不是别人，而是自己。

有人相信不说假话办不成大事，认为做大事的都是讲大话的人，做越大的事就需要讲越大的大话。持这种观点的人大多是没有做过大事的人。这就是所谓的以小人之心度君子之腹。

如果有一种东西在家庭、工作单位和社会中都能帮助人们建立友好关系，那就是诚实，诚实使一个人变得坦率、真诚、可靠，同时也表明他既尊重自己，也尊重别人。

有一次，钱钟书和朱光潜等人一起为研究生答辩，朱光潜等指出该生论文中某些错误，钱钟书最后发言指出朱光潜等所指"错误"中的"错误"，其态真诚可掬。20 世纪 40 年代初，钱钟书在暨南大学任教时，吴宓先生想编一部字典，请钱钟书参与，钱钟书没答应。吴宓便想请许国璋参与。钱钟书直率地说，许国璋不行。许国璋是钱钟书的得意门生，但钱钟书注重"真"，是怎样就怎样，即使对自己的得意门生也是如此。1982 年 6 月，胡乔木写了一首诗，请钱钟书"看一看，改一改"，不料钱先生毫不客气，"像改自己的诗一样，只顾一东二冬、平平仄仄，由兴改去"，对有些改动，胡乔木有自己的见解，但他又极重礼貌，不好意思请钱钟书改回去，很是尴尬。后来钱钟书意识到自己"僭改的好多不合适"，又专门致信胡乔木，自批"目光只限于雕章琢句"，"以辞害志了"。钱钟书就是钱钟书，真如璞玉。

"凋疏亲故添情重，落寞声名免谤增"，一生深自谦抑的钱钟书有个"怪癖"：不肯参加任何"学会"，远避虚幻声名，只著真心文章。"文革"中钱钟书无心去写那些"三忠于、四无限"之类的趋时文章，有一次被批斗后，顶着"反动学术权威"的高帽子，挂着名字上打着大叉的牌子，从大街步行回宿舍，任凭路人的哄闹取笑，昂首阔步，毫无畏缩惶悚。而他的巨著《管锥编》就是在“文革”凝滞的气氛中，埋头写下的。钱钟书一生著述也许还算不上“等身”，但哪一部不是流芳百世、润泽东方文化和学人心灵的典籍呢？钱钟书用《秋怀》诗表达心志：“啼声渐紧草根虫，暧暧停云抹暮空。疏落看怜秋后叶，高寒坐怯晚来风。身名试与权轻重，文字漫劳较拙工。容易一年真可叹，犹将有限事无穷。”

如果一个人在个人生活中诚实，那么他在大众生活中也会诚实。诚实是一种从小养成的品质。林肯还是一个杂货店小职员时，就以诚实著称于当地。一天，一位妇女来买东西，应该收 2 美元，但林肯让她多付了 6.25 美分（当时的西班牙币）。结账时，林肯发现了自己的错误，他心里非常不安，决定把多收的钱还给那妇女。可一打听，那妇女竟住在三英里外的地方。

同事们都劝林肯算了，谁也不会把这 6.25 美分当回事的。可林肯不这样认为，虽然天已经黑了，但他还是步行来到那妇女的住处，把钱如数还给了她，并很礼貌地道了歉，然后才心情舒畅地回家。

诚实是一种力量，它显示着一个人的高度自重和内心的安全感与尊严。

真学没有学不会的

盖真实下问，欲以求益，非借此以要名，如世人之为也。

——李贽《复杨定见书》

学佛、学禅，包括学任何知识，都应该有一颗赤诚的心，摆脱一时求名求利的想法和一切自私的想法。禅宗认为，如果把禅看作“心”的话，它是原本的心，无私的心，无上慈悲的心，没有障碍的心。学禅就应有一颗真正向上的心，即真正希望摆脱烦恼、无常，了脱生死，真正希望不断纯洁的心。不如此，虽是学禅，则自心仍然无明，禅永远是自心之外不可企及的空中楼阁。所以说学禅不可以不诚心。诚心才知道用心，才知道用自己的心去体悟善知识于禅说了什么，而不会注重他们怎么说；才知道在日常生活中怎样观察事事物物，不断发展自己的智慧。

学禅能够明心，认识自己的本来面目，但这并不够。历来高僧大德都告诫学人，开悟并不等于修行成功，修行没有止境。因而开悟后仍要诚心。有的人学禅明了本心后，没有信心直下承当（直下，就是当下；承当就是担当，一直下去就对了），又丢了本心去学许多的法门，追求神通，不知道自己要做什么，不晓得应发心利益众生。有的人明了本心以后，不能痛切革除自己的无明习气，一方面知道自己在受苦，应该放下，另一方面却无力解脱，向习气投降妥协。这些都是没有诚心修行的缘故。

有一天，奕尚禅师从禅定中起来时，刚好传来阵阵悠扬的钟声，禅师特别专注地聆听，待钟声一停，忍不住召唤侍者询问：“早晨司钟的人是谁？”

侍者回答道：“是一个新来参学的沙弥。”

于是奕尚禅师就要侍者将这沙弥叫来，问道：“你今天早晨是以什么样的心情在司钟呢？”

沙弥不知禅师为什么要这么问他，他回答道：“没有什么特别心情，只为打钟而打钟而已。”

奕尚禅师道：“不见得吧？你在打钟时，心里一定念着些什么？因为我今天听到的钟声，是非常高昂响亮的声音，那是正心诚意的人，才会发出这种声音。”

沙弥想了又想，然后说道：“报告禅师！其实也没有刻意念着，只是我尚未出家参学时，家师时常告诫我，打钟的时候应该要想到钟即是佛，必须要虔诚、斋戒，敬钟如佛，用如如入定的禅心，和用礼拜之心来司钟。”

奕尚禅师听了非常满意，再三地提醒道：“往后处理事务时，不可以忘记，都要保有今天早上司钟的禅心。”

这位沙弥从童年起，养成恭谨的习惯，不但司钟，做任何事，动任何念，一直记着剃度师和奕尚禅师的开示，保持司钟的禅心，他就是后来的森田悟由禅师。

佛教认为，学咒要先正心诚意。若心不正，学什么咒都是邪的；心正了，学咒才有感应。心正了还不行，还要诚意。诚意丝毫都不马虎，不可敷衍了事或苟且塞责，这样才有感应。若不正心诚意，而存邪知邪见，想去害人，就是魔法，害人不利己。

一个人要想进步、成熟，离不开学习，学到老，活到老，但学习不是摆摆样子给别人看，也不是自己哄自己，而须正心诚意、真实用功，如此才会学有所得，学有所用。

范仲淹小的时候家里非常贫穷，父亲很早就死了，母亲只得带着他另嫁他人。范仲淹就寄宿在一个寺院里学习。他亲眼见到和尚们生活简单但学经诵经的态度却非常真诚，不由得感动了。他每天早上烧好一锅粥，等粥冷了之后切成几块，然后从母亲带来的一罐咸菜中取一点咸菜，就解决了一天的吃饭问题。范仲淹的一位同学来看他之后，很同情他，就从家里拿了一些好吃的东西送给了范仲淹。

过了一段时间，范仲淹的这位同学又来看他，看见自己送来的食物原封未动还在那儿，差不多已经坏掉了。这位同学很生气，觉得范仲淹很不尊重他，但又不好开口。

范仲淹看出了同学的想法，他拉着同学的手说："我很感谢你对我的关心。我不是嫌弃你送来的东西。你送来的东西一定比我平时吃的粥和咸菜好吃千百倍，但是如果我吃了这些美味的食物，那我以后怎么还能忍受粥和咸菜的味道？哪能再过艰苦的日子呢？"

同学听了这番话，心里很敬佩范仲淹。他们结成了最好的朋友。范仲淹在艰苦的环境下保持真学的态度和精神，后来终成大器。

向别人真诚请教

唯一真实，不可思议，名一真法界。　　——《三藏法数》

在佛教看来，佛法本来平常，"平常心是道"，这个道必须是真实的而非虚妄的，如同"蒲花的柳絮，竹针麻线"，都是真实的东西，非假想的东西。真实的东西可以"不舍日用应缘处"而达到佛的境界。

南岳和尚初参六祖时，六祖问："你从何处来？""我自嵩山来。""来的是什么东西？"惠能的问意是：从嵩山千里迢迢到曹溪来求道的人是什么东西。南岳当时没有回答出来，经过长时间的真心参禅后，终于悟出六祖惠能所指的"东西"。他的回答是："说似一物即不中。"你要说它像什么，那你就会马上偏离它。六祖听后又问道："是否还得加入自我修正呢？"南岳答道："我不敢说不可以休正，但我可以说决不会污染它。"惠能大喜，认可了南岳，说："你的看法正好和我的看法相同。这个不会污染的，正是我们要留心护持的。"

护持不受污染的心，这是向别人请教问题的前提，否则就是因私心需要而向他人盲目追随和攀附。印光大师为《了凡四训》写了一篇序文，开端就说："圣贤之道，唯诚与明。"真诚是一切众生的真心本性。"明"是智慧，这种智慧不是外来的，而是人身上所具备的。一个人如果能用真心本性处世，就称为圣人，在佛法称为佛菩萨。

由此可知，一个人智慧与否，在于用心之不同。有的人用真心处事待人接物，有的人则用妄心对待一切。大乘经讲："一切众生本来成佛。"既然本来是佛，为什么许多人不是佛？因为这些人不用真心，用妄心。妄心就是虚情假意，妄心造无量无边的罪业。用真心，这是无量无边的功德、福德。

世间人求福，多半不知道福是从真心流露出来的，一切灾祸都是妄心变现的。对于求福者来说，首要的目的，应是舍妄心用真心。为了求真、维护真，所以就去学习，向有境界的高人请教，与真正有智慧的人切磋。

中国从后汉以后，教育有两大主导：一是佛陀教育，一是儒家教育。儒家以孔孟为主导，由礼部尚书负责推动儒家的教育；佛陀教育直接由皇帝亲自推动，以致全国各地寺院林立，佛教在中国民间的影响很大，甚至常常超过儒家。

佛教寺院都是教学的场所，中国古代学校少，大多数人都到寺院来读书。寺院藏经楼就像图书馆，不仅陈列佛教典籍，诸子百家、三教九流的典籍无不收藏，内容非常丰富。出家人多半是有学问有修养，所以读书人借住在寺院，既可以利用藏书学习，也可以有疑问时向出家人请教。

宋朝欧阳修曾以儒家的立场，毁谤佛法，得到了许多人的响应。当时有个著名的契嵩禅师深得仁宗赞赏，宠赐封号为"明教大师"。明教禅师针对欧阳修的观点，著书立说，加以反驳。欧阳修读了明教禅师的书，立刻被他的观点折服，叹道："不意僧中有此龙象。"于是，便去拜见明教禅师，请教了很多问题，渐渐悟出一些禅理。从此以后，欧阳修完全改变了自己的观念，他说："以前我不知道佛法的奥秘，毁谤佛法，现在我完全醒悟了！"他自称"六一居士"，不断向高僧大德学习佛经。

一次，欧阳修到嵩山去，看到一位老和尚独自聚精会神地阅读经典，于是便问道："禅师在此多长时间了？"

老僧回答说："很长时间了。"

欧阳修又问："我听说有一些高僧，临终时能够预知未来，这是为什么呢？"

禅师答道："这是定慧的力量。定慧的人，临终的时候怎么会散乱？散乱的人，临终的时候怎么会定慧？"

欧阳修听了这些话，恍然大悟。后来他做了宰相，仍笃信佛教，因为佛教使他了解到生命的真实含义，使他不再迷惑。

学与问相辅相成。佛教认为，一个人要获得觉悟，提升境界，须在"戒、定、慧"上下功夫，其中智慧来源于真诚求法。求法学习中会碰到许多疑难问题，所以要虚心求教，碰到问题实事求是，不懂不要装懂。

现代作家丰子恺自称是"艺术与宗教的信徒"，他在佛教文化的影响下，反抗人性的异化，强调生活的"闲适"与"趣味"，使平凡的日常生活显示出高远的人生境界，其散文亦因此别具一格，充满了自由、从容的生命情趣。丰子恺在《缘缘堂随笔》中对子女说："应该多向各种各样的人请教。"他自己就是一个喜欢真诚请教的人。

丰子恺平日作画，爱从普通人的日常生活中取材。抗战前他在故乡时，曾画过一个人牵着几只羊，每只羊的颈上都系着一根绳子。画好了挂在墙上，正好被帮他家挑水的青年农民看到了。农民笑着说："牵羊的时候，不论几只，只要用一根绳子系住带头的那一只，其余的就跟上来了。"丰子恺听了恍然大悟，同时想起了杜处士的故事。他重画了一张，然后就把那个故事讲给孩子们听。

从前有个杜处士，珍藏着一幅"斗牛图"，是唐朝名画家戴嵩的作品。有一天，杜处士把画拿出来挂在门口晒，一个过路的牧童看到了，说："画错了！画错了！"杜处士听了心里想，一个乡下小儿竟敢批评起名画家来了，这还了得，便很不以为然地问错在哪里。那牧童说，两牛相斗，牛最用力的是两只角，尾巴总是紧紧地夹在两股中间的。画上的两只牛，尾巴都翘了起来，这不是画错了吗？

丰子恺在结束故事时感慨地说："看来要画好画，不能光凭想象，必须仔细观察事物，还应该多向各种各样的人真诚请教。"丰子恺说到做到，有一次为了画一幅"背纤图"，他事先特地到河边去进行实地观察，发现来往货船走在最前面的纤夫大多是倒走的，经过了解，才知道倒走能够掌握航船的动向，可以随时通知其他的纤夫改变纤法。他与纤夫聊天，请教一些问题。贴近纤夫的生活，使"背纤图"达到了很高的艺术造诣。

不掺假的传授与帮助

如来是真语者、实语者、如语者、不诳语者、不异语者。——《金刚经》

儒家对于诚意工夫，非常注重，认为“至诚可以感天地”，“精诚所至，金石为开”。佛教则修持种种法门，无不先以至诚，为人说法诚恳，否则说法皆成戏论，说者听者都无实益。

印度著名学者迦罗在《胜天赞》中说：“我不偏向于佛陀，亦不歧视外道宗，何派具有胜道理，我即依此为导师。”佛教要求“真实不虚”，反对人云亦云，在自己的闻思修行过程中真实感悟。历史证明，思想家、学问家所说的道理浩如烟海，真正对人类有积极引导作用的往往是“真实话”，而不是欺惑语和虚诳语，正如《金刚经》所说：“如来是真语者、实语者、如语者、不诳语者、不异语者。”

杭州西湖喜鹊寺鸟窠禅师，本名道林，谥号圆修。9 岁就落发出家，21 岁到荆州果愿寺受“具足戒”（戒律，因与沙弥所受十戒相比，戒品具足，故称具足戒），后来入陕西投韬光禅师门下。根据《五灯会元》记载：道林禅师，后来独自到秦望山，在一棵枝叶非常茂盛，盘屈如盖的松树上栖止修行，好像小鸟在树上结巢一样，所以当时的人就称他为鸟窠禅师。

禅师道行深厚，时常有人来请教佛法，他真诚传授，毫不厌烦。有一天，大文豪白居易也来到巢下拜访禅师，他看到禅师端坐在摇摇欲坠的鹊巢边上，于是说道：“禅师住在树上，太危险了！”

禅师回答说：“太守！你的处境才非常危险，我坐在树上倒一点也不危险！”

白居易听了不以为然地说：“下官是当朝重要官员，有什么危险呢？”

禅师说：“薪火相交，纵性不停，怎能说不危险呢？”意思是说宦场浮沉，钩心斗角，危险就在眼前。

白居易似乎有些领悟，转个话题又问道：“如何是佛法大意？”

禅师回答道：“诸恶莫作，众善奉行，自净其意，是诸佛教！”

白居易听后，最初以为禅师会开示自己深奥的道理，现在感到很失望，他说：“这是三岁孩儿也知道的道理！”

禅师道："三岁孩儿虽道得，八十老翁却行不得。"

白居易听了禅师的话，完全改变了自高自大的傲慢态度。有一次他又以偈语请教禅师道："特入空门问苦空，敢将禅事问禅翁；为当梦是浮生事，为复浮生是梦中。"

禅师也以偈回答说："来时无迹去无踪，去与来时事一同；何须更问浮生事，只此浮生是梦中。"

这端公案成了禅林与仕坛的佳话，一位真诚请教佛法，一位真诚传授禅理，互相真诚，无起妄念。"真"是做人的根本，离开了"真"，一切学问知识都靠不住，所以无论教导别人，还是向他人传授知识，只有自己真诚，才会有耐心，才愿花时间和精力，才会平等对待请教者，才会达到真正的教育效果。

在中国的电子信息业，曾有这样一句名言："超越王选，走向世界。"说这句话的不是别人，正是电脑激光照排发明人王选先生的临终箴言。王选生前，向学生传授知识从不掺假、不保留。他提携后学为己任，甘为人梯，为培养和造就出一批批年轻的学术骨干呕心沥血。作为一名计算机应用专业的硕士生、博士生导师和北京大学计算机研究所所长，他十分注重培养学生和年轻技术骨干严谨勤奋的科研作风，经常鼓励和帮助他们选择具有挑战性且应用前景光明的课题，激发他们的创造性和积极性。2002 年，他用获得的 2001 年度国家最高科学技术奖奖金及学校的奖励金共 900 万设立"王选科技创新基金"，支持和鼓励青年科技工作者从事具有基础性、前沿性的中长期科技创新技术研究。在他的培养下，一批敢于创新、勇于拼搏的青年科学家走到了科研前沿。

谈到对他人的帮助，王选先生同样深有感触，他在文章中回忆道："1961 年我得病时，身体非常虚弱，同宿舍的同事董士海每天三顿为我从食堂打饭，还尽量买好菜给我。1966 年我旧病复发，马秉锟、毛德行、陆钟辉等同事常常照顾我。每次去医院看病，他们都找来三轮车接送；马秉锟为我上街抓中药……骑车满街转，边走边用鼻子嗅，闻到药味儿再下车找药房。"王选被朋友的真诚所感动，他同样真诚地去帮助别人。

王选的学生肖建国，1985 年在北大读研究生，后来到北大计算机研究所实习，从此 20 多年跟随王选老师学习和工作。肖建国从获得硕士学位到晋升教授仅用了 4 年半时间，他从未和王选提出过晋升职称的事，都是王选主动安排的，而且每次提职后他也从未和肖建国提及是如何帮助他不断破格提职的，也从来没在肖建国面前暗示过他对他的关照。

人与人之间要互相关心、互相帮助，每个人的成就都离不开他人的支撑。但帮助别人同样要真实、真诚。这里，我们来看《了凡四训》中的一则故事，想一想禅意何在：

有一个很穷困的女子，她将自己仅有的两文钱供养“三宝”（佛、法、僧），方丈亲自为她“回向”（将所造善根力集中加于某目的，使之尽快得以实现）。多年后，这位女子居然当了皇后，一天，她领着一帮宫女，拿了不少财宝，又来到寺院进行供养。方丈没有亲自主持接待，而派徒弟为她诵经回向。

皇后觉得很奇怪，一定要见方丈，见到方丈后，她说：“从前我很穷苦，布施两文钱，你亲自为我回向；今天我带这么多财富来供养，你怎么只让你的徒弟来为我回向？”

方丈说：“那时的两文钱是你全部的财产，你是真诚心，我一定要替你回向；今天你做了皇后，拥有亿万财富，你拿的这点钱是九牛一毛，我的徒弟给你回向足够了。”

以己之“真”度他人

至者真，诚者实，欲明一切众生身、口、意业所修解行必须真实心中作。不得外现贤善精进之相，内怀虚假，贪嗔邪伪，奸诈百端，恶性难侵，事同蛇，虽起三业，名为杂毒之善，亦名虚假之行，不名真实业也。

——《观无量寿佛经》

佛学的智慧是探究人自身之道，让更多人成为自觉自明的“真人”。每一个人本身具足佛性，前提是每一个人心里都存在“真我”。但同时每个人心里又存在“假我”。那么，如何成为有觉悟的佛呢？台湾星云大师说：“处凡愚而不减，在圣贤而不增；住烦恼而不乱，居禅定而不寂。”

有一学僧至南阳慧忠国师处参学，请示道：“禅是心的别名，而‘心’是在佛不增、在凡不减的真如实性，禅宗祖师们将此‘心’易名为‘性’，请问禅师，心与性之差别如何？”

慧忠毫不隐藏地回答道：“迷时则有差别，悟时则无差别。”

学僧又再进一步地问道："经上说：佛性是常，心是无常，为什么您会说无差别呢？"

慧忠国师耐心地用比喻来说明道理："你只依语而不依义，譬如寒时结水成冰，暖时融冰成水；迷时结性成心，悟时融心成性，心性本同，依迷悟而有所差别。"

学僧终于契会于心。

佛教提倡三千众生平等，"平等无二，不增不减，具足常乐"，以此度人才是"真度"。在为人处世上，我们的好人缘在于平等待人，不能因为对方有权有钱就追捧，对方无权无势就对其冷漠。尤其是老师对学生，领导对下属，更要"无差别心"。爱像阳光，普照万物；善若雨露，滋润每个人的心田。否则失之于"真"，到处是"假"。

有一个年轻的居士，前去拜访一位高僧。他们从早上一直谈到中午，禅师觉得这个居士十分博学。到了吃饭的时间，小和尚看两人谈得投机，便为两人准备了一大一小两碗面。

高僧看了一下面条，将大碗推到居士面前，说道："你吃大碗的吧！"

按照常理，居士应该将大碗再推回到高僧面前，以示恭敬，可是居士一点都没有推让，张口就吃。高僧见他这样，不由皱起了眉头，心里想："本以为他慧根不浅，可是居然一点都不懂得礼仪！"

居士吃完后，看见高僧根本就没有动筷子，还看到高僧脸上的愠色，便笑着问高僧："师父为何不吃？"

高僧一语不发。居士笑着说："我确实是饿了，只顾自己狼吞虎咽，忘记让师父了。如果我将你推给我的大碗再推到您面前，那不是我的本愿。既然不是我的本愿，我为什么要那样做呢？我要问师父，你推我让的目的是什么？"

高僧答："吃饭。"

居士严肃地说："既然目的是吃饭，您吃是吃，我吃也是吃，何必再你推我让！难道您把大碗让给我不是真心的吗？如果不是真心的，那你为什么要那样做呢？"

高僧听完居士的话顿有所悟，泪花夺眶而出。

做人要有真实，我就是我，与众不同，是他人不可取代的。即使自己长相有不讨人喜欢的特点，也不自卑，把心修持好了，就是精彩的人生。自己要真，对别人也要真，这是缺一不可的。如果怀疑他人不真，那么最终失掉的自己的真。

战国时，秦军曾借道韩、魏以攻齐国。齐威王派将军匡章率兵迎战，两军相对扎营。

开战之前，双方使者来来往往。匡章借机变更了部分齐军的徽章，混杂到秦军中待机配合齐国的主攻部队破敌。这是军事机密，除了执行命令的士兵，匡章没有向任何人解释过此事。齐威王派往前线的人不明白匡章的用意，悄悄向齐威王打小报告说："匡章可能要带兵降秦。"齐威王听了都没有理睬。过了不久，又有前线回来的人向齐威王报告说："匡章可能降秦。"威王还是不加理睬。如此再三。

朝廷众大臣见此情景，向齐威王请求道："说匡章要叛变的人那么多，虽然内容不一样，但得到的结论却都相同，大王为什么不派人捉拿他？"齐威王胸有成竹地说："我心里很清楚，匡章是不会叛变的，为什么还要去捉他？"果然，不久之后，从前线传来齐军大胜的捷报。左右大臣很吃惊，询问齐威王何以有此先见之明。齐威王告诉他们，从匡章的日常表现便可推断出来。

原来，匡章的母亲在世时，得罪了匡章的父亲，被他父亲杀死埋在了马栈下。齐威王任匡章为将时，他的父亲已经去世了。齐威王曾特许他打了胜仗之后，就为其母更葬。匡章却谢绝了齐威王的好意，理由是：父亲生前未做此吩咐。他说："不得父之教而更葬母。"这使齐威王对匡章的为人有了较深的了解，坚信他为人子不欺骗死去的父亲，就更不会欺骗自己的君主了。所以，尽管前线三次送来情报说匡章可能降秦，但齐威王都没有相信，坚持放手让匡章指挥作战，终于赢得了这次抗秦斗争的胜利。

匡章本人回朝知道了此事，十分感动，誓死效忠。后来他北伐燕，南征楚，为齐国屡建战功。齐威王在众人的猜疑中依然选择相信自己的大臣，也赢得了将领的忠心。

既然把事情交给别人来办，就应该充分给予信任，否则自己不放心，人家办事也办不痛快。想一想，如果自己为人辛苦办事，还要遭受怀疑和猜测，心里肯定不会好受。既然把事情托付给人，就应相信他。若不放心，还不如当初就自己办。疑人的最后结果只能是事没办好，还得罪了人。往往不信任别人，到头来自己也没人敢信任。

六祖惠能禅师说："凡夫见二，智者了达其无二；无二之性，即是佛性。"意思是说，凡人看事情都是有两面，好和坏，而智者看事情能了解达到无二的境界，好即使坏，坏即是好，这种境界就是佛的境界。

第十五章

精进不懈

精进，就是对于善的事情要坚持修行，对于恶的事情要坚决断弃，以勇健强悍之心，克制自己的懈怠心理，从而完善自己。

在困难中磨炼意志

勤谓精进，于善恶品修断事中，勇悍为性，对治懈怠，满善为业。

——《唯论三十论》

佛教教义中有一个很重要的概念——“勇猛精进”。精进，就是对于善的事情要坚决修行，对于恶的事情要坚决断弃，以勇健强悍之心，克服懈怠心理，从而完善自己。我们可以把“精进”理解为勤劳与勤奋。

唐代高僧鉴真大师，于742年应日本僧人荣睿、普照等邀请，6次东渡，5次被风浪所阻，最后在双目失明的情况下于天宝12年到达日本。

748年，已60岁的鉴真已经历4次失败，但仍然充满信心，决定东渡。六月，他率随从从扬州出发，至常州界狼山便遇到大风浪，后来至越州界三塔山和暑风山各停住一月。十月间再行启航，不久怒涛又至，在海上漂流14天，经过无数险阻，竟被漂到海南岛的崖县。在那里得到地方官员的护送，东行经万宁，然后取道澄迈渡海至雷州。从此经广西的藤州、梧州而至桂州，在这里留住一年，然后受请赴广州。

在肇庆端州龙兴寺，日本僧人荣睿因屡经艰险，患上重病，不久去世了。鉴真哀恸悲切，送丧而去。他在广州待完春天，然后来到韶州，住在开元寺。普照在这里辞别鉴真，向岭北去明州阿育王寺。分手时，鉴真和普照握手相向悲泣。此时鉴真感慨渡海传戒的愿望不能实现，悼念荣睿，情思切切，加上受了旅途的热气，眼病突发，不久就失明了。不得不经大庚岭至江西虔州，接着到吉州。路上，他的高足祥彦又死于船上。他北行经九江乘船到南京，然后回到了扬州。此次水陆往返一万余里，费时最久，颠沛最甚。这是鉴真第五次挫折。

鉴真最后一次东渡是753年（天宝十二年十月），这时他已66岁了。鉴真自从发愿东渡传戒，到成功到达日本，前后同伴已死去36人，道上退出的200余人，只有他和日本僧人普照、天台僧思托始终六渡，不顾生命的危险，实现了赴日传戒的目的。

日本朝廷十分重视鉴真的到来，天皇派遣特使向鉴真宣读诏书，表示慰劳和欢迎，并授鉴真为传证大法师，请他在奈良著名的东大寺设坛传戒。日本的天皇、皇后、皇太子先后登坛，请鉴真授戒。接着，鉴真又为440多名僧人授戒，还有80人舍弃旧戒，由鉴真重新授戒。这是日本佛教史上正规传戒的开始。由于鉴真的努力，日本才开始了戒律一宗，而鉴真就是日本律宗初祖。

人在主观上无不希望做事一帆风顺，可现实中不可测的因素太多，所以我们得有承受挫折的意志与勇往直前的精神。佛教所说的"精进"，就是一种坚韧不拔、自励自强、奋斗不止的精神。

有一位叫阿里德的青年男子，从少年时代就渴望成就一番事业，以不虚度短暂的人生。他也确实拼搏过、奋斗过，多次尽最大力量地投入到创业之中。可是，几年下来，他折腾得身心疲惫、伤痕累累，却一事无成。在几乎绝望的时候，他想起了当地有名的明慧禅师。

明慧禅师了解清楚阿里德的苦衷后，便备上一辆三套马车，拉着一头雾水的阿里德上路了。一路上，马车途经平坦的大道、穿越广袤的平原、绕过连绵的丘陵，奔向一片乱石峥嵘的崇山峻岭。车到山前，明慧禅师终于说话了，他对阿里德说："车到山前自有路，可这条路是属于我这样已年迈体弱、与世无争的人的，它不属于你这样年轻力壮的小伙子。你就从这片山区走过去，看能否体会出一些人生真谛来。我乘车绕过这片山区，在山的那边与你会合。"

说罢，明慧禅师挥鞭扬长而去。

在平原长大的阿里德，第一次进深山，胆战心惊的同时也有赏心悦目的新鲜感。他攀上险峰，放眼望去，只见阡陌纵横如织、村寨星罗棋布，视野开阔旷远；空气竟是如此的清新。他经过深涧，四处寻望，流水淙淙、鱼翔浅底，松涛阵阵、鸟语花香，世界竟是这般的神奇莫测。后来，他的脚被顽石磨出了泡，他的手被荆棘扎出了血，可他已浑然不觉，忘我地陶醉在天造地设的大坎大坷中。他不禁惊叹：高山原来是令自己超然物外、扶摇青云而上升的阶梯，深涧原是让自己寻芳探幽而深入的阶梯。世上若没有这出神入化的大坎大坷，只是一马平川的漠漠平畴，他怎么能有如此的感悟、如此的境界呢？

当阿里德终于跋山涉水、情怀豪迈地走出崇山，与明慧禅师会合后，没等明慧禅师发问，他就情不自禁地说："看来，我以往遇到的那些挫折、坎坷确实太微不足道了，所以我才没出息，没大成就，对人生的体验太简单，太世俗，太没有见识，就像我原来面对家乡的平原，区区壕沟竟被看作难以跨越的深渊……"

明慧禅师笑了，他用手中的长鞭挥向阿里德身后的山峦说："这片亘古大寂的远山，早就该有人开发了，只是迟迟无人能驾驭这等坎坷啊！"

后来，经过无数的曲折和磨难，阿里德终于成为那片山峦的主人——一处著名风景区、旅游胜地的经营管理者。他不仅成为利用山水不动产坐收渔利的大富豪，也是把山水景区化、把旅游资源产业化的开拓者和创始人。

《成唯识论》说："勇表胜进，悍表精纯。"要做到精进，必须要具备"勇悍"的意志。勇是一种前进的动力，而悍是意志精纯无杂。窥基大师说："勇而无惰，自策发也；悍而无惧，耐劳倦也。"熊十力先生说："勇者升进义，悍者坚牢义。"

可见"勇"乃是一种克服惰性的自策发力，而"悍"乃是无所畏惧，忍耐不倦的承受力。佛教根据精进的程度，划分为五种：一是"被甲精进"，如勇将上战场，无所畏惧，勇往直前；二是"加行精进"，加强自身的动力，坚固信念；三是"无下精进"，不妄自菲薄，无挂碍无恐怖；四是"无退精进"，遭遇苦境能坚忍不屈，坚猛心志；五是"无足精进"，永无止境的精进，自强而不息。

一个人必须有忍受挫折的能力与智能，尤其是在内在的修为上，势必要进行一番自我的调适和平衡。假如外在环境非常恶劣时，要沉稳以对，千万不可以自我否定。有时候挫折，你只是运气不好，万不可以此来否定自己。殊不知，是否拥有忍受挫折的能力，这是一个人成功与失败的关键。

从小事开始努力

为得道故，一心勤求精进，所以者何？诸佛一心勤求精进故，得阿耨多罗三藐三菩提。

——《梵网经》

佛教所说的精进，包括不怠于行“小善”，或者说修行从“小善”开始，这是“积德”的需要。

有一天，当佛陀在莲花池畔漫步时，凝望着澄澈的池水，突然看到了地狱里的景象，有无数的众生，在地狱的血池里浮沉哀号。佛陀悲悯地看着浮沉哀号的众生，想着他们的无知和罪业，不禁叹息起来。

这时，他特别注意到一位叫“健达多”的恶人。健达多在过去的一生中，杀人放火，无恶不作，终因恶贯满盈而堕落地狱。佛陀悲悯他，想将他从地狱中解救出来，但在遍察他宿世的因缘后，发现几乎找不到任何半点的善行足以让他得到救赎。

后来，总算找到了他的微小善行。原来，那是在久远前的某一世，当有一天健达多走在路上时，有只小蜘蛛也在路上爬行。健达多发现了，本想一脚踏死它，当刚要举足时，忽然心中生起一个善念。他心想：小蜘蛛也不犯我，不如放它一条生路吧！就这样，善念一起，小蜘蛛就从他的脚下死里逃生了。

当佛陀观察到这个善因缘后，发现那只蜘蛛正停憩在极乐世界美丽的花叶间，于是佛陀抓起银色的蜘蛛丝，从极乐世界徐徐地放到地狱里。

当健达多在黑暗的地狱中挣扎浮沉时，突然抬头看到在黑暗的上空有一丝银色的亮光，从他的头顶缓缓降下来。他如获救星般赶紧用双手抓住蜘蛛丝，奋力地往上爬。等他爬到中途稍事休息时，突然看到蜘蛛丝的下方有无数的地狱众生，也正攀爬在蜘蛛丝上。

健达多看见后，不禁惊慌和愤怒，心想：这么细小的蜘蛛丝怎么负荷得了众人的重量，万一蜘蛛丝拉断了，我不就万劫不复、永无解脱之期了吗？

于是伸脚把尾随而来的同伴一个一个踢了下去。当健达多用力踩踢同伴的时候，突然蜘蛛丝从空中断裂，健达多和所有的地狱众生一起掉入黑暗无底的地狱之中，再度接受地狱无尽的熬烤之苦。

佛陀看了，轻轻地叹息了一声。一念善，可以让健达多有缘得以脱离地狱苦海。一念恶，也可以让健达多重新沉沦地狱苦海！所以不能轻易忽视任何一个微小的念头或因缘！

高僧印光法师说："学佛一事，原须克尽人道，方可趣向，良以佛教，该世出世间一切诸法。故于父言慈，于子言孝，各令尽其人道之分，然后修出世之法。譬如欲修万丈高楼，必先筑地基，开通水道。"

修行不在大事上，而是在那些容易被人忽视的小事上。土地不耕种，则必杂草丛生，所以行善须日日行、时时行，不断去行，哪怕是举手投足也要存有一分善念。世上有不少"大事做不了，小事不愿做"的人，他们离成功很远。其实，每一种成功都需从小事做起，你坚持做下去，在做中迎来上个台阶的机会。

有一天，一帮弟子们问禅师："师父，怎样才能成为禅师呢？"

禅师回答："今天咱们只学一件最简单、最容易的事：每人把胳膊尽量往前甩，然后再尽量往后甩。"

禅师示范了一遍，然后说道："从今天开始，每天做300次。大家能做到吗？"

弟子们疑惑地问："做这样的事干什么？"

禅师答道："做完这件事，你们一年后就会知道怎样能成为禅师！"

弟子们说："如此简单的事，有什么难的？"

转眼过了一个月，禅师问弟子们："我让你们做的事，有谁坚持做了？"

大部分徒弟都骄傲地说道："我做了！"

禅师满意地点点头说："好！"

又过了一个月，禅师又问："现在还有多少人坚持？"

结果只有一半的人说："我做了！"

一年过后，禅师再问大家："请告诉我，最简单的甩手运动，还有几个人在坚持？"

这时，只有一个弟子站出来说："师父，我做了！"

禅师用欣赏的目光看了这个弟子一眼，然后说："我曾经说过，做完这件事，你们就知道如何能成为禅师了……现在，我告诉你们，世间最容易的事，常常也是最难做的事，最难的事也是最容易的事。说它容易，是因为只要愿意做，人人都能做到；说他难，是因为真正能做到并持之以恒的，终究只是极少数人。”

后来，那个持之以恒地把“小事”做好的弟子，成了禅师的衣钵传人。

在佛教文化中，特别关注“时间”，例如“三世”呀，“一刹那”呀等等。一念的时间虽短，但却导向或善或恶两种不同的结果，所以不可漠视于“小”。对于“小事”，往往潜意识中那一丝放弃的念头，决定了关键时刻不能排除万难，坚持到底，直到成功。对突然放弃的人而言，其实第九十九步与百步之间的差别不是百分之一而是百分之百！

惰性是成功的障碍

昼则勤心修习善法，无令失时；中夜后夜，亦勿有废，中夜诵经，以处消息。无以睡眠因缘，令一生空过，无所得也。——《佛遗教经论疏节要》

佛说，千万忌懒惰！应该“于一切善法中勤修不懈”。

过去，舍卫国城里有一位富翁，拥有无数的财产和一个独生子——难陀。难陀非常怠惰，精神不振，喜欢赖在床上睡觉，别说下床走走，就算起身坐一会儿也不肯。难陀虽然懒惰成性，但大脑却不笨，甚至很聪明，他躺在床上听人讲解经书，就能完全明白其中的道理。

富翁看着儿子这么善解经论的道理，便邀请外道富兰那等人来家里教导难陀。在一顿丰盛美味的宴席之后，富翁便对富兰那等人说明自己唯一的儿子的情形，希望他们能调教这位生性怠惰的儿子。于是，几位外道师就随着富翁一起来到难陀的房间，没想到难陀躺在床上理都不理。富翁看着儿子这么不受教，苦恼地以手托住双颊，不知如何是好。

当时已是释迦牟尼佛化导众生的时代，佛陀经常不分昼夜观察众生，只要发现有苦难的众生，便慈悲前往为其宣说佛法，使人心开意解，远离烦恼与痛苦。此时佛陀遥见富翁正为孩子忧愁不已，便和比丘们一起来到富翁的家里。说也奇怪，难陀一见到佛陀，便立刻起身为佛陀铺设坐具，并至诚恭敬地顶礼佛陀。于是，佛陀为难陀开示种种法要，并且呵责他赖床、贪睡，又怠惰不振的种种过失。因为难陀非常尊敬、相信佛陀，因此对自己过去的恶习深深自责，并生起惭愧忏悔的心。

最后，佛陀赠予难陀一根檀杖，并且告诉他："你今后如果能够勤奋，那么你只要稍稍用心扣打这檀杖，它便会发出美妙的乐声，乐声结束后便能看见地底下所埋藏的一切宝物。"难陀听了佛陀的话，立刻试着扣击这根檀杖，果然听见了美妙的乐声，也看到了地底下所埋藏的宝物，欢喜得不得了，便在心里想着："我现在不过是稍微努力一下，竟然能获得这么多好处，如果以后更勤劳，一定会获得无上的大利益。"

从这刻起，难陀一改赖床好睡的习性，他甚至邀约众人一起去大海采集宝物，每次都平平安安地满载而归。更以种种饮食供养佛陀及诸比丘。佛陀因而再度为难陀宣说种种佛法的道理，难陀听得心里充满喜悦、心开意解，立即五体投地，礼拜佛陀，并且发大誓愿："愿以此供养善根功德，作未来世迷愚痴暗众生之眼目；无归依者，为作归依；无救护者，为作救护；无解脱者，令得解脱；无安隐者，令得安隐；未涅槃者，令证涅槃。"难陀发完弘愿后，佛陀听了微微一笑，口中并放出五色祥光。

这时随侍在侧的阿难尊者看见佛陀微笑，恭敬请问："如来尊贵庄重，一向不随意笑，现在是什么因缘让佛陀微笑呢？"佛陀问阿难："你可有看见懒惰的难陀入海采集宝物、满载而归，还以饮食供养佛及众僧？"阿难回答："是的，看见了。"佛陀继续说："难陀未来能成佛，佛号'精进力'，将会度化无量的众生，我因此微笑啊！"在座的僧众听闻佛陀此番开示，都明白了精进的重要性，个个欢喜，依教奉行。

现实中，我们无论做什么事业，懒惰都不会成功，勤奋才有可能成功。

我国著名画家黄宾虹一生勤奋不辍，追求艺术真谛，为世人奉献了很多珍贵的作品。1931 年 5 月，黄宾虹从上海出发，经舟山赴乐清游雁荡十余日。他在灵岩观音洞寺院住了三天，每天晚上都要等夜深人静时，带着笔墨纸砚出户看夜山，画夜山。他每每面山而坐，观察良久，然后才在纸上落墨，有时甚至不用笔，而以手蘸墨，在纸上摩挲着画。回到寺院，他又对着在黑暗中画就的黑墨团团细加玩味，直到深夜。

1933 年早春的一天，黄宾虹携带画具、干粮独自游览青城，在小雨中漫步数小时欣赏青城美景。在从金岩背转过朱岗口时，小雨变成了倾盆大雨。

正在这时，他突然看到对面山峦的岩壁上，悬挂着好多飞瀑，景色之美，不比寻常。他对湿透的写生本和干粮全然不顾，索性在一块大岩石上坐下来，倾听着风声、雨声、水声、松声，注视着如泼墨般悬挂的万千飞瀑，陶醉在大自然的神奇之中。

黄宾虹在最后的几年中，预感到了时间的紧迫，越发用功。在目力非常不济的情况下，仍摸索作画，日不间断。90 岁时，黄宾虹割除了白内障，双目复明，兴奋之余，作画更多。他又自订“宾虹画学日课节目”，借以自勉。就在他 92 岁病重，再不能握笔的时候，他还用手指在被子上点点画画，说是在画山水、画梅花。弥留之际，他仍吟出“有谁催我，三更灯火五更鸡”的诗句。

用力做有信心的事情

若勤精进则事无难者，是故汝等当勤精进，譬如小水常流，则能穿石。

——《遗教经》

“信满成佛”，修行学佛一定要信、愿、行：有深厚的信心，持之以恒的愿力，再加上落实在生活中的行动力，这一生必定有所成就。

有一位在“净居天”的居士，名字叫做“手”，他一心想到人间礼拜佛陀，希望能够听闻佛陀的开示。然而，天人的身体非常柔软微细，所以无法站立于人世间。于是，佛陀教导这位手居士说：“人的身体是粗糙坚硬的，你要先转化自己的色身如世间人一样，这可借观想世间大地的相状而达成。”

这位手居士立即听从佛陀的开示，专心观照，转化自己柔软的身体，最后终于如其所愿，以五体投地礼向佛恭敬礼拜。佛陀问手居士说：“你曾经不厌不倦地做过哪些事情，才能让你有此福报生在净居天呢？”

手居士恭敬地回答说：“我曾经努力精进，毫不懈怠地做三件事情：第一件事情是供养及瞻仰诸佛，我不曾有过厌倦。第二件事情，对于听经闻法，我总不厌倦地反复听闻。第三件事情，无有疲厌地供养僧众一切所需，所以今日我才能有此福报生于净居天。”

佛陀也借此因缘教诫弟子们，修行就是要对法有坚定的信心，即使是已证果位的声闻与菩萨，仍是不断地反复修行，从听经闻法中，检视自心，去除无明烦恼。所以大众若能以此惕励，修行必能有所成就。

慧远禅师年轻时喜欢四处云游。有一次，他遇到了一位嗜烟的行人，两人走了很长一段山路，然后坐在河边休息。那位行人给了慧远禅师一袋烟，慧远禅师高兴地接受了行人的馈赠，然后他们就在那里谈话，由于谈得投机，那人便送给他一根烟管和一些烟草。

慧远禅师与那人分开以后，心想：这个东西令人十分舒服，肯定会打扰我禅定，时间长了一定会恶习难改，还是趁早戒掉的好。于是就把烟管和烟草全部都扔掉了。

过了几年，慧远又迷上了《易经》，这时候正是冬天，地冷天寒，他于是写信给他出家前的一位老师，向老师索要一些寒衣，然后托人把信送到老师那里。可信寄出去已经很长时间了，冬天已经过去，山上的雪都开始融化了，老师还没有寄衣服来，也没有任何的音信。慧远禅师于是用《易经》为自己占卜了一卦，结果算出那封信并没有送到。

他心想：“《易经》占卜固然准确，但如果我沉迷此道，怎么能够全心全意地参禅呢？”从此以后他再也不接触易经之术。

之后，他又迷上了书法，每天钻研，居然小有所成，有几个书法家居然也对他的书法赞不绝口。他转念想：“我又偏离了自己的正道，再这样下去，我很有可能就成为书法家，而成不了禅师了。”从此他一心参悟，放弃了一切与禅无关的东西，终于成为了禅宗大师。

世间法皆如此，包括佛法，在无量法门当中，必须是“一门深入”，才能够成就。想要门门都学，是绝对不可能成就的。门门都学，那是一门成就以后的事，一门成就了，其它无量法门一看、一听当下都通达了。所以说一通一切都通。佛法，在没有开悟与通达之前，门门都学就会变成障碍。

许多大科学家，一生当中有许多特殊的发明，就是因为他们天天去研究，锲而不舍，终于有了新发现，这便是“专精”的结果。例如我国科学家钱学森先生就是“专精”的成功典范，他在航天技术上“一门深入”，获得重大成果，然后又在系统科学和系统工程有所建树。

20 世纪 40 年代，钱学森提出并实现了火箭助推起飞装置，使飞机跑道距离缩短；在 1949 年提出了火箭旅客飞机概念和关于核火箭的设想；在 1953 年研究了星际飞行理论的可能性；在 1962 年出版的《星际航行概论》中，提出了用一架装有喷气发动机的大飞机作为第一级运载工具，用一架装有火箭发动机的飞机作为第二级运载工具的天地往返运输系统概念。

钱学森在1946年将稀薄气体的物理、化学和力学特性结合起来的研究，是先驱性的工作。1953年，他正式提出物理力学概念，主张从物质的微观规律确定其宏观力学特性，改变过去只靠实验测定力学性质的方法，大大节约了人力物力，并开拓了高温高压的新领域。1961年他编著的《物理力学讲义》正式出版，把物理力学扩展到原子分子设计的工程技术上。

钱学森不仅将我国航天系统工程的实践提炼成航天系统工程理论，并且在80年代初期坚持致力于将航天系统工程概念推广应用到整个国家和国民经济建设，并从社会形态和开放复杂巨系统的高度，论述了社会系统。

佛教说："心能开悟，名精进觉。"也就是说，在勤奋中开悟，在开悟中精进，不懈怠，不自满，干一行就全力以赴地干好这一行。当达到一定境界后，即使转干他行，同样会获得成功。

让精神处于最佳状态

精进庄严故，能破魔怨，入佛法藏。——《佛说十善业道经》

佛陀要求人们力行精进的内容为"十善业道"：不杀生而慈心于仁、不偷盗而义利节用、不邪淫而贞良守礼、不妄语而诚实无欺、不两舌而无争是非、不恶口而出言慈和、不绮语而言说有礼、不悭贪而慈心舍施、不嗔恚而慈忍积福、不愚痴而多闻增智。

要想修好这些"善业"，不下一番功夫，实在很难。因此，"精进"本身成了修行的一种"行门"。"十善业道"落实在精进行门，才能将精进修行到尽善尽美的圆满境界。精进既然为行门，也就不能乱下功夫，而是有觉悟地下功夫，不可堕入迷妄。

慧开在师父处参禅6年，不得要领，于是发了重誓："若去睡眠，烂却我身！"从此，他夜夜打坐到天明。可是，长此以往怎么行？一不小心就睡着了。别人怎么劝止他，也没用。有时他实在困了，便在回廊下来回走，驱赶睡意，可还是不行，瞌睡虫猖獗地缠着他。慧开觉得脑袋都大了，他只好用头撞柱子，撞了个大包，疼痛不已，将睡意暂时压下去了。由于一连撞出好几个大包，看上去很滑稽，但他面对别人的取笑根本不在意。

一日，慧开昏昏沉沉地打坐，忽然一阵巨雷在头顶炸开，吓得他跳了起来。哪里有什么巨雷啊，原来是斋鼓声。他以为自己开悟了，欣然写了一首偈：“青天白日一声雷，大地群生眼豁开，万象森罗齐稽首，须弥蹦跳舞三台。”

他高高兴兴地跑到师父那里述明心得，师父不等他开口，劈头训斥道：“在哪里见神见鬼了？”

可见，精进不是拼身体，学佛法尽管的确要下苦功，但更重要的是清净禅定，破执开悟。禅定就是为了达到最佳的精神状态，头脑清晰，灵感萌动，突发“顿悟”。

有一次，佛陀来到摩揭陀国王舍城，住在东北方城外的灵鹫山，而尊者二十亿耳，正好也在附近的一处坟场精进修学。

尊者二十亿耳不分昼夜地勤修，不是禅坐就是经行，日夜不离佛陀教导的三十七道品（五根、五力、七菩提分、八圣道分、四念处、四正勤、四如意）。他所到之处，经常看得见因为脚磨破皮而留下来的斑斑血迹，引来鸟儿啄食。这么努力的精进修学，却还老是无法突破，一直不得解脱，他最初的修学热诚与信心，就这样逐渐逐渐地消耗掉，终于，热诚冷却了，信心动摇了。

有一天，他不禁暗自这么想：“在世尊众多弟子中，我算得上是精进修学群里的一个了，可是至今还不得解脱，再这样耗下去有什么用呢？不如还俗回家，用父母亲雄厚财力布施作福，还来得受用些。”

佛陀知道了二十亿耳的想法，就来坟场开导他。佛陀对他说：“二十亿耳！未出家时，你会弹琴吗？”

“会的，出家前我琴弹得还不错。”

“那好！当你弹琴时，如果琴弦调得太紧，弹出来的声音好听吗？”

“不好听，世尊！”

“如果琴弦调得太松，弹出来的声音好听吗？”

“不好听，世尊！”

“如果琴弦调得松紧适中，弹出来的声音好听吗？”

“这样就好听了，世尊！”

“这就对了，修道人！修学太精进，就像调得太紧的琴弦，反而引起急躁不安；精进不足，就像调得太松的琴弦，又令人懒散懈怠，两者都不能引领你成就。所以，你应当避开这两种情况，做适当的调整，就可以修得解脱了。”

二十亿耳听了佛陀这番开导，重新燃起了修学的热诚与信心，常常念着佛陀弹琴譬喻的教导，继续修学，不久便成就解脱了。

培养积极的意志

精进度无极者，厥则云何？精存道奥，进之无怠。——《六度集经》

佛常说“法欲”，又说“欲三昧”。什么意思呢？有些人被目前小欲束缚住，失去了自由；而佛则有一绝对无限的大欲在前，作为目标，教人努力往前精进。所以“勇猛”、“不退转”一类话，佛常不离口。可见佛对于意志，不是消极的自律，而是积极地磨练自己，激励自己。

佛教的根本任务是帮助众生，所谓“度人度己”，“度”就是帮助或协助的意思，在“度”的善业上努力精进，其意志是积极的。

佛法有六度：施度、戒度、忍度、精进度、禅度、慧度。精进度包括擐甲精进、加行精进和不满精进。擐甲精进，指追随往昔诸佛菩萨的事迹，不得懒散、懈怠。加行精进，指虽有求法修法的心愿，但不可虚度人生岁月。不满精进，指有了一些成就，不应自满。

梁启超说：“意志修养有消极，积极两方面。消极方面，主要在破除我执、制御意志，换句话说，要立下决心，自己不肯做自己奴隶。佛以为众生无明业种，皆由对于我的执著而生，因为误认五蕴（色、受、想、行、识）和合之幻体为我。既认有我，便有‘我所’，事事以这个假我为本位。一切活动，都成了假我的奴隶。下等的替肉体假我当奴隶，例如为奉养舌头而刻意求美食，为奉养眼珠而刻意求美色之类。高等的替精神假我当奴隶，例如受一种先入为主的思想或见解所束缚而不能自拔之类。佛以为此等皆是由我执发生的顽迷意志，我们向来一切活动，都为他所左右。我们至少要自己当得起自己的家，如何能令这种盲目意志专横？非以全力克服他不可。后来禅家最爱说‘大死一番’这句话，就是要把假我观念完全征伏，绝其根株的意思。”

梁启超所谓“我们至少要自己当得起自己的家”，是对佛法的深刻理解，“万法唯心”，自己是自己的主人。

苏东坡有一天与佛印在杭州同游。苏东坡看到一座峻峭的山峰，就问佛印禅师："这是什么山？"

佛印说："这是飞来峰。"

苏东坡又问："既然飞来了，何不飞去？"

佛印说："一动不如一静。"

苏东坡再问："为什么要静呢？"

佛印说："既来之，则安之。"

说着，两人走到了天竺寺，苏东坡看到寺内的观音菩萨手里拿着念珠，就问佛印说："观音菩萨既然是佛，为什么还拿着念珠，到底是什么意思？"

佛印说："拿念珠也不过是为了念佛号。"

东坡又问："念什么佛号？"

佛印说："也只是念观世音菩萨的佛号。"

东坡又问："他自己是观音，为什么要念自己的佛号呢？"

佛印回答道："那是因为求人不如求已呀！"

常言道："师父请进门，修行靠个人。"一个人如果什么事都习惯依赖别人，该自己干的事也不干，岂不退化为一个低能的废物？人在做事中学会生存，在坚持着培养信心。很多事情都需要靠自己去做，指望别人是不行的。成功者在自己的行动中积累经验，提升自己，成就自己。

释迦牟尼有个叫般特的徒弟，他生性愚钝，佛祖让五百名罗汉天天轮流教他，可是般特仍然不开窍。佛祖把他叫到面前，逐字逐句地教他一首偈："守口摄意身莫犯，如是行者得度世。"

佛陀接着说："你不要认为这首偈稀疏平常，你只要认真地学会这一首偈，就已经是不容易了！"般特于是翻来覆去地就学这一偈，终于领悟了其中的意思。

过了一段时间，佛祖派他去给附近的女尼讲经说法。那些女尼早就听说这个愚笨的人了，所以心中都不服气，她们想："这样的愚笨之人也会讲经说法？"虽然心里是这样想，但是她们表面上仍然用应有的礼遇对他。

般特惭愧而谦虚地对众僧尼说道："我生来愚钝，在佛祖身边只学得一偈，现在给大家讲述，希望静听。"

般特接着便念偈："守口摄意身莫犯，如是行者得度世。"

话音刚落，众女尼便哄笑："居然只会一首启蒙偈，我们早就倒背如流了，还用你来讲解？"

般特不动声色，从容讲下去，说得头头是道，新意迭出。一首普通的偈，说出了无限深邃的佛理。众女尼听得如痴如醉，不仅感叹道："一首启蒙偈，居然可以理解到这种程度，实在是高人一等啊！"于是众女尼对他肃然起敬。

般特只学了一偈，可他一丝不苟的精神体现于行动之中，于是一偈也得道了。

可见，积极的意志，是向上、进步，是自我把持，自我掌握，不做依赖；而消极的意志，是沉溺、沉沦，是拘泥僵化，执妄无明。

想好了就不要等待

不论路有多远，不管我们的能力有多少，总是要随缘、随分、随力，尽力去完成要走的这条路，此即是毅力。

——证严法师

证严法师曾利用屋后的竹子，锯成30个存钱筒，发给信徒，要他们坚持每天存进5毛钱。信徒们觉得奇怪，为什么不干脆每个月缴15元呢？法师说："不奇怪，我希望你们每天提起菜篮就投入5毛钱，出门前怀有一颗救人的心，节省5毛钱，将培养节俭的心与爱人、救人的心，存于一筒，力量是很大的。"

于是这30个人，每天提起菜篮到菜市场，逢人便欢喜地宣扬，"我们每天要存5毛钱！我们有一个救济会，我们要救人！"消息不胫而走，参与的人愈来愈多，千手千眼发觉苦难的功能也很快地发挥了，第二个月他们便救济了一个孤苦无依的老太太，每天有人送饭给她，为她清洁环境，直到她去世安葬为止。

做善事如果非得等有足够的钱才行动，那么"善行"也就变味了，不实在了。行善，就得立即行动，赶快去做。不仅行善如此，做任何事都一样，想好了就行动。我们再来看个故事：

从前有两个和尚，一个和尚对另一个和尚说："我打算去一趟南海，你觉得怎么样呢？"

师弟不敢相信自己的耳朵，认真地打量一番师兄，禁不住大笑起来。师兄莫名其妙地问："怎么了啊？"

师弟问："我没有听错吧，你也想去南海？可是，你凭借什么东西去南海啊？”

师兄说：“一个水瓶，一个饭钵就足够了。”

师弟大笑，说：“去南海来回好几千里路，路上的艰难险阻多得很，可不是闹着玩的，我几年前就做准备去南海的，等我准备充足的粮食、医药、用具，再买上一条大船，找几个水手和保镖，就可以去南海了。你就凭一个水瓶，一个饭钵，怎么可能去南海呢？还是算了吧，别做白日梦了。”

师兄不再与师弟争执，第二天就只身踏上了去南海的路，他遇到有水的地方就盛上一瓶水，遇到有人家的地方就去化斋，一路上尝尽了各种艰难困苦。很多次，他被饿晕、冻僵、摔倒，但是，他一点也没想到过放弃，始终向着南海前进。

很快，一年过去了，师兄终于到达了梦想的圣地南海。两年后，他从南海归来，还是带着一个水瓶、一个饭钵。他由于在南海学习了许多知识，回到寺庙后成为了一个德高望重的和尚，而那个师弟还在为去南海做各种准备工作呢。

做事需要准备，但准备不能过分，计划不能太高。西方有个叫迪卡姆的人，他建议不能把计划搞得太复杂，要像理发一样用剃刀把不必要的头发（计划）剃掉。

准备的时间太长，会缠住自己，使激情渐渐消失，信心越来越差。有些事想好了就行动，在行动的过程中完善计划。

勒革森是非洲一个贫困村落长大的孩子，他在十六七岁时，读了林肯和华盛顿的故事，这些故事深深地打动了他，他决心像心目中的英雄那样，成为一个能改变世界，服务于全人类的人。不过，要实现自己的目标，他知道首先要到美国去读大学。

于是，他带了5天的干粮就上路了，走了5天，才走了25英里，而食物已吃光了。他依靠吃野果和野生植物维持生命。艰苦的旅途使他变得又瘦又弱，一次高烧还差点要了他的命。虽然很多次他都想放弃，但每次翻开那两本书，读着那些熟悉的语句，他又恢复了前进的信心。

15个月后，他走了近1000英里，到达了乌干达首都坎培拉。这时他不但身体健壮了起来，也懂得了谋生的方法。他在坎培拉呆了6个月，干点零活，一有空就到图书馆，贪婪地读着各种书籍。

他按书里的地址向华盛顿农山区的斯卡吉特学院写了一封信，诉说了自己的境况和梦想，希望申请奖学金。他很快就收到了回信。斯卡吉特学院的院长被这个年轻人的决心深深地感动了，不仅接受了他的申请，还向他提供了奖学金和一份工作。后来，传教士帮他拿了护照。但他根本买不起到美国的机票。他的钱只够买一双新鞋，使自己不必光着脚走进大学。

几个月后，他的故事已在非洲大陆和华盛顿农山区流传开了，斯卡吉特学院的同学们给他寄了 650 美元，经过两年多的行程，勒格森终于走进了斯卡吉特学院。

后来，勒格森不但在著名的剑桥大学当了一名政治学教授，还是一位受人尊重的作家。

第十六章
境界不断超越

在佛教理论中，佛性也就是人性，每个人都有觉悟之性，包含着心和境即人的心识和客观的境界这两方面的意义。禅宗主张摒弃世俗认识，主张通过直观地把握万物绝对的空和主体真如的本性，从感性的经验中获得超越，从而达到新的人生境界。

追求心灵的高度

梦幻水月，芭蕉野马。深山之响，皆悉自然。——《光赞经》

涅槃是佛教的最高境界，这种境界能通过人的修行实践一步步达到。

涅槃不能简单地理解为死亡，而是指一个人只有心灵绝对安宁、不起分别意识时才会现出一切的本来，达到解脱无为的境界。佛法认为一切存在都生灭不已，灭不是断灭与完结，不是取消，而是事相延续过程的一态，即一切法在循环生灭的延续过程存在，这个存在的本相一定是不生不灭的。

佛教追求的是“自净其意”——“诸恶莫作，众善奉行”。简单地说，就是别做坏事，多做善事。宋明理学家，有“人同此心，心同此理”的说法，就是主张善恶的问题，不必多说，人心之中，自有分辨处。

禅宗说：“譬如雁过长空，影沉寒水。雁无遗踪之意，水无留影之心。”什么意思呢？就是一个皎洁的池塘，比喻我们的心灵，有一只大雁从上面飞过的时候，池塘就映现着大雁的影子；大雁飞走了，池水又回到了原来的清澈，不再有大雁的影子的存留。所以说，大雁并不是有心把它的影子投到了池塘上，池塘也不是有心要留存大雁的影子。

《华严经》里面说，帝释天有一个珍贵的网，这个网是由无数的宝珠联缀而成的，一颗珠子就可以映现出其它无数珍珠的光影，珠珠相含，影影相摄，每一个既是它又是别的，你中有我，我中有你，达到一种圆融的、无碍的境界。

生活中，有人经常抱怨生活不公平、不如意，他们让阴影留在心中，被抑郁、忧伤困扰。其实这只能让烦恼更进一步消耗自己的意志，损害自己的健康，对改善自己的境遇毫无帮助。

在时间的流程中，我们对心灵的印痕不必过多地留恋！过去的就让它过去吧，时间无暇后顾，人生总是在诀别和放弃中前行，何必总是苦苦寻觅那虚幻的“雁影”呢？

有这样一个故事：宋国有个叫华子的人患了遗忘症，“朝取而夕忘，夕与而朝忘，在途则忘行，在室则忘坐，今不识先，后不识今”，“荡荡然不觉天地之有无”。后经一高明医生治好了病，使他把平生数十年的存亡得失、哀乐好恶都记忆起来，回到了现实的人生。但他又记得太牢，“忧忧万绪，须臾不忘”，以至怒而黜妻罚子，操戈逐人，弄得鸡犬不宁。这简直成了怪物！

据精神病学家亚历山大·卢里亚对一位十分不幸的男子的科学检查，此人永远不会忘记在他大脑中所有留下印象的东西，各种信息使他窒息，大脑中充满了各种事情，以至运转混乱，根本无法看书，也不能合乎逻辑地思考。现代医学认为，遗忘可以减轻大脑的负担，降低细胞的消耗。在正常的情况下，人的脑细胞每天大约死亡 10 万个。但是如果受到外界的强烈刺激，大脑每天死亡的细胞就要增加几十倍。长此下去，大脑是难以承受的。因此，对身体健康来说，遗忘是绝对必要和有益的。正因为有了遗忘，才保证了必要的记忆和大脑的健康。

一个人若能忘怀心中的不得志、忧郁、怨恨等情绪，那么不愉快的心情自然渐渐消失，代之而起的则是朝气蓬勃的新生，精神和勤奋将再度在他身上散发出耀眼的光辉。

人不但要忘怀不愉快的往事，也要放下沾沾自喜自鸣得意的情绪。因为那些情绪，往往使人陷于虚妄。当我们忘了它时，真正的活力才显现出来。从心理学的观点看，无论你惦记的是快乐的往事或悲愁憎恨，长期生活在过去的记忆世界里，就与现实生活脱节，严重威胁心理健康和心智的发展。

王安石有“不畏浮云遮望眼，只缘身在最高层”的宽阔的胸怀；陶渊明有“采菊东篱下，悠然见南山”的闲适的心境；刘禹锡有“山不在高，有仙则名；水不在深，有龙则灵”的安逸的情怀；陶铸有“往事如烟俱忘却，心底无私天地宽”的精神境界。

一个人追求适合自己心灵的高度，或许更胜于攀登那遥不可及的山峰。

给予精神一定位置

山悠悠也水悠悠，一杖雪深任自游。树杪松花堪作食，秋迴荷叶可为裘。

——《五灯全书》

《五灯会元》记载，在南岳大师门下第十三世黄龙禅师法嗣中，有一位青原惟信禅师，曾有过一段悟道的见证，他说：“老僧三十年前见山是山，见水是水；及至后来亲见，知识有个悟处，见山不是山，见水不是水；而今得个休息处，依前见山只是山，见水只是水；大众，这三般见解，是同是别？”

法师所言，是禅修30年，对佛理参悟的心得，反映了佛教认识世界的方法论和自然观，意趣所在，以山水喻万法，心识定权衡，将所见、所识、佛家之觉，用山水托出，揭示了人境俱在、澄心自在的本来面目，以及万境圆通、超越物我的禅机，使一切随机自处，花是花来花自香，水是水来水长流。

最初，释迦牟尼感受到物质享受改变不了精神痛苦，为了摆脱世俗烦恼，过起苦修禁欲的生活。可他又从实践中明白自我折磨的苦修只能搞垮身体，精神开发则失去赖以存在的基础。于是他从自然的禅定获得愉悦体验中得到启发，摒弃沉溺声色和自我折磨修习的两个极端，发明了“中道”的新思想。

佛家的禅定，其动机是摆脱世俗烦恼，具体实施时是自然而然而非自我折磨。所以，从“见山是山”到“见山不是山”再到“见山是山”，无疑是境界的两次提升，犹如向往自然到执著于自然，再从自然中解脱，精神得以真正的解放。

人的许多烦恼都是妄想造成的，面对纷繁的物质世界，容易想入非非，诸如发财的念头、投机的念头、侥幸的念头等等占据内心，一旦走火入魔势必影响生命健康，也影响社会和谐。所以，禅定是从心理上把生命个体与物质世界隔离开来的一种境界。作为凡人，虽然达不到禅定的境界，但可以修习“静”的功夫，平时不急躁，不浮躁，有意识地把杂乱的念头从内心驱逐出去。

有一个人，本来很快乐，可是自从他做了一笔生意后，他尝到了甜头，把所有的积蓄都拿出来与人合伙做生意，这本来也不失为一种积极的行为，可是他的大脑里充满了发财的幻想，想一日暴富，所以他没有按规矩诚实经营，结果栽了跟头，血本无归，还被罚了款。

他不死心，天天想着发财，梦里抱着巨款，醒来两手空空，他的精神失常了，在彩票销售点晃悠，心想能从地上捡到一张能中大奖的彩票就好了。

从社会发展的观点来看，我们不可漠视物质，但绝不可物质至上，欲望膨胀，不能自拔，这是痛苦的，不得安宁的。让金钱支配了自己的生活，财富使心理压力上升，心理得不到平衡，很难有轻松愉快的心情。

人穷则思变是正常的，而陷入发财的幻想与梦想，就会从此失去安宁、失去快乐。为了发财，有的人甚至行为出轨，做出违犯法律的事。贪念一起，不择手段，危险的系数越来越大。或者受金钱的诱惑，容易受骗上当，想要的钱没有赚到反而赔光了自己的钱。

曾经有个姓林的小伙子，他本来生意做得很顺利，可涉足非法“六合彩”毁了自己。他在厦门认识广东人郑某（庄家）；受10%的抽利驱使，成为郑某的下线，销售三期非法“六合彩”，共收得销售款3400元，交给上线郑某2000多元，从中抽利200多元，私自做庄截留“彩款”吃注1000多元。林某自以为“聪明”，其实聪明反被聪明误，发财梦破灭成为泡影，在一次做庄设赌时，返赔彩民共计43700元。他只好变卖摩托车、电视机等家当，东凑西借先兑现33700元，还有一万元另写下欠条。小林财迷心窍，梦想通过赌非法“六合彩”发财，其结果是给家庭造成不可挽回的损失。

人们疯狂敛财，多有这样一种意识，就是财富越多就会越幸福。财富的确可以给人们带来一定的享受，能够带来成就感、满足感，带来快乐和幸福。然而任何事情不是绝对的，有的时候财富带给我们的除了幸福之外，还有无尽的烦恼。

美国南加利福尼亚大学经济学家理查德·伊斯特林对《普通社会调查》的资料进行分析后说：“许多人都怀有一种错觉：钱越多，越快乐。我们想方设法赚钱，不顾家人，不顾身体……问题在于，我们意识不到，赚钱越多，物质需求也就越高。”

对于老百姓来说，在劳动还是一种谋生手段的今天，完全抛开物质谈精神是不现实的。不过，认清楚金钱在我们生活中扮演的角色，调整好自己的心态，将幸福掌握在自己手上，何乐而不为？佛不是叫你断了念头，而是念一来的时候就发觉，觉悟。这就是“念起既觉”。这也可以说是一种很高的境界，即使你不是佛，但你能做到“念起既觉”，就到了佛菩萨的境界了。

如何做到“不动心”

邪来正度，迷来悟度，愚来智度，恶来善度，如是度者，名为真度。

——《六祖坛经》

禅宗认为，清净人见清净境，一念清净，秽国顿成净土，脚下即是西方。也就是说一个人的人生境界与否，由其心境决定。正如六祖惠能所说：“有道者得，无心者通。无心则心不动，无所动也。”

这里有一个故事：禅宗惠能大师得到衣钵之后，在猎人群中隐居了十几年，后因机缘成熟，开始行化于世间。有一天，他途经法性寺，看到两位出家人对着一面幡子，面红耳赤争论不休，六祖上前一听，才知道他们在争论旗幡所以会飘动的原因。

一个说：“如果没有风，幡子怎么会动呢？所以说是风在动。”

另一个就说：“没有幡子动，又怎么知道风在动呢？所以说是幡子在动。”两人各执一词，互不相让。

惠能大师听了，就对他们说：“二位请别吵，我愿意为你们做个公正的裁判，其实不是风在动，也不是幡子在动，而是二位仁者的心在动啊！”

从这则公案可以看出禅师们对外境的观点，完全是返求自心，而不是滞留在事物的表象上面。现象的存在是片面的，其所以有分别，完全因为人的起心动念。心静则万物莫不自得，心动则事象差别现前，因此要达到动静一如的境界，其关键就在于人的心是否已经去除差别妄想，是否能够证得涅槃寂静。

后来，这个公案在禅门又有所演绎，意味深长。说的是仰山禅师有一位比丘尼弟子，名叫妙信，因寺中知客师（掌管迎送、应接宾客的僧人）解职了，仰山就命她负责寺中接待事宜。寺中僧众，都认为妙信非常适合，因为她能干、发心，有相当魄力。

一天，从四川来了17名广游四方的行脚僧挂单（住宿）寺中，预备亲近仰山，向其问道。晚餐后，行脚僧们无事，开始讨论佛法，当内容涉及“风动幡动”的问题，互相不能解决。争执吵闹的声音，让妙信听见了，她大声呵斥道：“十七个门外汉，明天走的时候要把房钱饭钱算清楚。”

妙信的威严，一点也不像女人，行脚僧一起默然相对，不知如何是好。妙信命令道：“不要争执，到我面前来，我告诉你们！”

17个僧人不自觉地走到妙信的面前。妙信对他们说：“既不是风动，也不是幡动，怎可以心动？”

行脚僧们一听，顿然眼前一亮，心开意解。大家商量，不再等到仰山禅师开法堂的时候闻法请示了，第二天全体告别妙信而去。

当初六祖大师为了二僧争论风幡谁动，六祖说：“不是风动，不是幡动，是二位仁者的心动。”妙信禅尼说：“既不是风动也不是幡动，怎可以心动。”可见又更进一步。六祖主张把客体主体融和在一起的妙境，而妙信禅尼超越融和，不立主客，所谓动念即乖，此乃更有深义焉。

一个人如果没有修养，没有定力，就会变得很脆弱，常常会被外境所左右，会随外境而动摇。

周碧初是我国现代著名画家，美术教育家，20世纪中国油画的先驱者之一。他在长达70余载的艺术生涯中，不断上下而求索，终成就其个性独具的绘画艺术。周碧初一生淡泊名利、清操自守。当人们争相购置名家画作收藏，使得有的作品价格扶摇直上，几乎是天文数。但周碧初不动心，不浮躁，始终埋头作画，不断耕耘。国内外不少藏画家出巨资求购，均被他婉言谢绝。1990年，周碧初向福建省漳州市博物馆赠送了他收藏多年的吴昌硕、黄宾虹、齐白石、徐悲鸿等名家作品80件及个人油画作品两件。后来，他还将珍藏的书画作品40幅和自己的7幅油画在漳州市展出，并悉数送给家乡。这些义举出于他具有精神境界上的单纯朴素。

可见，一个有修养的人，凡事都能气定神闲，不会轻易受到环境的牵引、动摇。那么，具体面对什么才不动心呢？

一不为财动。有的人钱财很多，但有时候还是为钱出卖人格、出卖道德、出卖朋友，使得自已的人格、生命、节操都让钱财控制，实在不值得。

二不为情动。有人常因人情难以违背，因此被情感诱惑，使自己的人格被情爱所控制，一生为情所苦。

三不为名动。名的诱惑很大，例如有人诱你以高位、金钱，让你将义理、道德、操守弃置一旁，这个就是名利操控了人的人格道德。

四不为谤动。不要轻易为毁谤所动，即使是一句闲话，几句是非，所谓“清者自清，浊者自浊”，不要随便因毁谤而动摇自己。

五不为苦动。遇到一点艰难困苦，就退缩不前的人，一生的事业将会一无所成。

六不为难动。遇到艰难困苦时，要有冒险犯难的精神。如果凡事被困难一阻碍便裹足不前，最后必定一事无成。

七不为力动。别人力气比我大，权势比我大，我怕他，我什么事都不坚持，就丧失自尊和人格了。

八不为气动。经常生气的人，容易心浮气躁，容易动心，所以不能让嗔恚心左右自己。

境界高，格局大

诸行无常，诸法无我，涅槃寂静。——《增一阿含经》

“诸行无常，诸法无我，涅槃寂静”，此三者是佛学上的“三法印”。所谓“法印”，即印证佛法的标准，同时也是印证一个修行者是否真正得到了佛法的标准。

“无我”自然是佛教追求的一种境界。万事万物皆因因缘而生，没有不需要因缘就单独存在的“我”。由于什么都需要因缘，所以“因”不存在的时候，“果”也不存在，故而单独的“我”是不存在的。

佛陀 49 年的说法，大都基于“众生我执”而展开的，因此许多经典都可以看到破“我”的文句和内容。如《金刚经》中，佛陀一而再地教诲弟子要“无我相、无人相、无众生相、无寿者相。”现实生活中难道不是一个个活生生的“我”？佛教却说“我”是假有——“无我”，并且说人之所以造业受报，无不是因为思想当中有一个牢不可破的“我”在作祟，“唯我独尊”主义而去做杀盗淫及五逆十恶之罪。“我”是罪魁祸首，我们概念中的“我”，其实只是累生“无明习气”对自己布下的一个大骗局，让人上钩而轮回生死。

表面上看，“无我”好像是既然执著于“我”是痛苦的根源，那么干脆就“无我”吧。但事实上，在佛教经典中，“无我”实际上都包含着“我”的存在，否则便不能自圆其说。比如，舍利弗有一次说：“同修啊！涅槃真是快乐！涅槃真是快乐！”优陀夷问他：“可是，舍利弗，我的朋友，如果连感觉都没有了，怎么会有快乐呢？”舍利弗说：“没有感觉本身就是快乐。”这里的感觉实际上是物质层面的感觉，而他所获得的快乐则是接近灵性的快乐，仍然是有感觉的。否则，就又回到优陀夷的问题了。

有位久经沙场的将军，突然厌倦起战争，甚至厌倦世间所有的你争我斗。于是，他特地找到大慧宗臬禅师，请求出家为僧。将军对宗臬禅师诚恳地说：“禅师！我现在已经看破红尘，请禅师发慈悲收留我出家，让我做您的弟子吧！”

宗臬禅师说：“你有家庭，有太重的社会习气，还不能出家，以后慢慢再说吧！”

将军急忙说：“禅师！我现在什么都放得下，妻子、儿女、家庭都不是问题，请您立即为我剃度吧！”

宗臬禅师坚持说：“还是慢慢再说吧！”

将军没有办法，只好暂时作罢。有一天，将军起了一个大早，就到寺里拜佛。

大慧宗臬禅师一看到他就说：“将军为什么这么早就来拜佛啊？”

将军学习用禅语回答：“为了除去心头的火啊。”

宗臬禅师用偈语回应道：“起得那么早，不怕妻子去偷人吗？”

将军一听，十分生气：“你这个老怪物，讲话太伤人了！”

宗臬禅师哈哈大笑，说：“轻轻一拨扇，自己的性火又燃烧，你这样的暴躁脾气，怎么能算放得下呢？”

人生最大的敌人是自己。纵观历史，那些百世流芳的人，无不对人类有所奉献，把人类幸福放在自己幸福之上，把民族命运放在自己命运之上，把国家事业放在自己事业之上，把别人利益放在自己利益之上。范仲淹之所以是名臣，因为“先天下之忧而忧，后天下之乐而乐”；岳飞之所以是民族英雄，因为要“还我河山”；孙中山之所以称为国父，因为胸怀“天下为公”；白求恩之所以值得学习，因为“毫不利已，专门利人”；马寅初之所以令人敬重，因为信奉“既然既有精神，必有主义，所谓北大主义者，即牺牲主义也。服务于国家社会，不顾一己之私利，勇敢直前，以达其至高之鹄的”……他们这种忘我的精神，也非常难能可贵，值得世人共赞。

教育家蔡元培先生是中国近现代史上一位具有思想精神大格局的人。他用人不求高学历，也不求全才。不仅只能讲一个专题的人可以上讲坛，就是思想守旧甚至是反动的人，只要在学术上有所建树，也可以上讲坛。例如，辜鸿铭是一个怪人，蔡元培却请他到北京大学讲授英国文学和拉丁文等课程。辜鸿铭很敬重蔡元培，在他眼里，当时全中国只有两个好人，一个是蔡元培，另一个就是他自己。“五四运动”之时，蔡元培要辞去校长一职，辜鸿铭积极挽留，说：“校长是我们学校的皇帝，所以非得挽留不可。”

当时梁漱溟刚刚 20 岁出头，通过自学取得了一番成就。他通过别人的介绍，慕名前去拜谒蔡先生，并呈上自己的文章《究元决疑论》以求教。蔡元培已经在《东方杂志》上读过此文，对作者在佛教方面的造诣颇为欣赏，当即邀请梁到北大讲授印度哲学。梁漱溟感到意外，极力推却。后来，蔡元培与陈独秀一起邀请梁漱溟，多方劝说，梁漱溟终于答应到北大任教。1917 年冬，梁漱溟，一个没有大学学历，自学成材的青年，登上了北大的讲坛。

蔡元培“无我”而有整个北大，这是了不起的境界，了不起的精神格局。只有具有思想精神大格局的人，才是大思想家、大教育家、大实践家，才是具有宽阔视野、博大胸怀和博大人格的大写的人；只有这样的人，才有深刻的使命感、危重的责任感，才有人格大魅力，才有人间大眼界，才有人生大愤怒，才有人世大救赎。

给自己一块快乐净土

一兴微尘念，横有朝露身。如是都阴界，何方置我人。

碍有固为主，趣空宁舍宾。洗心讵悬解，悟道正迷津。　　——王维

佛教有个“净土宗”，很有影响性，它始创于西安的佛教宗派，因专修往生阿弥陀佛净土法门而名。该宗实际创立人为唐代的善导。善导先在玄中寺

听道绰讲净土要旨，后到长安，在光明等寺弘扬净土教义，著有《观经疏》，正式形成净土宗。该宗教义简单，主要宗旨是以修行者的念佛行业为内因，以弥陀的愿力为外缘，内外相应，往生极乐净土。

所谓“净土”，是指人的身心与环境的关系，一者“菩萨自净其身”，二者“净众生心令行清净道”。简单地说，就是他人与我的因缘，而使生活的这个世界清净美好。“得清净世界”即是“净土”，其条件之“彼我因缘”即指“菩萨自净其身”及“净众生心”。

可是，对于凡人达到这样的境界，是很难的，因为现实嘈杂繁乱，尤其在充斥物质的环境里，金钱价值观像水银一样流到每个角落，侵蚀人心。以个人力量“净众生心”，达到改善环境的目的谈何容易。怎么办？给自己一块灵魂的净土，或者找一个属于自己的空间，就成了一些人的理智选择。

唐代著名的山水田园诗人王维，在中国文学史上素有“诗佛”之称。王维精通禅理，他的诗歌以及画作，都渗透着禽然禅意，明代王士祯就曾赞叹“王、裴辋川绝句，字字入禅，通其解者，可语上乘”。

王维曾官至尚书右丞。但在奸臣李林甫得势后，他不愿在日益腐败的官场上滞留，于是毅然退出官场，跳出了名缰利锁的环境，从而进入了一个相对自由的精神境界，“兴来每独往，胜事空自知”，创作了不少“诗中有画，画中有诗”的佳作。

王维是逃避现实吗？不！他在精神层面追求“自净其身”的境界。王维经常在退隐或困顿潦倒之时，表现了忠爱国家、志在为苍生的气节。例如，安禄山乱起，长安、洛阳两京沦陷之时，王维的《凝碧诗》，表达了“万户伤心生野烟，百官何时再朝天”的志节。再如，王维晚年隐居辋川，其与裴迪辋川赋二十景诗，在《文杏馆》诗中“不知栋里云，去做人间雨”，更表达了他还想有朝一日云回人间，化作甘霖为苍黎百姓服务。

所以，王维经常用他的禅意诗，表达“入世中的出世”情怀，又表达了“出世中的入世”的精神，这种能入能出，能出能入，出入由心，出入自如，来去有影复无的境界，正如他的绘画，是一个自由自在的禅意世界。王维曾画“雪里芭蕉图”，这种时令不宜，芭蕉不可能长在雪里的禅意画，所表达的正是“意到便成”的出神入化境界。

为了得到精神的“净土”，王维主动去寻找，而苏东坡采取的却是一种转化的方式，让所处的环境“干净”。苏东坡的仕途之路异常坎坷，在42年的官宦生涯中，三分之一的时间在被贬迁中度过。42岁时，他因“乌台诗案”受小人谗言，被宋神宗贬到黄州。但他并没有自暴自弃、放浪不羁，而是将一腔悲愤化作了文学创作的动力。此间，他寄情于山水、与古人神交，写下了《念奴娇·赤壁怀古》等流传千古的词作，在词坛开创了豪放之风的先河，也给自己的创作开辟了一方广阔天地。

苏东坡在流放中，心中虽然烦闷，但却没有无所事事，反而事必躬亲，对耕地、烹调等等都充满兴趣。在劳动与爱好中，他的心情变好了。于是他成功地把“致君尧舜”的入世心态很快地转变为“聊从造物游”的出世心态，并激发出独特的创造力。最典型的是，苏东坡在下放黄州、惠州期间，创造出20多种菜肴，如东坡肉、东坡鲫鱼、东坡豆腐等，这些菜品至今还被人们津津乐道。

“心烦手不闲，手忙心怡然。”用乐观的态度看待挫折，就会让头脑变得更灵活。更重要的是，一条路走不通，乐观的人不会“撞了南墙也不回头”，而会转向其他工作。一个人如果能够不断将痛苦升华为快乐，就会达到苦尽甘来的境界。

现实环境有时是特别险恶的，微弱的个体生命无法应对污泥浊水，智者就自辟“净土”，安置自己的灵魂。沈从文在20世纪20年代从湘西凤凰小城来到北京，对文学非常执著，坚持写作。他的作品得到了郁达夫的肯定。1925年底，沈从文的作品又得到徐志摩的欣赏，徐在一篇文章中称沈为天才少年。“新月派”的代表人物大都是从欧美留学回来的知名文人、作家，他们对沈从文既欣赏又佩服，沈很快成为“新月派”的重要成员。

20世纪50年代，我国的文艺方针是写工农兵形象，用大众化语言，坚持政治标准。这些不合沈从文的性格，他的写作风格与时代不合拍。沈从文没有像有些人那样违心地改变自己，以适应当时的文艺气候，他在迷茫之后回到内心世界，潜心研究起中国古代服饰。

沈从文的晚年，是在博物馆当解说员度过的。刚刚解放的时候，他曾考虑过出国还是留下来，最后他还是选择了留下来。按照沈从文的话说，他当时的状态，可以写出不逊于世界上任何一个最优秀的作家的作品。可是为了在那个年代保全自己，他放弃了一切写作，安安心心地做解说员。沈从文曾被安排在天安门扫厕所，原来握笔的手，改拿扫把，而且拿的是最脏的那种！1985年，一位加拿大留学生回国后在西交民巷附近社科院的一座高层公寓里采访沈从文。沈老坐在一个老式藤椅上，气色不错，很平和，总是笑眯眯的。他对记者说："说起来，在'文革'里我最大的功劳是扫厕所，特别是女厕所，我打扫得可干净了。"

沈从文以"自净其身"来净化众人排泄之所，何尝不是一种"净众生心"的高尚境界？所以，身处特殊的环境，与其同流合污，不如自洁心灵。竞争中累了、烦了，还自己心灵一块净土，给自己一个空间，然后好好地思考，好好地默想。这一刻，自己属于自己，不属于任何人和任何事。

保持身心宁静和谐

凡欲身之无病，必须先正其心，使其心不乱术，心不狂思，不贪嗜欲，不着迷惑，则心君泰然矣。心君泰然，则百骸四肢虽有病，不难治疗，独此心一动，百患为招，即扁鹊华佗在旁，亦无所措手矣。——《益州老人书》

有一位虔诚的佛教信徒，每天都从自家的花园里采撷鲜花到寺院供佛。一天，当她正送花到佛殿时，碰巧遇到无德禅师从法堂出来。

无德禅师非常欣喜地说道："你每天都这么虔诚地以香花供佛，照经典记载，常以鲜花供佛者，来世当得庄严相（端庄肃穆）的福报。"

信徒非常欢喜地回答道："这是应该的，我每次来寺礼佛时，自觉心灵就像洗涤过的清凉，但回到家中，心就烦乱了。作为一个家庭主妇，如何在繁嚣的尘市中保持一颗清净纯洁的心呢？"

无德禅师反问道："你以鲜花献佛，相信你对花草总有一些常识。我现在问你：你如何保持花朵的新鲜呢？"

信徒答道："保持花朵新鲜的方法，莫过于每天换水，并且于换水时把花梗剪去一截，因花梗的一端在水中容易腐烂，腐烂之后水份不容易吸收，花就容易凋谢。"

无德禅师道："保持一颗清净纯洁的心，其道理也是一样，我们生活的环境像瓶里的水，我们就是花，惟有不停地净化我们的身心，变化我们的气质，并且不断地忏悔、检讨，改进陋习、缺点，才能不断吸收到大自然的食粮。"

要达到身心和谐统一的境界，就要让身心处于相对的单纯状态。人每天接受大量的信息，不净化人就会被“污染”。生活中有太多痛苦与欢笑的泪水，掬一把给心灵洗个澡。要常常观照心灵，抚摸心灵，也就是和心灵对话。给自己松绑，在一片宁静里，问问自己真正需要什么？喜欢什么？想躲避什么？为什么活得累？为什么患得患失？你的心还能被什么所激动？它是敏感的，还是已经麻木了？

有个信徒问慧海禅师：“您是有名的禅师，可有什么与众不同的地方？”

慧海禅师答道：“有。”

信徒问道：“是什么呢？”

慧海禅师答道：“我感觉饿的时候就吃饭，感觉疲倦的时候就睡觉。”

“这算什么与众不同的地方，每个人都是这样的，有什么区别呢？”

慧海禅师答道：“当然是不一样的！”

“为什么不一样呢？”信徒问道。

慧海禅师说：“有人吃饭的时候总是想着别的事情，不专心吃饭；有人睡觉时也总是做梦，睡不安稳。而我吃饭就是吃饭，什么也不想；我睡觉的时候从来不做梦，所以睡得安稳。这就是我与众不同的地方。”

慧海禅师继续说道：“世人很难做到一心一用，他们在利害中穿梭，囿于浮华的宠辱，产生了‘种种思量’和‘千般妄想’，所以活得如同煎熬。”

无论儒家、道家，还是佛家都认为人做到“一”是最高的境界，孔子说“以一贯之”，老子说“得一而宁”，惠能说“无二之性，是为佛心”。心无杂念，事业易成。

人若在生活的表象停留不前，无不成为生命中最大的障碍，因为生活的表象容易使人迷失自己，产生众多的念头。和尚多长寿，其重要的原因就是面壁坐禅时，全身放松，意念归一，躯体与精神趋向协调，从而增强了神经中枢支配全身组织生理活动的能力，达到疏通经络，调和气血的效果。

梁漱溟先生，一生坎坷多难，但晚年却被誉为健康长寿老人。他深受佛教文化影响，“无我为大，有本不穷”，即把个人名利看得很淡，不患得患失，只要“有本”——有了健康身体和学问功夫，其它都是身外之物。他“情贵淡，气贵和”，即不感情用事，不动怒，不生气，守住那心灵的一片净土，悠闲地、细细地品味人生，享受平静的生活。

享受宁静，就要保持心境平和，心理平衡，在宁静中使内心获得愉悦温暖，解除心中的烦恼。思想在宁静中提高，灵魂在宁静中净化，知识在宁静中积累，身体在宁静中康健。有了这种境界，就会在名利场中耐得住寂寞，就会抛掉心中的“病块”，去掉心中的烦恼，就会吃得香，睡得好，进而保持身心健康。

经常检查一下自己

自疾不能救，焉能救他疾？

——《维摩诘经》

禅宗主张“反观自照，明心见性”。“观”字由“又”、“见”组成，乃“又起正见”。“又起正见”是什么意思呢？就是将过去的心灵反向清扫，改变原来不好的人生观。不改变不好的人生观，是不可能觉悟的；不清扫自己的心灵垃圾，人就不可能祛除疾病，也不可能转变命运。

《心地观经》中说：“三界之中，以心为主，能观心者，究竟解脱，不能观者，永处缠缚。”五祖弘忍说：“不识本心，学法无益。”

一个人是否有境界，看他如何对待和处理自己与他人的关系。人总爱找别人的毛病，不爱找自己的毛病。所以智慧难得，而小聪明泛滥。佛教鼓励人们时时反观自照，高度谨慎地注意自己的心灵状况，不要被小聪明误了身家性命。

有一个有特长和能力的人，可是事业却难以成功。为此他孤独痛苦，思想徘徊。后来一位禅师听了他的陈述，一语点破他造成困境的原因，他才意识到问题的症结到底在哪里。这之后，他很少谈自己如何高明，而多听他人说话，因为他人也有很多事情要吹嘘，而夸耀自己的成就远比听别人吹嘘更令他们兴奋。他从此与人闲聊的时候，总是先请对方滔滔不绝地把他们的欢乐炫耀出来，与其分享，而只是在对方问他的时候，才谦虚地说一下自己的成就。这一来，他的人际关系越来越好，无论上司、同事还是下属，无不乐意与他交往。当他晋升的时候，没有一个人说闲话。

一个人高明不高明，不能故意做给别人看。实际上人们心明眼亮，会看出谁高明。你在意自己的高明而见人就“孔雀开屏”似的显摆自己，到最后，你的羽毛会被人扯光。所以，在与人交往时，假如你确实比对方高明，别人是看得到的，但你不必试图证明你的高明。比方说，有人说了一句你认为错误的话，或者做了一件你认为错误的事，这时，你告诉他正确的应该是什么，无形中将对方摆在学生的地位，而自居为老师。除非你真的是他的老师，否则他必然不服气。即使你真的是他的老师，他同样会在心里存有异议。

智慧者不显示高明，是因为他时时换到对方的角度来看自己，发现自己的毛病和缺点，然后进行改正。这种“反观自照”就是自己对自己打扫除，扫除骄傲自满、刚愎自用等等“垃圾”。我们来看一个禅宗故事：

秋天的傍晚，鼎州禅师和一个沙弥在庭院里散步，突然刮起一阵瑟瑟秋风，树上的叶子纷纷扬扬地飘落下来。

禅师弯下腰，将树叶一片片地捡起来，放在口袋里。一旁的小沙弥说：“师父，不要捡了，反正明天一大早，我们都会打扫的。”禅师说：“现在捡一捡，落叶就会少一些。”

小沙弥不服气地回答道：“师父，落叶那么多，您前面捡，它后面又落下来，您怎么捡得完呢？”

鼎州禅师边捡边说：“落叶不光是地面上，还落在我们心上啊！地上的落叶捡不干净，我捡我心地上的落叶，终有捡完的时候！”

沙弥听后，终于懂得禅师为什么总是那么平静和慈祥了。

人的生命上空落下的不仅有枯黄的树叶，还有其它东西，如果日日积累而不清扫，那么就会被其遮蔽和覆盖，看世界不再清晰，人的生机渐渐丧失，心量因充塞落物而越来越小。

所以，有一片落叶就及时把它捡掉，不等它堆积起来。日日捡显得很轻松，而等堆积之后再动手就困难了。心地干净，生命清澄，人生充满活气。

历史上，曾国藩是一个最善于反观自照的人，他到了50多岁的时候，还写文章骂自己没有能够克服“懒惰”这一弱点。他说：“知道自己的过失，就立即自己承认，自己改正，而没有丝毫的掩饰之心，这是最难的事情。豪杰之所以成为豪杰，圣贤之所以成为圣贤，就是在这些地方光明磊落，超出常人。”

曾国藩与郑小珊产生了隔阂，他反省自检之后主动到郑小珊家承认错误。当晚，他在日记中写道：“小珊虽与予有隙，细思皆我之不是……此事余有三大过：平日不信不敬，相恃太深，一也；此时一语不合，忿恨无礼，二也；龃龉之后，人反平易，我反悍然不近人情，三也。……谨记于此，以为切戒。”这种认真检讨自己、勇于承认错误并深挖思想根源的精神境界是很高的。

第十七章

自性显现悟性

在佛教史上，人的“自性”达到“悟”的过程，存在过争论，一种认为“悟”是一个渐进的过程，主张这种观点的称为渐教。一种认为“悟”是一个瞬间的过程，主张这种观点的称为顿教。这就是佛教禅宗史上的渐教和顿教之争，最后，顿教取得最终胜利。也就是现在人们常说的，觉悟是一个顿悟过程。

灵光一闪的“顿悟”

菩提般若之智，世人本自有之，只缘心迷，不能自悟。——《六祖坛经》

佛是什么？就是觉悟了的人。所以佛家的修持，“悟”是结果。禅宗讲“顿悟”，“见性成佛”，认为每个人都具备般若智慧。有的人只因心迷惑了，所以没有开悟。要开悟就得戒除一切贪妄嗔念。

一般来讲，人先有感性，再有理性，进而有悟性。这与佛教的觉悟模式——“戒、定、慧”是相符合的。所谓感性，是指感觉上的认知，理性是逻辑上的抽象与总结，只有在理性层面上，才能进行悟化。也就是说，形成新的认识，思维是跳跃式的。

悟性认识包含了人们从理性认识中提取出来的模式，是学透了的能灵活应用的知识，是完全属于自己个性所有的知识，更是人们在理性认识中亲切感受到的真谛。我们在身边可以看到，没有悟性的人，书越读越笨，成了书呆子。

禅宗在唐代六祖惠能手中得到中兴，他主张“顿悟成佛”，即刹那间的觉悟便可成佛。惠能摈弃了“戒”,而且抛弃了形式上的“定”(《坛经》讲“戒”，叫“无相戒”，即“心地无非自性戒”；讲“定”是“心地无乱自性定”)，直接把“悟般若三昧”的“禅定”称之为“定”，并将此同“慧”看作“体一不二”的体用关系。这样，成佛就不难了，每个人都可以“顿悟成佛”。

赵朴初先生认为，惠能创造的这种“定慧一体”学说，并以此为基础的禅宗思想精髓——真如缘起，既未“离经”，也未“叛道”，而正是根据佛教认识论最根本的“缘起论”所形成的。因为释迦牟尼对“缘起”所下的定义是——“若此有则彼有，若此生则彼生；若此无则彼无，若此灭则彼灭”——而惠能将定、慧融为互存一体的体用关系，不仅升华了传统教义“因定发慧”的“因缘”关系，而且从“真如缘起”的认识论真正复活了佛陀的证悟精神。

据《六祖坛经》记载，卧轮禅师作偈语说：“卧轮有伎俩，能断百思想，对镜心不起，菩提日日长。”惠能听到后，批评这一偈并没有说明人心的妙用，依此而行，只能给人增加束缚，并作偈曰：“惠能没伎俩，不断百思想，对镜心数起，菩提作么长。”所以，真正的“顿悟”就是从某件平常小事中体会到“原来如此”，并触类旁通，任心逍遥。这样，一切变成“原来如此”，内心就一片通明，眼前的一切就充满生机，心灵与外物接触就会产生难以言说的愉悦感。

体会到“顿悟”的意义，“成佛”也就是一件水到渠成的事情。但要分辨“真佛”与“假佛”，还需一双如来法眼。民国时期有个叫杨度的人，自称“我即是佛，佛即是我”，虽然禅宗中有“人人皆可成佛”的说法，但杨度有没有成佛呢？无从得知。至于自己有没有成佛，则要看看自己有没有达到真正的“顿悟”。

我国传统艺术创作，在创作源泉上特别强调心灵的领悟和感受；在表达境界上注重物我如一，情致与外境相融合；在创作方法上重灵感、重对景物的独创见解；在表现形式上常托物寓意、借境抒情。而禅宗所讲求“万法在自性”的心性论和强调直觉、感应、联想的“顿悟”思维特征以及注重比喻、象征、暗示的“教外别传”的授教方式，与我国注重主观抒情的传统审美艺术理论有很多契合相通之处。

所以，禅宗崛起后，谈诗如谈禅，蔚然成风。一大批文人墨客，强调心灵对外物的决定作用，不为物役而心为物宰，通过直觉，顿悟本心，让生命之流活泼欢畅，以进入自由的人生境界。他们在咫尺之间，了悟对象机缘，以禅理悟绘画，以绘画悟禅理。

生活中，无论是搞艺术创作、进行科学研究，还是平常的学习、工作，都离不开悟性，而“顿悟”犹如灵光一闪，是珍贵的，要抓住它，不可让其流失。

说起可口可乐的玻璃瓶包装，至今仍为人们所称道。1898年鲁特玻璃公司一位年轻的工人亚历山大·山姆森在同女友约会中，发现女友穿着一套筒型连衣裙，显得臀部突出，腰部和腿部纤细，非常好看。约会结束后，他突发灵感，根据女友穿着这套裙子的形象设计出一个玻璃瓶。经过反复的修改，亚历山大·山姆森不仅将瓶子设计得非常美观，很像一位亭亭玉立的少女，他还把瓶子的容量设计成刚好一杯水大小。瓶子试制出来之后，获得大众交口称赞。有经营意识的亚历山大·山姆森立即到专利局申请了专利。

日本有个经营饮食小店的人，名叫安藤，他每天看到许多人在饭店前排长队，等吃热面条，但面条要一碗一碗地做，顾客只有焦急地等待，浪费时间，很不方便。他便想到能否做出一种开水一冲就可以吃的面条，经过三年的努力终于发明了“方便面”。

当然，能够“顿悟”的人，一定是个有心人，否则灵感是不会光临他的。因为思维的重要特征之一便是意识控制性，即意志性。任何形式的思维，无论是形象思维和抽象思维，还是创造性思维和重复性思维，以及逻辑思维和非逻辑思维，都是在人的意识控制之下进行的。正如禅宗的“顿悟”来自“外离相即禅，内不乱即定，外禅内定”一样。

慢慢明白的“渐悟”

神秀偈：身是菩提树，心如明镜台，时时勤拂试，莫使惹尘埃。

——《六祖坛经》

佛教的主要内容是三学，即：戒学，定学，慧学。戒是指戒律，有所不为才可有所为，在语言、行为、思想等三个方面防止过失。定是禅定，即专心致志，屏除杂念，心住一境，观悟四谛。也就是让内心真正静下来。慧是智慧，是顿悟的实现，即洞察一切真相，获得智慧解脱。

中国禅宗史上有一桩很著名的公案，就是五祖弘忍大师命门下弟子作悟道偈，凭以传授心法和衣钵的事。当时大弟子神秀法师作如是偈："身是菩提树，心如明镜台；时时勤拂拭，勿使惹尘埃。"

而后来成为六祖的惠能却另题一首意境更超远的诗偈："菩提本无树，明镜亦非台；本来无一物，何处惹尘埃？"

神秀的禅语，叫渐悟，他不同于惠能的"顿悟"，主张循序渐进，慢慢开悟，急不得。按神秀的偈语，是指人心多有不静，往往沾染一些社会尘垢，所以要用心经常去观察行为思想，有不对的地方便拂拭。

神秀发现学禅的人容易犯的一个毛病就是不肯切实下修行转化的功夫。有些人甚至自以为是千古第一具大慧根的人，视自心田上的习气为无物，坐在那里便妄思妄求本性光明，妄持无念状态，视之为做功夫。有些人读了几部经典、背了禅师语录，便视佛的境界、禅师的见地为自己的境界、见地，倒果为因，把他人辛苦修行证得的成果当做自己因地修行的方法，一打坐便在那里妄求经典上的境界，思量禅师的语录。有些人平常日用不持戒，不律己，不反观自照，却妄称"平常心是道"，"随波逐浪"，"酒肉穿肠过，佛在心中坐"等等。其结果是习气未转得分毫，修行未有寸进，反因学了许多口头禅、法语，心田中添了更多荆棘。

神秀与惠能从不同的侧面和层面谈到各自对修行的看法，佛徒们有些人传承惠能衣钵，有些人走神秀的道路，于是形成了南（惠能）北（神秀）两个宗派，争辩不休，相互辉映。有人说，"顿悟"是上上根基的人修炼的法门，而"渐悟"是中中根基和中下根基修炼的法门。

禅宗"渐悟"与"顿悟"的道理，结合了中国哲学，又高深又通俗。渐悟多了才有顿悟的机会。南怀瑾先生说："禅学里，悟是一种状态，我则以为人生就是在渐悟与顿悟之间的一个过程。人生路有很多，所谓的'渐悟'就像是走平路或上坡路，平滑而连贯，所谓的'顿悟'就像是走楼梯，分层而跳跃；世上终归是平路多，所以大多数人都是连贯性思维，即所谓的'渐悟'。楼梯总是分布在很少的地方，所以说跳跃性思维的人就少，即所谓的'顿悟'

的人比‘渐悟’的人少。顿悟譬如一刀劈开卷心菜，直见菜心；渐悟正如剥开卷心菜叶，一层一层地剥，剥到最后，始见菜心。”

人生需要勤奋与觉悟。勤奋与觉悟的关系很像苹果落到牛顿的头上——牛顿发明了万有引力定律，牛顿在此之前肯定有很多勤奋在前面做铺垫，在这一刻聪明爆发，这两个加起来才能觉悟，忽然上了一个层次。

李苦禅先生是我国现代杰出的大写意花鸟画家。他一生从事美术创作和美术教育工作达60余年。李苦禅一生，坎坷多于平坦，内敛多于豪放，做事投入，其画风也是在扎扎实实地走国画大写意之路。

李苦禅原名为李英杰，蜚声天下的“苦禅”是在北平艺术专科学校的时候，同班的林一庐为他起的。林一庐是一位虔诚的佛门弟子，却与英杰十分投缘。他认为佛门有苦、集、灭、道“四谛”之说，于李苦禅身上颇能印证。他体察李苦禅的心境，发现他“禅定于心，始终可缘理慧行，必将解脱，得大自在”，故此为他起名“苦禅”。

李苦禅走的是“渐悟”的道路，他的作品继承了中国画的优良传统，吸取石涛、八大山人、扬州画派、吴昌硕、齐白石等前辈的技法，并融中西技法于一炉，渗透古法又能独辟蹊径，在花鸟大写意绘画方面发展出了自己独到的特色。他以松、竹、梅、兰、菊、石、荷花、八哥、鸬鹚以及雄鹰等等作为题材作画。他由“鱼鹰立石”的形象联想到了八大山人的《乌瓜图》——乌黑的老鸦立于大瓜之上，颇有气势；继而想到了八大山人笔下，常以墨禽栖于圆石枯木之上，似是《乌瓜图》形式的扩衍，遂设想：八大山人的画风以圆浑见长，自己何不以方棱取胜？

于是，李苦禅保留八大山人的“黑白灰”——墨禽、空白和富于动感而凝重的石头，构成单纯而明快的效果，但石头配景多夸张成方棱之形；或近梯形，或为不规则三角形、四边形、多角形与方圆并用之形。这样，一种大写意花鸟画新时代的造型模式诞生了！在这中间，他特选的大写意禽鸟题材系列也相继出现了。他戏称为“大黑鸟们”，即由鱼鹰而派生的鹰、鹭、鸦、苍鹭、黑鸡、八哥、雉与秧鸡等等。

李苦禅笔下的花鸟，既有一定写实的成分，但又不是对自然物象纯客观的描摹，而是高度凝练之后的再创造。在看似随意中蕴含着朴拙之气，在自然含蓄中蕴含着阳刚之气，他的运笔线条如行云流水，苍劲朴拙，笔法凝练简约，却意趣盎然。笔墨纵逸豪放、雄健磅礴。他的作品尤其到了晚年，愈加返朴归真，雄健苍劲，笔墨挥洒中已经达到了“笔简意繁”的艺术境界。

不仅仅作画，做任何事情，成功总是属于有准备的人，所以平时一定要勤奋，在实践中渐渐悟出道理，悟出方法。

在生活中悟出道理

既能自觉，复能觉他，觉行圆满，故名为佛。道言自觉，简异凡夫，云言觉他，明异二乘，觉行究满，彰异菩萨，是故独此偏名佛矣。

——慧远《大乘义章》

禅悟是主体实践。禅悟必须亲身体验，才能获得。所谓真参实悟、如实亲证真如法界，才是禅悟的真功夫。用现在的话说，就是要亲自体验，在生活中感受。

慧忠禅师有一次问紫璘供奉（僧官职称）道：“供奉学佛多年，‘佛’是何义？”

紫璘不假思索，随口回答道：“佛者，是学悟之义。”

慧忠禅师进一步问：“佛会迷吗？”

紫璘不以为然，忍耐着反问慧忠禅师：“已经成佛，怎会迷呢？”

“既然不迷，觉悟作什么呢？”

慧忠禅师的反诘，紫璘供奉无语可对。

又有一次，供奉在批注《思益梵天所问经》，慧忠禅师就说道：“批注经典者，必须要能契会佛心，所谓上契诸佛之理，下契众生之机，才能胜任。”

紫璘不悦地回答：“你说得不错，否则我怎么会下笔呢？”

慧忠禅师听后，就要侍者盛一碗水，水中放 7 粒米，碗面放一双筷子，然后问紫璘供奉这是什么意思？

紫璘茫然不知，无语可对。慧忠禅师终于不客气地训诫道：“你连我的意思都不懂，怎说已经契会佛心呢？”慧忠禅师的水米碗筷，已经说明，佛法者不离生活也，离开生活，则要佛法何用？紫璘供奉远离生活批注佛经，则离佛心远矣。

六祖惠能说：“佛法在世间，不离世间觉，离世求菩提，犹如觅兔角。”

平常人要提高自己的悟性，不可离开生活，脱离实际。有一句名言“艺术来源于生活，高于生活”，说得很有道理，因为一切的所谓“艺术”都是人眼中的艺术。人是生活的产物，人的全部鉴别标准当然也是生活的产物，所以说完全脱离生活的所谓艺术不可能与人的鉴别标准接轨，逆而论之，人类艺术必来源于人类生活。

老舍先生在一篇文章中说：“为什么自己没有把戏写好呢？检查起来，主要有两个原因：第一是生活不够。例如，过去写过关于女店员生活的戏，由于只是从表面上去写，对生活没有很好地深入进去，因而感人不深。又如，算是比较完整的一个戏《全家福》，原意是要歌颂人民警察的，可是对人民警察的了解很不够。也不是不想去了解，看到他们的工作很紧张，就有点不好意思去纠缠，因此，剧中人物写得不够深刻动人。在我写的戏中，往往是老人老事气氛多，新人新事气氛不够。如果能够深入生活，我想，戏是能写好的……”

老舍写《茶馆》，让社会上不分身份、地位、行当的几乎所有人都可以自由出入的老式茶馆，使之成为最能叫人号准社会脉搏的敏感点。茶馆好比五行八作的精神纽带，自然而然地就能显示出芸芸众生的生存状况。老舍依仗着茶馆在浓缩社会生活焦点方面的关键位置，把这个不可多得的人生舞台，艺术地叠印到话剧舞台上，让它从容地承载历史再现历史，这样的创意谋划，真可谓是超凡脱俗、空山足音。而它的艺术灵感却是来源于他平时对生活细心的观察，有了启悟，形成构思，然后创作出了一部传世作品。

老舍在谈《茶馆》的时候说过：“我的确认识《茶馆》里的那些人，好像我给他们都批过‘八字儿’与婚书，还知道他们的家谱。因此，他们在《茶馆》里那几十分钟所说的那几句话都是从生命与生活的根源流出来的。”这说明老舍对《茶馆》里边各色人等的认识早就深入到了他的骨子里，这才可能把《茶馆》写得如此逼真、传神。

不昧于无见之物

凡将心求法者为迷，不将心求法者为悟。 ——达摩《悟性论》

看不见不等于不存在；存在的东西不一定能看见。

弟子问佛祖：“您所说的极乐世界，我看不见，怎么能够相信呢？”佛祖把弟子带进一间漆黑的屋子，告诉他：“墙角有一把锤子。”弟子不管是瞪大眼睛，还是眯成小眼，仍然伸手不见五指，只好说我看不见。佛祖点燃了一支蜡烛，墙角果然有一把锤子。“你看不见的，就不存在吗？”佛祖问。弟子顿悟。

人的生理是有局限性的，视觉、听觉、嗅觉等等方面的能力不如有些动物，所以未知世界引起了人们去思索、探索。不要因为“看不见”就认为“不存在”，这样会束缚自己思想触角的延伸。

1905年爱因斯坦创立狭义相对论，给人类带来了时空观的变革，从此时间、空间变成了“相对之物”。“天才是百分之九十九的汗水加上百分之一的灵感。”爱因斯坦所以取得伟大的成就，除了勤奋，更重要的是他相信“看不见的未知世界存在着什么”，于是不受传统观念束缚，敢于冲破禁区而创立新说。

爱因斯坦还在少年时代，就把自己想象成一个追赶光线的人；关于光线的想法引出了狭义相对论。他又设想：假如吊索断了，一架升降机坠入深谷，里面的乘客会有什么感觉？这个想法导出了广义相对论。科学理论的发展，不是拆了旧房盖新房。创立一个新理论就像登上一座高峰，视野扩大了，原来隐蔽着的东西被发现了。原有的理论仍然历历在目，只是显得小了，成了广阔视野中的一小部分。爱因斯坦在登上狭义相对论和广义相对论的高峰以后，没有满足，没有停顿。他环顾四周上下，看到宇宙间无比壮丽的景色，拍拍身上的尘土，又准备攀登新的高峰——统一场论。这是相对论的第三阶段。他希望把引力场和电磁场统一起来，而且希望这统一的场能够解释量子力学所不能解释的问题。

爱因斯坦最反对这样的科学家，他们“拿起一块木板，寻找最薄的部位，在容易钻孔的地方，钻上许许多多孔”。而他却把自己的“钻头”，对准统一场论上最厚最厚的地方，希望把电磁力和引力统一起来，给物质结构一种统一的解释。他也知道统一场论不会在自己手里完成。可是他认为：“在科学上，每一条道路都应该走一走。发现一条走不通的道路，就是对于科学的一大贡献。科学史只写某某人取得成功，在成功者之前探索道路，发现‘此路不通’的失败者统统不写，这是很不公平的。那种证明‘此路不通’的吃力不讨好的工作，就让我来做吧。”他给比利时王太后伊莉莎白的信里是这样写的：“留给我的事情是：毫不悯惜自己，研究困难的科学问题。那个工作迷人的魔力，将持续到我停止呼吸。”

爱因斯坦不仅是这样写的，也是这样做的。他在神圣的好奇心的驱使下，勇敢地深入探索宇宙。他探索了几十年，直到最后一息。

与爱因斯坦同一时代的毕加索在另一个世界，即艺术领域“悟”出了巨大成就。1907年，毕加索完成了代表作《亚威农少女》，这幅画完全颠覆西方绘画的透视观念，少女的五官、肢体都发生了扭曲变形，从不同视角看到的形象出现在了同一幅画面上。

毕加索当时并不知道狭义相对论，但他的画为何传递出时空相对的观念呢？这证明了科学和艺术都是人类探索未知世界的方式。在同一个历史文化背景下，爱因斯坦和毕加索都“悟”到了传统时空观有问题，就在各自的领域对它进行了革新。

霍金用睿智的思想、平易的语言写出了一部《时间简史》，他所展现的世界，充满思考与未知，发人深省。另外一本书还从宇宙力的演化角度论述了宇宙的末日和起源之谜，首次论述了宇宙创生的六大事件，并建立了比黑洞更为奇异的幻星理论。从幻星现象推导出光的不同速度、光子的细微结构，建立了宇宙终极粒子模型。这是本宇宙最细微的物质粒子！不过我们永远也看不见，但宇宙就是由这些看不见的终极粒子构成我们看得见的物质，包括我们的身体！

佛陀是个“人性”至极的人，而不是神。释迦牟尼曾说自己只是个单纯的人，而不是神。他在《般舟三昧经》中说：“不得事余道，不得拜于天，不得祠神鬼，不得视吉良日。”人的智慧取决于“戒、定、慧”，最聪明的人大觉大悟。因为人目光所及的范围有限，故而，我们要让自己看到更多更宽广的世界，不再拿看不见就不存在当做借口，要不断地去“悟”，去开发自己的思维，以便看得更远更深！

在观察中提高悟性

心生欢喜，叹未曾有，廓然大悟，得无生忍。

——《观无量寿经》

“大彻大悟”与“开悟”程度不同。“开悟”是觉悟之始，而“彻悟”是觉悟之成。用什么衡量觉悟之成呢？回答三个字：“无生忍”。指了悟诸法不生不灭的道理，得以晋升菩萨阶位。

我们凡人悟性的提高，也有个从“开悟”到“彻悟”的过程。达到彻悟的人，学什么都容易，正所谓“殊途同归，万法唯心”。佛教说“万法唯心”，是对人最充分的尊重和肯定，即每个人都可以彻悟成佛。人脑在漫长的进化过程中，通过不断的运动，接受外界各种信息，增长各种智能，最终形成一个完整的超巨系统。随着世世代代的基因相继遗传，这种智能对于每个人可以说是与生俱来的。悟性是人脑智能更深层的体现，它与形象思维及逻辑思维虽然不同，但却又与之相关。

悟证宇宙与生命某些根本问题，有一种直觉方法，那就是观察、审视。悟者所认识的事物可能是本质的，非现象的；单纯的，非杂染的。事实证明简单性往往是自然界复杂性的基础；进化过程通常把简单性蒙上很多附加物，要见到潜在的简单性通常要长期观察、揣摩。

文与可画竹，就是这样一个证悟过程。苏轼在《文与可画筼筜谷偃竹记》一文中说：“故画竹，必先得成竹于胸中。”文与可是北宋画家与诗人，四川省梓潼县人，他特别擅长画竹子，有“墨竹大师”之称。而他的成就来源于他对竹子观察之中的独特之“悟”。

文与可学画非常认真，为了画好竹子，他在窗前种了许多青竹，每天都仔细观察竹子的枝叶状态和生长情况，了解竹子在不同季节和不同天气里的形态变化。经过长期的种竹实践和观察、揣摩，他不仅对竹子的特性了如指掌，而且在脑海里形成了各种各样竹子的形象。正因如此，在他动笔作画之前，要画什么样的竹子，怎样构图、着墨，他心中早就有了轮廓，不必费尽心思，反复琢磨，而能一挥而就，挥洒自如，出色地画出各式各样的竹子。

竹子开始生出时，只是一寸高的萌芽而已，但节、叶都具备了。文与可发现一般人画竹都是一节节地画它，一叶叶地堆积它，哪里还会有完整的、活生生的竹子呢？所以他认为画竹必定心里要先有完整的竹子形象，拿起笔来仔细看去，就看到了自己所想画的竹子，急速起身跟住它，动手作画，一气呵成，以追上自己所见到的，如兔子跃起奔跑、隼俯冲下搏，稍一放松就消失了。于是，他的画作名扬四方，人们纷纷来求画。

观察是需要花时间和精力的，需要培养浓厚的兴趣，这样才有可能得到新“悟”。

法国昆虫学家法布尔通过长期耐心的观察，“悟”出了一部影响深远的著作《昆虫记》。法布尔出生于法国普罗旺斯的圣雷恩村一户农家。此后的几年间，他是在离该村不远的马拉瓦尔祖父母家中度过的，当时年幼的他已被乡间的蝴蝶与蝈蝈儿这些可爱的昆虫所吸引。

1879 年，法布尔买下了塞利尼昂的荒石园，并一直居住到逝世。这是一块荒芜的不毛之地，但却是昆虫钟爱的土地，除了可供家人居住外，那儿还有他的书房、工作室和试验场，能让他安静地集中精力思考，全身心地投入到各种观察与实验中去,可以说这是他一直以来梦寐以求的天地。就是在这儿，法布尔一边进行观察和实验，一边整理前半生研究昆虫的观察笔记、实验记录和科学札记，完成了《昆虫记》。

由于《昆虫记》中精确地记录了法布尔进行的试验，揭开了昆虫生命与生活习惯中的许多秘密，达尔文称法布尔为“无法效仿的观察家”。法布尔生动详尽地记录下昆虫的体貌特征、食性、喜好、生存技巧、蜕变、繁衍和死亡，然后将观察记录结合思考所得，写成详细确切的笔记。

法布尔的悟性之高，还体现在《昆虫记》不同于一般科学小品或百科全书，它散发着浓郁的文学气息。除了介绍自然科学知识以外，法布尔利用自身的学识，通过生动的描写以及拟人的修辞手法，将昆虫的生活与人类社会巧妙地联系起来，把人类社会的道德和认识体系搬到了笔下的昆虫世界里。他透过被赋予了人性的昆虫反观社会，传达观察中的个人体验与思考得出的对人类社会的见解，无形中指引着读者在昆虫的“伦理”和“社会生活”中重新认识人类思想、道德与认知的准则。这是一般学术文章中所没有的，但却是文学创作中常见的。

《昆虫记》不是作家笔下创造出来的世界，所叙述的事件都来自于法布尔对昆虫生活的直接观察，有时甚至是某种昆虫习性的细枝末节。全文用大量笔墨着重介绍了昆虫的生活习性，但并不像学术论著一般枯燥乏味。语言朴实清新，生动活泼，语调轻松诙谐，充满了盎然的情趣和诗意。法布尔对自然界动植物声、色、形、气息多方面恰到好处的描绘，令读者融入了 19 世纪法国南部普罗旺斯迷人的田园风光中。他还在描写中使用大量栩栩如生的比喻，此外，他凭借自己拉丁文和希腊文的基础，在文中引用希腊神话、历史事件以及《圣经》中的典故，字里行间还时而穿插着普罗旺斯语或拉丁文的诗歌。

在现实生活中，人的悟性是很重要的，虽然不可能所有人都具有先见之明，但至少我们应该遇事有“现见之明”——对身边的人和事保持一定的敏感性，对细节活动保持高度的体察性，这就是悟性。

打破常规，拓展思路

凡迷者迷于悟，悟者悟于迷。——达摩《悟性论》

迷（无明）就不悟，悟（法性）就不迷。不迷，就是圣者；不悟，就是凡夫。迷和悟是相对的，既可从“无明”的状态中获得“法性”，又可能从“法性”中回到“无明”。例如有人对某种学问好像有悟性，可是使劲地钻研一番，却越学越糊涂、越辨越迷惑。

著名哲学家冯友兰把人生分为四种境界：自然境界、功利境界、道德境界、天地境界。最高的境界就是天地境界，要求人应当有相当高的觉解，认识到自己不仅是社会的一员，同时还是宇宙的一员。而人的这种觉解，从某种程度说，与佛教的“悟”是一致的。中国哲学最高境界认为：人有了高度觉解，他就是在“觉悟”状态下做他所做的事，而其他人是在“无明”状态下做他所做的事。佛教禅宗认为：“觉”乃万妙之源，其实就是哲学认为的由觉而产生的意义，构成了最高的人生境界。

在悟性的过程中，对于宇宙万物变化，是不落因果，却又不昧因果；对于时间三际迁流，是不辨春秋，却又不无春秋；对于空间四维上下，是不居内外，却又不离内外。所以，悟性的提高在于开拓思路，而不要“一条道走到黑”。往往打破常规，别有洞天。

苏东坡有一次过济南龙山镇，那里的监税官宋宝国拿出一册王氏所写的《华严经解相》给他看，并对苏东坡说：“这位王公修道已到了极致了。”

苏东坡就问宋宝国说：“《华严经》一共有八十卷，王氏怎么只解了一卷呢？”

宋宝国说：“王氏对我说，只有这一卷是佛语奥妙，其余的都只是菩萨所说的话，没有什么可观。”

苏东坡听了，心里觉得非常奇怪，就说："我从《大藏经》里取几句佛陀说的话，再取几句菩萨说的话放在里面，你能分辨出其中那些是佛说或菩萨说的吗？"

"我不能分辨。"宋宝国说。

"不仅你不能分辨，王氏也不能分辨。我从前住在岐下，听说沂阳的猪肉味道最美，就派人去买一头猪回来，派去的人那天喝醉了，他买的猪跑了，他只好随便买一头猪来给我。我不知道他带给我的猪不是沂阳猪，结果我就烹制那头猪的猪肉来请客，并告诉大家那是好不容易从沂阳带来的猪。所有的客人吃了猪肉都大大叫好，认为是别的猪肉不能相比的美味。这时，我派去的人说沂阳猪跑掉了。这时，所有的客人都感到吃的猪肉味道不地道了。"

停了一会儿，苏东坡接着说："从前买猪的事情，使我悟到，如果人一念清净，墙壁瓦砾都是无上法，是没有什么分别的。即使像买猪肉、娼妓唱歌这种卑微的事也能令人开悟。像王氏所说的，佛语奥妙，菩萨不能相比，这就像吃猪肉的客人一样，不是痴人说梦吗？"

宋宝国听了大表赞同说："是呀！是呀！"

这里，苏东坡用猪肉的比喻来破除对佛法的谬见，虽然有点过度，却颇有深意，就是念头清净的人见什么都是清净，心中有佛，所见皆是佛法，心中无佛，即使是佛亲口所说，我们也不能领会它的奥妙。有智慧的人，瓦砾对他都是无上法；没有智慧的人，无上法对他也是瓦砾。愚痴的人觉得黄金最珍贵，聪明的人知道石头有时比黄金珍贵，智者金石同一观。

苏东坡体会到这个道理，曾经写过两首有名的诗，一首是："溪声便是广长舌，山色岂非清净身；夜来八万四千偈，他日如何举似人。"另一首是："横看成岭侧成峰，远近高低各不同；不识庐山真面目，只缘身在此山中。"

从不同的视角，看出的现象是不同的，所以思路不畅的人不会有很高的悟性。提高悟性，就得打开思路，调换位置看问题。早在我国古代，便有很多不执著于常规的典型例子。宋代司马光砸缸的故事可谓是家喻户晓，然而人们更多的评价却是他的机智，却忽略他当时打破常规的思维方式和心态。设想，倘若司马光陷入常规思想的枷锁，另一个孩子极有可能便已淹死，所以在似乎凭一己之力难以解决的时候，他唯有打破常规，才有可能化险为夷，扭转乾坤。

在近代，进化论的创始者达尔文也是一个具有创造精神的人，在当时教会占统治地位，人们深信上帝不疑之时，他敢于创新，从科学的角度阐述了自己独特的观点，尽管在当时不能为人所接受，然而，他的学说最终成为生物界发展的主流，达尔文自己也因此名垂千古。

上升到哲学层面来看，佛教的“悟性”，其实是人对宇宙人生的不同看法，是从迷悟到小悟，再到大悟，直到大彻大悟，明心见性，见性成佛。佛就是对整个宇宙人生完全通达明了的人。

内心单纯“悟”得更快

理则顿悟，乘悟并消；事非顿除，因次第尽。——《楞严经》

悟性的提高，需要一颗单纯的心，单纯才易“明心见性”，因为人们长久以来形成的习气尚未除尽，一遇外缘，受到刺激而遮蔽本性。自己心地上的习气，必须通过切实的修行一步步转化。

也就是说，先“悟明本性”，才能悟明物性。一个人头脑不清，糊里糊涂，怎么会有悟性呢？那些所谓有“智障”的人，在某些方面却有很高的悟性，就是因为他相对来说本性习气少，内心世界单纯，以至生命中的天分发挥到了极致。所以，“悟明本性”对具体提高悟性是有帮助的，它能觉察自己的妄心、习气，发挥自性的力量，生起勇气、毅力转化习气。悟明本性，才能渐作主宰，不为环境、习气牵转，才有可能从六道轮回中解脱出来。

一位月光童子在很久很久以前曾经跟随水天佛修习“水观”。什么叫“水观”？所谓水观，“既见水已，当起冰想”，其中含有次第观想之意，先观想水，水观成功，再观想水把它结冰，“见冰映彻，作琉璃想”。水把它观想成结冰，见冰映彻就是内外通明，水是澄清之水，结成的冰不但澄清，还带光明。光明映照，内外通彻。冰的观想，观想成功，再作琉璃想，叫冰再变成琉璃。

月光童子已进入正定三昧，他先观照自己身中的水性，从涕泪唾液，一直到津液精血、大小便，这些在身内循环往复的水，性质都是一样的。然后，他知道了身体内部的水性与世界内外所有的水分，甚至香水、大海等等都没有差别。逐渐地，月光童子成就了水观，能使身水融化为一，但还没有达到无身空性的最高境界。

一天，月光童子在室内安禅，他的小弟子从窗外探视，只看见室中遍满清水，其它什么都没看见。小弟子不知道是师父坐禅，就拿了一片瓦砾丢到室内的清水里，扑通一声，以游戏的心情看了一会儿就离开了。

月光童子出定以后，觉得心里很痛，他想："我已经证得阿罗汉很久了，早就与病痛无缘，为什么今天忽然生出心痛这样的疾病，难道是我的修行退步了吗？"正在疑虑的时候，小弟子来看他，说出了刚刚看见满室清水丢入瓦砾的事。

月光童子听了，对弟子说："以后我入定的时候，如果你再看见满室清水，就立即开门走进水中，除去瓦砾。"后来他入定的时候，弟子果然又看见水，那片瓦砾还清晰宛然留在水里，弟子走进去把瓦砾取出，丢掉了。月光童子出定后，感觉到遍体泰然，身心恢复如初。

此后，月光童子跟随无数的佛学习，一直到遇见南无山海慧自在通王佛，才真正忘掉自身的名利得失，达到了"性合真空，无二无别"。因此他认为修行水观法门，是求得圆满无上正觉的第一妙法。

月光童子从水观而得到成就，他的水观修行甚深微妙，叫人很难体会。不过，从凡人的角度来看，这故事给我们带来一些清晰的认识，如同我们走到林下水边，面对着澄潭清水或湛蓝汪洋，大部分人都可以自然得到安静的心境，并且感觉到身心得到清洗。反之，如果我们走到污浊的水沟边，或看到垃圾在河中奔窜，必然也使我们觉得身心受到污染，这不仅是感觉问题，而是我们身心中有水性，会与外界水性发生感应。

当一个诗人进入诗歌构思中，往往会陶醉在艺术世界，心地非常清澈和单纯，心游万仞、精骛八极、神落九天之外，什么身份、地位、等级、富贵，都变得毫无意义。唐代诗人贾岛喜欢"路吟"，常常走在大路上，忽然灵思涌动，高吟起诗来。一天，贾岛乘空闲骑着瘦驴一路做诗，得到"鸟宿池边树，僧推月下门"两句，又想把"推"改为"敲"，用心揣摩不能定夺，以手作推敲之态，不知不觉撞上了韩愈车队。韩愈手下一拥而上，把贾岛拉到了韩愈马前。贾岛把具体情况如实相告，韩愈不仅没责怪，反而"立马良久"，帮着思考揣摩，认为"敲"字最佳。不只如此，韩愈还和贾岛一并骑马而归，谈诗论文到深夜，从此结为朋友。

没有一颗单纯的心，悟性是缺乏的，像茅草一样堵塞着，怎么会有觉悟呢？有一个僧人问希运禅师："什么是佛？"希运禅师回答："你的心是佛，佛就是心，心和佛没有区别，所以说心就是佛。如果离开心，另外再也没有佛了。”

唐代高僧临济禅师对弟子们说：“在我们的肉体中，有一无位真人，常通过我们的眼、耳、鼻、舌、意出出入入，也就是说出入于你们的所见之处、所听之处、所思之处。尚未自觉体认的，务必打开心眼好好看着它。”这时，有一个和尚问道：“无位真人是什么东西？”

临济走下禅床抓住和尚的胸口，对他说：“你说！你说！”这和尚要说什么时，临济一把把他推到屋里去了。

每个人的悟性不一样

觉察名觉，如人觉贼；觉悟名觉，如人睡寤。——《大乘义章》

人与人的悟性是有差异的，这就是为什么有的人升学考试不行，但搞绘画、音乐却特别棒。发现自己某方面具有好的悟性，然后去干那件事，便容易成功。

在《楞严经》里，佛陀要25位修行香道的菩萨弟子报告自己修行的过程与方法，每一位都不相同。

释迦牟尼25岁时，有一说是19岁时，入山求道，少吃少穿少睡，做了6年的苦行修炼者，以致瘦骨如柴，可却没有获得成就。他体会到，靠苦行和折磨身体是不能解脱的；修道贵在修心，克服心理的缺陷，才是解脱的上策。于是，他接受了一个牧羊女的牛奶供养。身体复原后，于一个星光灿烂、圆月当空的夜晚，即十五月圆日，禅坐于一棵菩提树下，并发下誓愿说：“不证悟解脱，不起此座。”经过一段强有力的禅定观照，于黎明时分，石破天惊，天地浮沉，终于证道开悟，获得解脱，成为一个圆满的觉悟者即佛陀。

在佛教里，不随众而“自悟”，是一种自信的象征。当年，广东丹霞山有位丹霞禅师，一天搬动大殿的木佛用于烧火，别人大惊，问他干什么，他说，烧了看看有没有舍利。舍利是出家人去世火化后，留下的一种固体。别人说，木佛哪有舍利。丹霞就回答，没有舍利算什么真佛。他指自己，真佛在这。后来，丹霞禅师成了著名的禅宗祖师。

接下来说的这个故事，也反映了人的“悟性”是不一样的。

道一禅师到湖南南岳，每日静坐，禅师怀让知道后，就拿起一块砖到他静坐的地方，往石头上磨呀磨。道一禅师很好奇地走过去问：“磨砖干什么？”

怀让禅师回答说：“磨砖做镜子。”

道一又问：“磨砖还能做镜子？”

怀让反问他：“磨砖不成镜，你死坐还能成佛？”

从特殊角度说，禅是不立文字，无法用语言表达的，只可自我体会、感受，就如人饮水，冷暖自知，只可意会，不可言传。这从禅宗的传承上也可以看出。曾经，佛陀在会上讲经，讲一半，突然停下，手持一朵花，面向大家，一言不发，大家都不知道佛陀的意思，这时，其中的大迦叶尊者，突然微微一笑，他一笑，佛陀马上当众宣布，我的微妙心法，已传给大迦叶尊者了。

每个人的体会不一样不要紧，但必须是自性的东西。对此，禅宗里有个“鹅瓶”的故事，揭示了这个道理。宣州陆亘大夫，第一次问南泉禅师，就是一个艰深的问题：“古人瓶中养一鹅，鹅渐渐长大，出瓶不得，如今不得毁瓶，不得损鹅，和尚怎么让鹅出来？”南泉喊道：“大夫！”陆亘答应了一声。南泉又喊：“出来！”陆亘从此开悟。

这个故事很有趣，其实陆亘要问的不是鹅和瓶的问题，而是内在生命的问题，是佛性的问题。陆亘的意思是——有一个古人身体里养一个佛性，佛性逐渐长大，却被身体障住了，现在既要佛性出来，又不伤身体，到底要怎么出来呢？南泉禅师没有回答问题，而召唤他的名字，陆亘答应了，禅师听到他的应诺就肯定地告诉他：你的鹅从瓶里出来了，也就是你的佛性出来了！南泉禅师所表达的，是佛性没有脱离现象而存在，而是真正的自我开展，是不被身体所拘限的——出来吧！不要让自己呆在瓶子里！

自性（即佛性）与自己的身体，其实是处在一种和谐的状态，而且可以没有内外之别，一个人可能一辈子都见不到自性，但不能因此说自性是不存在的。一个人要觉悟，不是要去想瓶子的问题，而是要看清瓶子终究是不是存在的，山河大地，一声破碎，一个光明无染的人就从破碎中升起。每个人的悟性不同，便也造就了人生的不同。

电视剧《大染坊》中陈六子有一句台词：“一等人不用教，二等人用言教，三等人用棍教。有些人用棍子逼着学都慢，不是不上心，而是不开窍。”悟性越强创造性越强，悟性好的人理解能力越强，由此可知，悟性就是我们每个人的深层智慧。悟性极高的人，根本不用教，一看就会。这类人在现实生活中很少，在他们身上，天赋起着很重要的作用。更多人则是各有一定的悟性，关键看自己怎样去提高。

那么，怎样提高悟性呢？佛徒们在禅定中“悟”，从辩论中“悟”。而对于一般人，勤于思考，善于发问，是不断提高悟性的一种方式。悟性是人对事物由迷惑到理解，继而迅速化为自己行为的一种能力。这个过程是非常短暂的，有时候甚至就是一刹那间，即“顿悟”。有些人天资聪颖，具有敏锐的洞察力，他能从大多数人熟视无睹的地方发现问题的关键所在，继而采取正确的行动。天赋不高的人，通过后天的学习与实践，可以在某种程度上提高自己的悟性，即“渐悟”。

第十八章

可说与不可说

可说、不可说共同造成“说”这回事。“说”要成为可能，要成为促人证真悟道的指明，必须既有直契真如的不可说之境，又有随顺机缘的可说之教。

不说是一种大智慧

止止不须说，我法妙难思。——《法华经》

“止”的原意是“停止”。“止止”的第一个“止”表示止念，第二个“止”表示止行。佛陀告诫众生要时刻制止恶念，制止恶言，不做恶事。从字的本义上来解释，“止止”乃否定之否定，名为“止止”，实为“不止”。不止，则行。这些富于哲理的道理及其智慧，不说了，不说了，每个人自己去悟吧，去实践吧。

“止止”之说虽肇始于《周易》，但佛祖释迦牟尼和道家庄子都作了各自的阐述。《庄子》里的“虚室生白，吉祥止止”，就是说如果能让心虚空，吉祥就能自然显现。佛家也认为，修行进入空境，就能“法喜充满”（人的自性中流露出来的真实的佛性的显现）。

智慧本不可说，理义本不可说，功德也不可说。一切言语皆是不实之词，无非是妄言妄语罢了。

有一次，道吾禅师和渐源禅师一起到一个死了人的人家去吊慰，渐源手拍着棺材问道吾说：“你说这棺材里的人到底是生还是死呢？”

道吾回答说：“既不能说他生，也不能说他死。”

渐源不明白，接着问：“为什么这么说呢？”

道吾回答说：“不可说不可说。”

于是，在回去的路上渐源威胁道吾说：“你赶快告诉我，再不告诉我的话我就要打你了。”

道吾回道：“你要打就打，反正我就是不说。”于是渐源举手就打。

后来渐源到石霜禅师那里求道，把曾问过道吾的那个问题，又拿出来问石霜禅师。石霜禅师也说：“生也不可说，死也不可说。”

渐源又问：“为什么不能说呢？”

石霜禅师回答道：“不说就是不说。”

于是渐源当下有悟。后来，有一天渐源拿着一把大锹在法堂上走来走去，石霜问：“你这是在干什么呢？”

渐源说：“我是在找先师的灵骨。”

石霜禅师说：“洪波浩渺，白浪滔天，你找什么先师灵骨啊？”

渐源说：“这正是我要着力之处。”

石霜禅师默默走开了。

渐源认为生死“不可说”，可他为什么“找先师的灵骨”？意思是一个人修行只能靠自己“着力”——拿铁锹去“开悟”，而不是凭嘴巴去说道理。

每个人都喜欢别人认为他聪明，自己比别人强，因此，很多人言谈举止之间，总是有意无意显示一下自己某方面的优势。一个人如果什么事都瞒不过他的眼睛，有些人就会视其为眼中钉肉中刺，只有除掉他才会安心。

启功先生在史学、中国古典文学、书法等等方面都有极深的造诣，但他却从不喜欢自我表功，并且反感旁人对他过多的溢美之词。人称他书法家，还有其他许多头衔，他却戏谑地说：“这个‘家’，那个‘家’，我就一个家，多少年就住在这师大红楼里。”启功先生66岁时，写了一篇《自撰墓志铭》：“中学生，副教授。博不精，专不透。名虽扬，实不够。高不成，低不就。瘫趋左，派曾右。面虽圆，皮欠厚。妻已亡，并无后。丧犹新，病照旧。六十六，非不寿。八宝山，渐相凑。计平生，谥曰陋。身与名，一齐臭。”可见，启功先生深悟人生，与其标榜，不如“止止不须说”。

当然，禅宗所谓的“不可说”，不是思想保守，也不是摆架子，而是一种特殊的传授佛法禅理的方法，认为每个人的心头都有一盏灯，既能照亮自己，又能光照别人。这盏永恒的灯能弥补耳聋、目盲，口哑等各种缺陷，领人进入人生的三昧境界。

《碧岩录》上有个故事：玄沙和尚垂示众僧道：“每一位大师都要求我们去普度众生。如果偶尔遇到下面三种病残人，又怎么济度他们呢？失明的人，失聪的人，还有失声的人。要知道在瞎子面前举起禅杖或抖动佛子，他们都瞧不见；聋子听不见你讲经阐理的妙声；而对于哑巴，你要他开口则是万万不能。碰到这三等众生，该如何是好？如果不能普济这种身残之人，佛法又哪谈得上有神光灵验呢？”

有一位僧人听了玄沙这番话后，便跑去问与玄沙同门的云门和尚。云门和尚叫道：“速速作揖！”僧人忙作揖而立。云门手持禅杖而立。僧人往后一退。

云门说：“你不是瞎子嘛！”接着说：“走过来一点。”

僧人趋步近前。云门说：“你没有耳背嘛！”随即又问僧人：“你懂了吗？”

僧人答道：“不懂！”

云门说：“你也不是哑巴。”

僧人至此才有所省悟。禅济度众生自有禅的高招,那就是点燃心头的明灯，而不是空言禅理。

心传胜于言传

尔时世尊即拈奉献金色婆罗华，瞬目扬眉，示诸大众，默然毋措。有迦叶破颜微笑。

——《大梵天王问佛决疑经》

世上许多道理，语言难以表述，而道理固在，只可心领神会。

释迦牟尼在灵山法会上正准备说法，这时大梵天王来到座前，向释迦牟尼献上一朵金色波罗蜜花，然后坐在最后的位子上，聆听释迦牟尼说法。

释迦牟尼接受了献花之后，一言不发，举起这朵金色波罗蜜花给大众看。当时聆听说法的人间天上诸神有百万之众，可大家都不明白这是什么意思，唯有十大弟子中的摩诃迦叶破颜微笑。

于是释迦牟尼对大家说：“我有普照宇宙、包含万有的精深佛法，熄灭生死、超脱轮回的奥妙心法，能够摆脱一切虚假表相修成正果，其中妙处难以言说。我不立文字，以心传心，于教外别传一宗。现在，我把这无上的大法，传给摩诃迦叶。”说罢，把平素所用的金缕袈裟和钵盂授给了迦叶。

禅，就在拈花微笑中产生了。迦叶成为西天禅宗第一祖，后来代代相传，传到达摩大师时，成为西天禅宗第二十八祖。达摩大师将禅传到东土（即禅宗史上著名的“祖师西来”），成为中华禅宗第一祖，之后传了六代而至惠能，开创了富有中国特色的禅宗。

“拈花微笑”这个故事，最有意味地揭示了禅宗文化价值。它开拓了禅的形式，它把禅教以外的佛教宗派称为教门。所谓教门就是通过语言文字，通过经典把释迦牟尼的思想和悟道时的心境表达出来。可是，口头语言和文字语言跟真理和悟道的境界本身是有很大的距离的。

在禅宗看来，修行是一个“渐进”的过程，不确定，相当于未来时。于是，“不可说”成了禅师们活泼自在、解束去缚的大机大用，诸如机锋棒喝超越佛祖、冲决一切教条束缚、高扬人的主体性的智慧。所谓“禅机”、“禅意”、“禅味”、“禅风”、“禅境”等等，超出了宗教的范围，为历代士大夫所激赏。从积极的方面说，正如铃木大拙所说，“禅本质上是洞察人生命本性的艺术，它指出从奴役到自由的道路。”

在禅宗内，什么不可说呢？一是方法“不可说”，若要追问，得到的常常是“当头棒喝”；二是目的“不可说”，“顿悟成佛”也是妄念，一经显露出来得到的也常常是“当头棒喝”；三是开悟后的境界“不可说”，一经说出，你那个“开悟”便是十足的假冒伪劣产品，恰恰证明你没有“开悟”，所以得到的必然是更为严厉的“当头棒喝”。

两个小和尚一起到无德禅师那里学禅，但在每次小参请示时，总是受到禅杖的敲打。无德禅师举棒之快与准，实在是百发百中，不管弟子躲得多快，棒棒都实实在在打在身上。

有一天，师弟对师兄说道：“我们来此参学多时，却老是吃棒，仍不能开悟，真想另找地方，可是要找一位比无德禅师有道行的禅师实在不容易。”

师兄也无可奈何，不过他建议道：“这样好了，以后小参问法时，我们就站在法堂外，这样任凭禅师的棒再怎么快，也不至于打得到我们。”师弟一听很高兴，说这也是个办法。

第二天，师兄弟就在法堂外面恭谨地问道：“禅师，请问如何是西来意思？”

无德禅师大喝一声：“你们这两个慢法者！”

这一声喝真是如雷灌耳，师兄弟二人吓得不由屈膝下跪，异口同声地说道："想不到禅师的'喝'比'棒'来得更迅速，更有威力！"

古代的禅师大德们，大多喜欢手持禅杖，以此作为领众的威信象征。禅师们的棒，不是专门用来打人的，只是研讨参问的时候，作为赏罚的象征。后世的宗门禅人，若是在老师那里碰钉子、受了批驳，都叫作"吃棒"。而"喝"便是大声的一叱，表示责罚的意思，和"棒"的作用是一样的。

现实中某些脑筋僵化的人，你就是对他千言万语也不能使他明白一个道理，如果对方真的想请教，并且还有一定的功底，那么你对他"喝"一声，也许更能使其顿时开窍。

"不可说"对中国传统绘画、诗歌等艺术都有过深刻影响，造成中国人独特的审美趣味。中国传统绘画，尤其是文人画，受佛教文化熏陶非常大，追求一种空灵的禅意境界。杜甫讲"意匠惨淡经营中"，匠心独运，可回味无穷。倪赞道："画者不过意笔草草，不求形似，聊以自娱，写胸中逸气耳。"文人画重视"简"，无关的东西都可以简，甚至简到"零"，"零"既是白既是空。"计白当黑"，空、白是为了"多"，为了"够"，为了满足，空白能给人以无尽深远悠长的的感受，似"此时无声胜有声"。

唐代诗歌盛行，大诗人王维以诗入画。使后世奉他为文人画的鼻祖。他的绘画作品成为后世文人画家的范本。诗中有画，画中有诗，蔚然成风，代代相传。南北宋时期出现了许多大文人，如苏轼、黄庭坚、米芾父子等，他们在王维的文人画派基础上，以书法入画，实践并发展了其水墨技巧。清代是文人画鼎盛的时期，涌现了不少顶极文人画家，最突出的是"四僧"（石涛、八大山人、石溪和弘仁）。"四僧"中又以八大、石涛最为突出。

文人画重意，而"意"的教授常常是超越语言的，以心传心。石涛曾拜旅庵本月为师，传学佛学，云游四方。师父善画山水，兼工兰竹。画中人物形象以很简古的墨线勾写，几乎全为线描，而设以淡雅之色，衣纹等看似信笔率意而成，实乃深具功力，笔笔送到。每当师父作画时，石涛便在一旁看。多日过去，师父也没向石涛说一句作画技巧。石涛也不问，用心琢磨师父每一笔的用意。

后来，石涛在"心传"之法中获得重大成就，他画人物时神情毕露，有的造型极为夸张。画中人物神态稚拙，趣味横生，颇得天趣。用笔淋漓纵率之中显得工致缜密，沉着而痛快，同时墨气浑成，淡浓得宜。与其景物的处理相比较，人物俱用细笔，所谓一种“细笔石涛”，精气逼人。

“心传”是中国艺术传承的禅机，充满魅力。曾有一位美国人类学博士生，选了一个关于中国书法的题目来做她的博士论文。她到台湾学习了两年书法，又到北京跟随启功先生学习。有人问她：“你的老师是怎么说到书法的？”她回答道：“老师的回答都一样：‘书法不可说。’台湾的老师这么说，大陆的老师也这么说。”“不可说”，体现在科学、人文等方方面面，这就是中国传统文化、尤其是禅宗文化的意味。实际上，我们生活中处处、常常“不可说”，不必说。

沉默当更有说服力

如来所说法，皆不可取，不可说。非法，非非法。　　　　——《金刚经》

《金刚经》内容由两大层面组成：一是缘起层面，一是性空层面。在缘起层面，《金刚经》开示说法、布施、度众生、持经，引人生信。第二层面以般若为方法，否定一切。在此层面又分两种境界，初悟是扫除诸相，不住六尘、不住三十二相，是否定；彻悟是度生而无生可度，说法而无法可说，得法而无法可得，是否定之否定。

所以，禅宗要求不执著于文字就是这个道理。语言是人类创造出来的，只是为了各种行为提供方便，没有哪一句话能准确地表达人脑中的真实想法，常常说出来其实跟没说一样，反而会误导别人。现实生活中的确有许多事情或者道理难以说明，甚至越说越产生歧义，越说越离谱。所以，“不可说”的意思是“只可意会，不可言传”。比如说学游泳，教练只能告诉你要领，真正掌握技术是靠自己领会，教练是无法替你领悟的。同样的道理，佛只能帮助你怎样领悟真谛，无法替你说出真谛是怎样的，所以“不可说”！

尤其当对方心不在焉，或者怒气冲天的时候，你与其“晓之以理”，不如闭上嘴巴，保持沉默。

有个僧人去拜访越溪禅师，问：“禅师，我研究禅学20年，但对于禅道却一窍不通，你能指示我吗？”

越溪禅师并不开口，只是迎面打了他一巴掌，吓得这个僧人夺门而逃，他心想：真是莫名其妙，我一定要找他理论。正在生气的他在法堂外碰到首座老禅师。老禅师看他一脸怒相，就和蔼地问："出什么事情了吗？到我那里去喝杯茶吧！求道的人有什么事情值得生气呢？"

僧人一边喝茶，一边开始抱怨越溪禅师无缘无故地打他。当僧人这么说时，老禅师冷不妨挥手也打了他一巴掌，茶杯哗啦一声掉在地上。老禅师说："刚才你说你已懂得佛学，只差一些禅道，现在，我就用禅道供养你，你知道什么是禅道了吗？"

僧人目瞪口呆，不知怎么回答。老禅师又追问一次，僧人始终答不上来。老禅师说："真不好意思，就让你看看我们的禅道吧！"

说着，老禅师弯腰把打碎的茶杯捡了起来，然后拿起抹布，把刚才洒了一地的茶水擦干，接着又说："除了这些以外，还有什么禅道呢？"

僧人顿悟，原来"禅道"即在身边！默默地做该做的事，受人欺负了，也默默承受，至少不要立即与人争论。

沉默虽是"不发声"，但其本身也是一种语言，既可表示同意，也可表示拒绝，尤其是当对方揣摩不了你的沉默用意时，沉默的功效非常大。

人们常常不善于沉默，而沉默往往是适用于各种情况的一种策略。有时片刻的沉默会产生奇特的效果。例如小丽去一家商店退货，见柜台前挤满了顾客，售货员正忙得不可开交。小丽要求退钱，售货员告诉她衣服售出概不退换，然后就去为其他顾客服务了。小丽一声不响地拿着衣服在柜台前等候。

10分钟后，售货员又走了过来，小丽面带微笑，依旧在等待。售货员也只顾在柜台前忙碌，小丽还是沉默不语。又是几分钟过去了。这时，售货员什么也没说，拿起衣服走了。大约3分钟后，她回来了，而且，还带着钱！小丽的耐心和温文尔雅的沉静得到了回报。如果她大吵大闹的话，也许什么也得不到。

"不可说"的实际用途很多。例如，当我们想把自己的意见表达出来，争取别人的认同时，往往会犯一个大毛病，那就是——说话太多。所以，我们必须认识到沉默与精心选择的词语具有同样的表现力，就好像音乐中心音符与休止符一样重要。"不可说"，即沉默会产生更完美的和谐，更强烈的效果。

一个印刷业主得知另一家公司打算购买他的一台旧印刷机，他感到非常高兴。经过仔细核算，他决定以250万美元的价格出售，并想好了理由。

当他坐下来谈判时，内心深处仿佛有个声音在说："沉住气。"终于，买主按捺不住，开始滔滔不绝地对机器进行褒贬。

卖主依然一言不发。这时买主说：“我们可以付您350万美元，一个子也不能多给了。”不到一个小时，买卖成交了。

可见，在日常交往中，沉默往往会带来不少益处。在某些场合，沉默不语可以避免失言。许多人在缺乏自信或极力表现得礼貌时，可能会不假思索地说出不恰当的话给自己带来麻烦。例如，任何谈判都要注意实效，要在有限的时间内解决各自的问题，有些谈判者口若悬河、妙语连珠，总能在谈判的过程中以绝对优势压倒对方，但谈判结束后却发现并没有得到多少，交易结果令人失望，与谈判中气势如虹的表现不相匹配，可见在谈判中多说无益。

沉默不仅能够迫使对方让步，还能最大限度掩饰自己的底牌。在正常的谈判中，对于同一个问题一般总会有两种解决方案，即你的方案和对方的方案，你的方案是已知的，如果你不清楚对方的方案，则在提出本方的报价后，务必要设法了解到对方的方案，再进一步做出行动。

可说的事要认真思考

识性不动，以灭穷研，于无尽中，发实尽性。如存不存，若尽非尽，如是一类，名非想非非想处。

——《楞严经》

佛教有一个很著名的概念：“非想非非想。”非想，不是一般的思想，没有了思想，不知道了；非非想，并不是不知道。换句话说，非想就是说不用很强烈地分别意识思想，但是它有知性与知觉。非非想，脑子里没有“空”，也没有“有”，这是一种禅定境界。

对处于“非想非非想”状态的人，还有什么可说的呢？反对来，自己“非想非非想”了，也就“不可说”。思考是有层次的，先是“非想”，接着“非非想”。强调思考，但又反对过于思考。不思考，说出来的话经不住推敲，过于思考又会影响交流。

吕纯阳是黄龙禅师的弟子，有一天他到南京，扮成一个很可怜、苦恼的老头子，到一个专门卖鲍鱼的老太婆那里，天天吃鲍鱼，吃了不给钱，吃了好几年。这个老太婆永远不向他要钱。吕纯阳后来问这个老太婆，为什么不要钱？老太婆回答：“我看你这个老头子没有钱啊！”

吕纯阳说："世界上没有一个好人，只有你是个好人，你要不要成仙呀？"

老太婆说："我不要成仙，我卖我的枴黨，很舒服。"

"你要不要发财？我有一个法子传给你可以点铁成金。"吕纯阳说着，就在她那个铁锅上一点，铁锅就变成黄金了。

老太婆说："嗯！蛮有道理，我还是不要。"

吕纯阳心里想，这个人真好，世界上只有这个人是好人。最后又问："老太太，你究竟要什么呢？"

老太婆说："把你的指头给我就好了。"吕纯阳稍一愣，摇摇头说："众生易度人难度，宁度众生不度人。"他说的"众生"不是佛学这个众生，是指人以外的生命。吕纯阳认为，众生容易度，人最难度，是因为人们之间是存在观点、认识上的差别，而语言的沟通常常因误听误解，而产生矛盾冲突。

有一种聪明人，总以为自己的许诺会打动对方，错误地判断对方的需要，开口前不思考，结果说出来的话毫无用处，甚至产生负面影响。老太婆只要吕纯阳的手指头，因为它才是实用的，胜过所有语言。

佛教不是完全怀疑语言，而是以"否定之否定"来提升语言的功效，这种怀疑精神，有利于开发人的思维，提高人的智慧。相对于"说"而言不达意，"不说"就成了一种领会"意"的途径。

有一位沩山禅师，他是后来禅宗五家七宗（沩仰宗、临济宗、曹洞宗、云门宗、法眼宗、黄龙派、杨岐派）中的一宗的宗主，他有一次问一位叫香严禅师的师弟："我听说你平常机锋敏锐、口若悬河，是锐不可挡，问一答十，问十答百，今天我不问你所有的其它的问题，我只问你一句话，你回答我：在你父母没有生你的时候，你给我说一句话看看！"

香严禅师一听，觉得这话太厉害了，他百思不得其解，想来想去没有答案，然后翻遍了佛教的经典，也没有答案。他只得问沩山禅师。沩山禅师说："我不能对你说，我如果对你说出来，就是我的答案，而不是你自己的东西。"香严禅师决定发奋参究这句话，他参了很长很长时间，有一次在偶尔的瞬间，当他在劳动的时候用一个瓦片，锄掉另一个瓦片，那个瓦片一甩，碰到了一棵竹子上，发出很清脆的一声响，把他生命的谜团就一下子给震开了，他所有的疑问就烟消云散了。

这个"父母未生的时候"，成为禅宗经常参究的一个话头。"混沌未分时"，混沌，天地还没有产生的时候。混沌是本原性的一种状态，混沌没有分的时候，就是“不思善、不思恶”的“本来面目”。

同样，禅宗认为我们的清静的本心，它是超出于言句之外，随着语言的、意识的产生，“不思善、不思恶”这种本原性的状态、这种原整的状态就被破坏了，真实的自我就淹没于言句之中。

可见，口若悬河，机锋敏锐，其中却有着“善”与“恶”的涌动，稍稍把持不住，就会伤害对方，或被对方抓住破绽。所以，为人处事喜欢说话的人往往容易招惹是非，尤其遇事不冷静，快人快语，即使言者无心，也会产生严重后果。

清朝有一个举人经过三科，又参加候选，得了一个山东某县县令的职位。第一次去拜见上司，想不出该说什么话。沉默了一会，忽然问道：“大人尊姓？”这位上司很吃惊，勉强说了姓某。县令低头想了很久，说：“大人的姓，百家姓中没有呀。”上司更加惊异，说：“我是旗人，贵县不知道吗？”县令又站起来，说：“大人在哪一旗？”上司说：“正红旗。”县令说：“正黄旗最好，大人怎么不在正黄旗呢？”上司勃然大怒，问：“贵县是哪一省的人？”县令说：“广西。”上司说：“广东最好，你为什么不在广东？”县令吃了一惊，这才发现上司满脸怒气，赶快走了出去。第二天，上司令他回去，任学校教职，不再当县令。

可见，乱说乱问，是很危险的。我们每个人都得谨慎手中的“瓦片”，甩出去不要伤了人啊！开口前适时地思考一下，不仅是一种智慧，而且也有实际的好处。

一位女士的经历证明了这一点，她说：“当我们第一个孩子出世时，我丈夫由于工作繁忙，对我和孩子疏远了，这样几周以后，我感到筋疲力尽，并想大发雷霆。一天我给他写了封充满怒气的信。然而不知为什么我没把信给他。第二天，丈夫提出要给婴儿换尿布，并且说：‘我想我现在应该学会做这些事了。’尽管我不知道他为什么会改变想法，但还是非常高兴地把信撕了，并暗自庆幸我给了他时间。一场争吵就这样避免了。此后，他一直对我很好。”

说的时候不能说透

幻妄称相，其性真为妙觉明体。若了此意，则于诸圣权实化门，思过半矣。

——《楞严经》

很多事情是不可明说的，就像出了个谜面，同时说出谜底，那就没有什么意思了。给对方思考的时间，或许会得到更加合理、更加精彩的答案。

云山晓舜禅师当初游历时，路过一间卖茶的茶坊，因为口渴，就顺道进去喝杯茶小憩一下。店主一看是位云水僧（也叫行脚僧、游方僧，即四处游历、拜师学法的僧人），就热忱招呼，并且问道："禅师，您辛苦了吧？喝茶吗？"

云山晓舜禅师用平淡的眼光看了一下茶架，点一下头，却什么话也不说。店主似乎也是禅道高手，小心谨慎地说："想必您是一位禅道高深的禅师！禅师，我有一个问题想请教您，如果您告诉我，我就供养您！如何？"

云山晓舜禅师说："你问吧！"

店主问："古镜未磨时如何？"

云山晓舜禅师不假思索地回答道："黑如漆。"

店主再问道："古镜磨过之后如何？"

云山晓舜禅师回答道："照天照地。"

店主不以为然，说："对不起！恕我不供养。"说罢转身走进店内，不再理睬云山晓舜禅师。

云山晓舜禅师愣了一下，心想："我数十年参禅，现在竟连个店主都不如，可见他禅道之高了！"于是，决定下苦功闭门深修，以求开悟。

三年后，云山晓舜禅师又出现在茶坊的门口。店主仍亲切地招呼道："呵！三年不见，仍想请教那句老话：古镜未磨时如何？"

云山晓舜禅师顺口说道："此去汉阳不远。"

店主再问道："古镜磨过之后如何？"

云山晓舜禅师回答道："黄鹤楼前鹦鹉洲。"

店主听后，笑了，诚恳地说："请禅师接受我的供养！"随即转身吆喝道："伙计！泡茶——泡茶——泡好茶！"

禅宗"不可说"，也就是不可讲"事实如此"，或"我认为如此"，更不可说"理当由此"。世上没有一成不变的东西，事物道理也因人心各异，此差彼同，而难以一致，也不必要强求一致。可是，一些自作聪明的人，认为他最善于说理，于是常常滔滔不绝，结果要么把理说透了，意义也就没了，要么越说越让听者如坠五里云雾中，不知道他胡言八道什么。这实在浪费口舌。

三国时期的杨修，思维敏捷，盛负才名。可是他恃才自负，屡屡冒犯曹操。曹操曾建造一所花园，竣工当日，曹操观看一番后，什么也没说，只提笔在门上写了一个“活”字。曹操手下人谁也不明白是什么意思。杨修说：“‘门’内添‘活’字，乃‘阔’字也。丞相嫌园门阔了。”负责建园子的人于是派人再筑围墙，改造完毕又请曹操前往观看。曹操看后大喜，问是谁了解他的意思。左右回答是杨修。曹操嘴上虽赞美了几句，心里却很不舒服。又有一次，有人送曹操一盒酥，曹操在盒子上写了“一盒酥”三字。正巧杨修进来了，他看见盒子上的字，竟不待曹操说话，就拿起酥与众人分着吃了。曹操问杨修为什么这样做。杨修回答说：“盒子上明明写着一人一口酥，我岂敢违背丞相的命令？”曹操听了，虽然面带笑容，可心里十分厌恶。

曹操率大军迎战刘备打汉中时，在汉水一带对峙很久，曹操由于长时屯兵，到了进退两难的处境。此时恰逢厨子端来一碗鸡汤，曹操见碗中有根鸡肋，恰好这时士兵入帐内禀请夜间号令，曹操随口说：“鸡肋！鸡肋！”于是人们便把这句话当做号令传了出去。杨修马上叫随军收拾行装，准备归程。士兵们见此惊恐万分，把杨修围住，询问军事行动的详情。杨修解释道：“鸡肋鸡肋，弃之可惜，食之无味。今进不能胜，退恐人笑，在此何益？来日魏王必班师矣。”士兵们听了，非常佩服杨修，营中各位将士便都打点起行装。曹操得知这种情况，很生气，以杨修造谣惑众，扰乱军心罪，把他杀了。

杨修死于他太聪明，怎么可以处处表现自己、放任自己呢？他面对的可是一位喜欢猜忌的上司，难道非得让曹操承认他聪明？有些事，心里明白就行了，何必公开讲出来？大凡智者，无不深深懂得“不可说”的道理。只有不失时机的开口，恰到好处的闭口，才能明哲保身啊！